THE NATION'S BOUNTY:

THE XHOSA POETRY OF NONTSIZI MGQWETHO

for Jenna and Madison

the next generation

The Nation's Bounty:
The Xhosa Poetry of Nontsizi Mgqwetho

edited and translated by

Jeff Opland

AFRICAN TREASURY SERIES 22

WITS UNIVERSITY PRESS

ATHENS
OHIO

Wits University Press
1 Jan Smuts Avenue
Johannesburg 2001
South Africa

http://witspress.wits.ac.za

ISBN 10: 1-86814-451-8
ISBN 13: 978-1-86814-451-8

© Jeff Opland

First printed 2007

All rights reserved. No part of this publication may be reproduced, stored in a retrieval system, or transmitted in any form or by any means, electronic, mechanical, photocopying, recording or otherwise, without the express permission, in writing, of both the author and the publishers.

Typesetting and reproduction by Positive Proof, Johannesburg, South Africa
Cover design by Limeblue, Johannesburg
Printed and bound by Creda Communications, Cape Town

CONTENTS

Foreword by Isabel Hofmeyr		x
Acknowledgements		xiii
Introduction		xiv
1	Imbongi u Chizama	
	Chizama the poet	2
2	Imbongikazi Nontsizi u Chizama	
	Nontsizi Chizama, the woman poet	8
3	[Uqekeko lwe Congress]	
	[The split within Congress]	16
4	Imbongikazi No "Abantu-Batho"	
	The woman poet and *Abantu-Batho*	24
5	Iziko le Nyembezi	
	The vale of tears	30
6	Imbongi ye Zibuko	
	The poet of the ford	38
7	Umpanga ka Mama	
	Mama's death	42
8	Ingxoxo yo Mginwa ku Magqoboka!	
	A Red debates with Christians	50
9	Unyikimo Lomhlaba-E-Rautini	
	Johannesburg earthquake	54
10	Maibuye! I Afrika! Awu!	
	Come back, Africa! Awu!	58
11	Yacombuluka! Inamba u 1923 ebisoloko ifukamele ukunduluka	
	A long lying-in, then the python uncoils and leaves! (1923)	64
12	Ufikile! Udubulesendlwini bac'ol'i nto emnyango! Kuse beyifanisa (New Year)	
	It's here! Find-at-the-Door-What-you-Shot-from-Inside and only later identified! (New Year)	70
13	Pulapulani! Makowetu	
	Listen, compatriots!	76
14	Abaprofeti benyaniso-nabo-buxoki	
	Prophets false and true	82
15	Zatsha! Inkomo Nomazakuzaku!	
	Something's coming!	88
16	Induli ka Xakeka!—Enyukwa ngu Ntu!!	
	The hill Difficulty the black man scales	94
17	Umanyano! Basebenzi Abantsundu!!	
	Unity, black workers!	100
18	Umpanga! ka Rev B.S. Mazwi	
	The loss of Rev B.S. Mazwi	106
19	Vumisani! kwi Nyange Lemihla!!	
	Consult the ancient sage!	112

20	Ingwe Idla Ngamabala!! Spots feed the leopard	118
21	I Afrika ihleli Ayiyangandawo!! Africa stayed! She's nowhere else!!	122
22	Ikona na Intaba Oyaziyo? Kwezi Zimiyo Eyaka Yafuduka? Show me the mountain that packed up and left	126
23	Isimbonono Saba Zali!! Lament of the parents	130
24	Zipina Inkokeli Ezinje ngo Daniel? Where are leaders like Daniel?	134
25	Ifikile! Ingqongqo Yomnqamlezo!! (Good Friday). He's here! The Drum of the Cross!! (Good Friday)	138
26	Sicope Emasebeni Emiti Njengentaka!! We perch like birds on twigs	142
27	Iziko Lenyembezi!! The vale of tears	146
28	Sahluke Pina Tina ku Kayin? How do we differ from Cain?	150
29	Izibuko!! A ford!	154
30	Ukutula! Ikwakukuvuma!! Silence implies consent	158
31	Umanyano! Nomfela ndawonye!! Prayer Union and Die-As-One	162
32	Kuguzulwa Okumkani! Kumiswe Okumkani!! The king is dead! Long live the king!	166
33	Isizwe! Esingavaniyo! Nesingavelaniyo! Siyadwatywa Zezinye!! Strangers strip a squabbling nation	170
34	Utywala Sisiqu Sempundulu! Liquor's the lightning-bird itself	174
35	Siyayibinza!—I Afrika!! We're stabbing Africa!	178
36	Imimiselo ye Zizwe! Iwugqwetile Lomhlaba ka Palo! Foreign laws have upended this land of Phalo!	182
37	Izililo! Ze Afrika!! Africa's wailings	184
38	Emva! Kumasiko Andulo!! Back to age-old ways!	188
39	Abafazi! Bomtandazo!! Pulapula!!! Women of the Prayer Unions. Listen!	192
40	Saxulutywa!—Ngamatye Omsebenzi!! Our efforts stone us!	196
41	Mene! Mene! Tekele! Ufarsin!! Mene! Mene! Tekel! Parsin!!	200

42	"Masizake"!! Yin' nale!!!	
	What's this? Let's build for each other!	204
43	"Ub'inqo"! We-Afrika!!	
	Africa's petticoat	208
44	Umfula! Wosizi!!	
	The stream of despair	212
45	Ziyazaliseka—Ngoku! Izihlabo ko Ntsundu!! Pulapula!!!	
	The prophecies about blacks have now come to pass! Listen!	216
46	Ingonyama! Yobumnyama Isagquma!!	
	The lion of blackness still roars	220
47	Amaqaba! Pulapula.	
	Reds! Listen	224
48	Singu-Ndabamlonyeni!	
	We're the topic of talk	228
49	Lunguza! Ku-ya-sa	
	Take a look, dawn's breaking	232
50	Sesanina? Esisimb'onono?	
	What's this lament?	236
51	Lityumtyum! E-Afrika!! Pulapula!!!	
	Something's rotten in Africa. Listen!	240
52	Inyikima e Rautini! Gqala esase Sodom!!	
	Joburg earthquake: remember Sodom	244
53	Wabutwana—Afrika? Njengezitungu—Zesanda?	
	Are you bundled for threshing, Africa?	248
54	Yintsomi yo Nomeva!!	
	The tale of the wasps	252
55	Ukuba Umntu! Akakwazi!! Ukuyongamela Eyake-Indlu!!! Angatinina Ukupata Isizwe Sika Tixo?	
	If a man can't rule his own house, how would he manage God's nation?	256
56	Hosanna!! Melkizedek!!! (Xmas)	
	Hosanna! Melchizedek!! (Xmas)	260
57	Zemk' Inkomo Zetafa! Zeza Nenkungu!!	
	They are stealing our cattle on misty plains!	264
58	Yaqengqelekana Iminyaka Umi Ndaweninye?	
	Will the years roll by while you mark time?	268
59	Watsha Umzi! Lupawu Luka Kayini!! (Passport)	
	The mark of Cain (the pass) enflames the land	272
60	Ubusuku—Bunzulu! Ekuzeni—Kokusa!!	
	The night is deep before the dawn	276
61	Wazinyatela na? Intombi Zezwe Lako Zibe Ngamakoboka?	
	Are you trampling your nation's girls to enslave them?	280
62	Lipina Iqula Lamanzi e Afrika?	
	Where's a well in Africa?	284

63	Tabata! Naso Isitshixo!! Esikinxe Izwe Lako!!!	
	There's the key to the lock on your land: take it!	288
64	Vumani! Siyavuma!!	
	"Agree!" "Agreed!!"	292
65	Zapela Inkomo! Luqaulo Lwemitshato!!	
	Cattle are lost in divorce	296
66	Mazibhange! Izikumbuzo Ezingenalo u Manyano	
	Stop the divisive commemorations	300
67	Wapulwana Afrika Njengesitya Esingananziweyo?	
	Africa, are you trashed like a worthless plate?	304
68	Siyavuma!!	
	Agreed!	308
69	Ngubani Oti Ukuvumisa Akufuneki?	
	Who said there's no need of divination?	308
70	Tsheca-Lomgibe!!	
	Snap this snare	312
71	Ukuxoka! Pulapula!!	
	Gossip! Listen!!	316
72	Nantso-Igushakazi! Pantsi Kwabaguguli!! (Good Friday)	
	Behold the lamb set for shearing (Good Friday)	320
73	Qengqa!-Elolitye!! (Easter)	
	Roll back the stone! (Easter)	324
74	Tixo Wam! Tixo Wam! Undishiyelanina?	
	My God! My God! Why have you forsaken me?	328
75	Hambani! Niyekuzenza Abafundi Zonke Intlanga!!	
	Go forth and teach all nations	332
76	Siyakuzizekela Ninina Uzuko?	
	When will we gain ourselves glory?	336
77	Hosanna! Cibi Elino Mnqwazi Ngapezulu!! (Xmas)	
	Hosanna, Lake with a bonnet on top! (Xmas)	340
78	Zemk' Inkomo Zetafa!! 1925	
	On the plains they're stealing our cattle! 1925	344
79	Yaqengqelekana Yonke Iminyaka Umi ndaweninye? (1926)	
	Will the years all roll by while you mark time? (1926)	348
80	Ilizwe-Liyakutungwa-Njengengubo!!	
	The country will be patched like clothing!!	352
81	Umanyano! Mihlamb' Eyalanayo!!	
	Unity, diverse sheep!!	356
82	Nalo Igazi! Lidyob' Umzimba Wake!! (Good Friday)	
	Look at his blood-flecked body (Good Friday)	360
83	Vuyani! Uxolile u Tixo Wezulu! (Easter)	
	Agree! God in heaven's reconciled!! (Easter)	364
84	Umona! Pulapula!!	
	Envy! Listen!!	368

85	Simi pina?	
	Where do we stand?	372
86	Isizwe Esingena Tixo Siyatshabalala	
	A godless nation perishes	376
87	U-Yehova Uyasivana?	
	Does Jehovah hear us?	380
88	Namhla Izwi Lake Lise Zaqwitini!! (Usuku loku Nyukela)	
	Today he roars in a whirlwind! (Ascension Day)	384
89	Isimbonono se Afrika!!	
	Africa's lament!!	388
90	Utando!!	
	Love!!	392
91	Umanyano Nomfela Ndawonye!	
	Prayer Union and Die-As-One	396
92	Yeyapina Lemfundiso?	
	Where does this teaching come from?	400
93	Siyayikumbula Njena Indlala?	
	Do we remember the famine?	404
94	Uvelwano! Pulapula!!	
	Sympathy! Listen!!	408
95	Yacombuluka Inamba Ebisoloke Ifukamele Ukunduluka (Abefundisi)	
	A long lying-in, then the python uncoils and leaves (Ministers)	412
96	Umonde!!	
	Patience	416
97	Yayisenzelwa Ntonina i Bhaibhile?	
	Why was the bible created?	420
98	Azi Le Afrika Iyakuze Ibuye na?	
	Will this Africa ever come back?	424
99	Vumani! Siyavuma!!	
	"Agree!" "Agreed!!"	428
100	Lomzi Wakona na Sawubizana?	
	Did we invite this nation of theirs?	432
101	Sabelani Niyabizwa Balindi	
	Watchmen, respond: you're summoned!!	438
102	Gqumani Zilwandle! Gcobani Mihlaba! (Xmas)	
	Roar, oceans! Frolic, continents!! (Xmas)	442
103	Zemk'Inkomo Zetafa—Vula Ndingene!	
	On the plains they're stealing our cattle!	448
Notes	....	452
Bibliography	....	476

FOREWORD

Like an elegant cat, the significance of this book lies curled in its title: *The Nation's Bounty*. "Bounty" is a word with different meanings: goodness, worth, virtue, kindness, excellence, an act of generosity, a gift, a reward. This remarkable collection of translated poems partakes of all these meanings.

The nearly one hundred poems collected here come from the hand of a Xhosa-speaking woman, Nontsizi Mgqwetho, who wrote them in the 1920s in Johannesburg for the newspaper *Umteteli wa Bantu*. Now crumbling and yellowing, this newspaper survives in a few South African libraries. Jeff Opland, a leading scholar of Xhosa literature, has painstakingly located and collected these poems and then carefully and lovingly translated them with assistance from Phyllis Ntantala and Abner Nyamende. As Opland indicates in his introduction, Mgqwetho is "the first and only female poet to produce a substantial body of work in Xhosa."

The resulting translation is a national cultural treasure, for the first time available to a larger readership within South Africa and beyond. The volume is indeed a bounty, full of goodness, literary worth and excellence. As an act of poetic creation and then of translation, the collection is an act of generosity, a gift to the nation and a wonderful reward for the reader.

As cultural and literary documents, the poems resonate with both historical and contemporary significance. One idea that now enjoys wide currency in South Africa is that of the "African Renaissance," a term introduced by Thabo Mbeki in 1996 when he was still vice-president and then developed as the theme of Mbeki's presidency and his pan-African presence through the African Union. The term is now routinely invoked in much public discourse in South Africa.

The term itself has a long history that goes back to Africa's nineteenth-century intellectuals and their diasporic colleagues who grappled with the question of Africa's place in the world and how it could reassert itself or "come back" after centuries of slavery, colonialism, racism and calumny. Thinkers like the Ghanaian/Sierra Leonean writer J.E. Casely-Hayford (1866-1930), the Liberian diplomat Edward Wilmot Blyden (1832-1912), the Yoruba theologian and historian Samuel Johnson (1846-1901), and the African American philosopher W.E.B. du Bois (1868-1963) formulated ideas of African unity and pan-African solidarity as a method of political renaissance.

Nontsizi Mgqwetho enters the discourse and debates formulated by figures like these, adding a female Xhosa counterpoint to these late nineteenth- and early twentieth-century discussions on Africa's future. In nearly every poem, themes of African unity, return and rebirth in the face of dissension and fragmentation emerge. Central to Mgqwetho's concerns lie questions of leadership and there are few organizations which escape her stern admonishment for lack of direction, strategy and purpose in the face of colonial oppression, on the one hand, and greed and materialism on the other ("our people slip / on slopes with carpets of cash"). In an age of Black Economic Empowerment, this latter theme has a particular pertinence.

As an early African woman writer, Nontsizi Mgqwetho anticipates many of the themes that have arisen in the critical discussion on the wave of African woman writers who emerged across the continent some fifty years after this Xhosa woman wrote her poems. One theme in this critical debate has been how women, who are hampered by lack of education and equality, authorize themselves to speak. As muted and marginal members of society, how do they make their voices heard? Can women writers use existing literary forms which generally reflect a male bias and turn them to tell new kinds of stories?

Mgqwetho adopts a number of ingenious strategies to solve this literary problem. One technique that she uses is to speak through different personae, both male and female. Mgqwetho ducks and dives through these different roles using them to amplify her voice and make her concerns heard. At times, she speaks in the stentorian and largely male voice of the praise poet/prophet, admonishing corrupt and ineffective leadership and delivering jeremiads against those in authority. At times, she adopts the position of the male/female diviner and healer, offering her poems as prognostications and diagnoses. At other times, she emerges in a thoroughly modern male persona of the newspaper columnist ("Editor, thanks for the poets' column") and the female teacher haranguing her class ("Wake up!" "Listen!" "Think about it!" "Quiet!"). Another persona is that of the male preacher: some of the poems commence with a short sermon while one of her favourite admonitions is "Study the Scriptures!"

Yet, even in the role of male preacher, she seeks to feminize her theology and to promote a vision of women's spiritual leadership. As Opland explains in his introduction, this theme emerges in her poems which deal with women's prayer groups or manyanos. Mgqwetho defends these organizations against male criticism that these prayer groups distract women from their real task of motherhood. For Mgqwetho, these groups offer women space to develop their spiritual gifts, organizational skills and leadership abilities. Perhaps like later women writers on the continent, Mgqwetho offers a utopian feminist critique of African leadership as too male-dominated. If women were given a chance to lead, the crisis might not be so deep, these poems suggest.

Another technique she uses is to feminize the hymn, a form that she adopts in some of her poems. As research on missions has shown, the hymn was a form rapidly appropriated into African Christianity. As a genre, it permitted Christians to draw on older performance traditions of song and dance. In a constrained mission environment where Africans were afforded only limited avenues of expression, the hymn form offered a site of creativity for many African Christians: hymn writing and composition proved to be a genre to which African Christian men made a decisive contribution. Through her poems, Mgqwetho takes her place alongside these men and enters a dialogue with them. She frequently invokes the famous hymns of Ntsikana (the pioneer of Xhosa Christianity) but at the same time injects her feminizing concerns into them.

But enough of this analysis. As the tone of her poems demonstrates, Mgqwetho was an urgent person wanting us to move on to the task at hand. Or, as her poems might say, "Read! Study my poems!" A bounty awaits those who take this advice.

Isabel Hofmeyr
Professor of African Literature
University of the Witwatersrand

ACKNOWLEDGEMENTS

It is my pleasant duty to acknowledge the financial support for work on the poetry of Nontsizi Mgqwetho from a number of organisations: a grant from the De Beers Chairman's Fund enabled me to discover Mgqwetho's poems in the Chamber of Mines Library in Johannesburg in 1984; a grant-in-aid from the Committee on Research at Vassar College in 1987 secured the involvement of Phyllis Ntantala in helping me to understand the poems; and the final translation was completed in Leipzig in 2003-4 on a fellowship from the Alexander von Humboldt Foundation.

I am grateful to colleagues who have included Nontsizi's poetry in their own publications, assisting in rebuilding her reputation: Duncan Brown, Margaret Daymond, Deborah Gaitskell and Isabel Hofmeyr. Ntongela Masilela has proved a strong advocate of her cause, and located a number of relevant items by and on her that I had originally missed. Graham Furniss invited me to present a paper at a conference in London that became the first public statement on Mgqwetho (Opland 1995), and Nelly Sonderling solicited an article on Nontsizi for the second volume of *The new dictionary of South African biography* (Opland 1999); an invitation from Anja Oed and Uta Reuster Jahn to present a paper at a conference in Mainz in 2003 will result in a further statement on Nontsizi's poetry (Opland forthcoming).

I am especially indebted to Phyllis Ntantala, who produced the first draft of the translation of most of the poems and discussed them with me in Poughkeepsie; to Abner Nyamende, who offered invaluable comments on my first translation of many of the poems; and to Peter Mtuze, who was ever ready with responses to my questions, and who was quick to help with a little flock of *laat lammetjies*. Susan Ogterop of the African Studies Library, University of Cape Town, kindly checked some references for me, and Isabel Hofmeyr readily contributed the elegant foreword. The ongoing encouragement and support of Veronica Klipp and Estelle Jobson of Wits University Press are especially appreciated.

It is my pleasure to acknowledge yet again the enduring friendship of Neil and Penny Berens and Norman and Jean Mearns, which has sustained me whether I was with them or not. I am deeply grateful for the support of my wife Melanie, who assumed extra burdens of responsibility in order to free me to work.

Godalming
20 December 2006

INTRODUCTION

"Before 1870," observes Luli Callinicos, "most Africans in southern Africa lived in independent chiefdoms. These existed alongside some small Trekker or Boer Republics and the British colonies of the Cape and Natal. Less than fifty years later, an industrial revolution had swept up all these little states and chiefdoms into one large state dominated by white capitalists" (1987: 11). Nontsizi Mgqwetho was caught up in that revolution: she lived on the Witwatersrand goldfields, but looked back to her rural background in the Cape, and to earlier, happier times when the independent Xhosa chiefdoms were free of white domination. For nearly a decade, from 1920 to 1929, she contributed poetry to a Johannesburg newspaper, Umteteli wa Bantu, the first and only female poet to produce a substantial body of work in Xhosa. Apart from what is revealed in these writings, however, very little is known about her life. She explodes on the scene with her swaggering, urgent, confrontational woman's poetry on 23 October 1920, sends poems to the newspaper regularly throughout the three years from 1924 to 1926, withdraws for two years until two final poems appear in December 1928 and January 1929, then disappears into the shrouding silence she first burst from. Nothing more is heard from her, but the poetry she left immediately claims for her the status of one of the greatest literary artists ever to write in Xhosa, an anguished voice of an urban woman confronting male dominance, ineffective leadership, black apathy, white malice and indifference, economic exploitation and a tragic history of nineteenth-century territorial and cultural dispossession. She finds her strength in her own conception of the Christian God, and in Mother Africa, Nursemaid slain by her sucklings, who, she insists, has no need to respond to appeals for her return since she has never left, steadfastly standing by her disappointing people.

In a lament published on 2 December 1922 (poem 7), Nontsizi gives her mother's name as Emmah Jane Mgqwetto, the daughter of Zingelwa of the Cwerha clan, and associates her with the Hewu district near Queenstown. Nontsizi herself would have taken her father's clan, Chizama. In the poem she urges members of the two bereaved clans to weep at the death of her mother:

>Kuyadlul' ingqondo zetu,
>Ukushiywa ngulo mzali;
>Emacwereni—nakwa—Chizama,
>Bampompoza ezir'ar'a.

>This parent's departure
>leaves us stunned;
>among Cwerha and Chizama
>bitter tears are shed. (7: 86-9)

Nontsizi signed her first poem in Umteteli with her clan name, Chizama, and her next two poems credit her as author in terms of her clan. Earlier, in 1897, two prose contributions written by Cizama were published in the King

William's Town newspaper *Imvo zabantsundu* (the variant spelling in the clan name is insignificant: the letter h merely indicates aspiration), both submitted from Tamara in the eastern Cape. The first, critical of ministers for encouraging sectarian divisions in the community, appealed for unity: . . . *manyanani mabandla nabafundisi benu, manyanani zititshala, manyanani mzi ontsundu; mapele amakwele, nomona, woluleni pambili umqokozo, ihambe inqwelo yokukanya*, congregations and your ministers, unite; teachers, unite; black people, unite. End all jealousies and envy. Strain at the chain and get the wagon of light moving (*Imvo*, 20 May 1897: 3). The second criticised a recent bible revision for its flat style; the style, Cizama concluded, should have been more sensitive to the content, as the lyrics of a song are to the music: *Ukufaka amazwi angaqelekileyo kwinteto enjenge Sibhalo, kunjengokutya ukutya okumnandi ze kugalelwe intanga ezirwada zomxoxozi, ungade uhlute ungeka qondi ukuba usesitubeni sokuhluta*, To include unfamiliar words in a text like the Scriptures is like eating tasty food mixed with raw melon seeds: you feel full without quite understanding why (*Imvo*, 14 October 1897: 2). Jealousy and the need for unity are major themes of Nontsizi's poetry; also characteristic of her poetry is the second extract's unexpected shift to a homely domestic image (at least suggesting that this member of the Chizama clan might have been female). Of course, there are many members of the Chizama clan who could have written these two letters but, apart from Nontsizi's poems in *Umteteli*, they are the only two contributions to newspapers that I have encountered signed Chizama, and the style and content of the letters are strongly suggestive of Nontsizi. If she is the author of the two letters to the editor of *Imvo*, then in 1897 she was living in Tamara, which lies to the north of the road between King William's Town and Peddie. Some support for this suggestion can be derived from a poem that appeared in *Umteteli* on 18 December 1920, in which Nontsizi criticised the editor of the newspaper *Abantu-Batho* for bragging that he had brought her from Peddie to Johannesburg (4: 63-66).

Nontsizi's mother, then, lived for the last years of her life in Whittlesea (Hewu) south of Queenstown, and Nontsizi herself may have lived in Tamara near Peddie. In terms of royal allegiance, she was a Rharhabe (a Ngqika, or a Xhosa person). Nontsizi refers to herself as a daughter of the Xhosa king Sandile (13: 61), she often mentions Sandile in her poetry, and in her first poem she quotes from Sandile's praise poem:

    . . . *kuba singabantwa*
    na bo Gaga u Gago luhamba lu
    Gongqoza lukwezi Xesi u Ndanda
    Ko Vece u Xesi Magqagala
    Umtunzi wa bantu bonke bengaka
    Nje nditsho ku Sandile mna.

    we're loyal to the royal prince
    "who rumbles down Xesi's banks,
    flits over Vece, the rock-strewn Xesi,

shade for all, however many."
I'm citing Sandile's praises. (1: 11-15)
Sandile, the son and heir of the Rharhabe king Ngqika, was shot and killed in the last frontier war in 1879, so Nontsizi herself may have been born before that date, but not necessarily so. Sandile's son and heir, Gonya (also known as Edmund), who had participated in the war, was captured, tried and imprisoned in Cape Town, released in 1888 and died in 1910. He had been educated at Zonnebloem College in Cape Town, an Anglican school for the children of chiefs, and had accordingly not undergone traditional circumcision, so he was never officially acknowledged as a chief, though his followers accepted him as their leader (see Hodgson 1987: 183). Nontsizi never mentions Gonya by name, though she often laments the loss of powerful kings and the decline of royalty. Tamara was the great place (or royal residence) of the Mdushane chiefs, so if she was living there in 1897, she would have been close to a Xhosa royal court though, as a woman, excluded from its affairs.

The Xhosa people, *amaXhosa*, took the names of their chiefs, just as the subjects of Queen Victoria were known as the Victorians, of Edward, Edwardians. Xhosa himself, a hazy historical figure, was one of the early ancestors of Phalo (d. 1775), the father of both Gcaleka (d. 1778) and Rharhabe (d. 1782); Rharhabe was the grandfather of Ngqika (1778-1829). The Xhosa people (*amaXhosa*) acknowledged the authority of members of the royal dynasty until the reign of Phalo; after Phalo's sons Rharhabe and Gcaleka quarreled the nation split, whereafter Rharhabe's followers were known as *amaRharhabe*, the Rharhabe people, and Gcaleka's as the *amaGcaleka*; after Ngqika split from his uncle Ndlambe (another son of Rharhabe, who had acted as regent in Ngqika's minority), his followers were known as *amaNgqika*, the Ngqika, and his uncle's were the *amaNdlambe*. They were all—the Ngqika, the Ndlambe, the Rharhabe or the Gcaleka—still the Xhosa people, they lived in what they called the land of Xhosa, or the land of Phalo (*umhlaba kaPhalo*), and they all spoke the language that came to be known as Xhosa, *isiXhosa*. A number of other independent kingdoms stretching to the north and east of Xhosa territory up the eastern seaboard of southern Africa (Thembu, Mpondomise, Xesibe, Bomvana, Bhaca, Mpondo) spoke local varieties of the same language, but the missionaries who first transcribed *isiXhosa* had settled in Ngqika's territory, and that form of the language became the printed standard. Xhosa is the language of all the Xhosa-speaking peoples (also referred to as the Cape Nguni), only the southwesternmost group of which are the Xhosa.

All the Xhosa-speaking peoples acknowledged the authority of a chief, *inkosi*, and a king, *ikumkani*, paramount to the chiefs, who were members of a royal clan. Chiefs and kings lived at a great place, *ikomkhulu*, and ruled with the advice of councillors, *amaphakathi*. The chief allocated land and presided over court cases, but there were checks on royal authority: *inkosi yinkosi ngabantu*, a chief is a chief by virtue of people. If subjects were unhappy with a regime, they were free to leave and seek land in another chiefdom. Another restraint on royal power was exercised by praise poets, *iimbongi*, associated with royal courts, poets with the licence to criticise the chief with impunity in their poetic declamations, *izibongo*, which served to moderate any excessive behaviour in upholding the social norm on behalf of the people. The *izibongo* of Ngqika, for example, portrays him as a collaborator with whites, criticises him for the loss of territory to encroaching white settlers and for blaming the advice of his councillors, and offers a scathing concluding comment on his scandalous abduction of Thuthula, one of the wives of his uncle Ndlambe (and thus in custom committing incest), that led to an internecine battle between the Ngqika and the Ndlambe at Amalinde in 1818:

> He's Scandalmonger, mocking men behind their backs,
> he traffics with scavengers,
> he's an imp who consorts with strangers,
> a black snake that cleaves the pool.
> He's a foul-winged vulture,
> a kite resting in swamp waters,
> a rogue monitor with one horn,
> spurned by his kin and abandoned.
> He enjoys snuffling in trivia,
> he's a thornless aloe that still pricks.
> He's a wild beast who devours his own home then denies it,
> saying Myelenzi and Makhabalekile destroyed it.
> He's the bar who barred Phalo's cattle:
> whoever raised it would suffer the consequences.
> He's an irascible moaner,
> when he tries to plough he's chased off like the land isn't his.
> Resolute, his stench puts nations to flight.
> Leave the hut of seclusion and distribute cattle!
> Who would support you
> when you'd fucked your own mother? (Opland 1992: 217-18)

The ceremonial poetry of the *imbongi*, who was always a male, was not the only form of *izibongo* current in the community: poems were created about cattle or animals, there were traditional poems about clans and lineages, and most people, male and female, assembled poems about themselves (see Opland 1983 and 1998). Even though Nontsizi might have been barred by her gender from functioning as an *imbongi* at the Mdushane great place in Tamara, she would almost surely have honed her poetic talent in the recitation of clan praises and in the composition and recitation of outspoken, hyperbolic poems about herself and her associates (similar to poem 13 below). The personal *izibongo* generally consisted of a praise name, a noun that characterised its subject, perhaps extended into a line, perhaps extended into a succession of lines. One of the royal ancestors of Nelson Mandela, for example, was known as *Madiba*, Filler, the son of Hala, and this name was extended into the line *Madiba, owadib' iindonga*, Filler who filled gullies (so people could reach each other and reconcile). Ngqika is Scandalmonger, mocking men behind their backs, *Nguso-Tshul' ubembe, uhlek' abaneligqo* (Rubusana 245); he's the bar who barred Phalo's cattle: whoever raised it would suffer the consequences, *Umvalo obuvalel' inkomo zika-Phalo,* / *Owowuvula ngowozek' ityala* (Rubusana 246). Nontsizi is *Uliramncwa akuvelwa ngasemva* / *Nabakwaziyo babeta besotuka* (13: 11-12), wild beast too fierce to take from behind, / those who know tremble in tackling you, or *Dadakazi lendada ze Afrika* / *Ub'hib'hinxa lwentombi esinqe sibi* (13: 33-34), duck of the African thickets, / ungainly girl with ill-shaped frame. Such stylised praises, commemorating a quality or deed of the subject, could be listed in any order from one performance of a poem to another: *izibongo* lack the linear coherence favoured in western poetry, they provide one discrete detail after another, all contributing to the complex depiction of a person, rapidly and disconcertingly shifting in voice and point of view. The lines of Xhosa *izibongo* are tiles in a tessellated mosaic, rather than a western lyric's ordered strand of beads. Nontsizi's poetry exhibits these structural features of *izibongo*, while at the same time adopting western stanzaic structure and, later in the sequence, rhyme.

Although she writes poetry that draws on the style of traditional *izibongo*, and at times claims for herself the voice of an *imbongi*, although she is fond of rural imagery and often speaks as a red-blanketed traditionalist, Nontsizi's poetry is distinctively urban, occasionally spiced with Zulu, English and Afrikaans words, recording earthquakes in Johannesburg, condemning blacks who ape white fashion and above all bemoaning the lax morals in the cities of the school-educated youth, living at a distance from the moderating authority of rural chiefs and customary tradition. Although she might have lived in Tamara near the royal residence of the Mdushane chiefs, the jurisdiction of Xhosa chiefs did not extend to Johannesburg. Unlike the poetry of the *imbongi*, her poetry does not praise chiefs or relish in arcane genealogical details: as she frequently comments, *Amagama enkosi ayandipazamisa*, the names of kings confuse me. Her rousing poetry does not appeal to a narrow ethnicity, as the *imbongi's izibongo* does. Her poems deploy military imagery at times, but she does not dwell on the particulars of frontier history. She appeals broadly to all the black nations, urging them to settle their narrow ethnic and political differences and join in a common struggle for liberation.

The Xhosa, living on the eastern frontier of territory increasingly encroached on by white settlers, engaged in a series of open conflicts for nearly a century, the last of which was the war of Ngcayechibi, which started as a quarrel between Gcaleka and Mfengu drinkers at a beer-party and ended in 1879 after the death of the Xhosa king Sandile (Mfengu conscripts danced over Sandile's mutilated body—see Milton 278-79—but Nontsizi opposes such expressions of ethnic rivalry and urges Xhosa and Mfengu to settle their historic differences so that blacks may unite in opposition to whites: see poem 66). The Xhosa-speaking peoples lost territory to white control throughout the nineteenth century, a process that culminated in the annexation of Pondoland in 1894. Nontsizi frequently laments this loss of territory but, although she talks generally of battlefields, she never traffics in the details of war and conflict, as the male *imbongi* often did; writing in the 1920s, she is more concerned with white control of black mobility and working conditions. Although she uses the knobkirrie (*induku*, a knobbed fighting stick) as an image (*Into elwa ngezulu induku zihleli*, clubs are at hand but I fight with lightning), hers are urban battles of pass protests and black mobilisation.

The Xhosa way of life was permanently disrupted by military conquest and white territorial encroachment; severe social disruption was also introduced by their conversion to Christianity. The earliest missionaries to the Cape Nguni settled in Xhosa territory. In 1799 Ngqika granted Dr J.T. van der Kemp of the London Missionary Society permission to work among his people. Van der Kemp studied the language, assembled an extensive vocabulary of Xhosa words, and began to teach his pupils to write, but he withdrew to minister to the Coloured community at Bethelsdorp after little over a year amongst the Xhosa people. He was succeeded in 1816 by Joseph Williams, who also took up residence with Ngqika's permission, but who died after only two years in 1818. John Brownlee led the first permanent mission to Ngqika territory in 1820; his associate at Tyhume, John Bennie, completed the first systematic transcription of the Xhosa language, which was printed for the first time in December 1823. Christian missionaries of various (often competing) persuasions worked, for good or ill, at converting the Xhosa-speaking peoples, and introduced a radical social rift between those who converted to the new religion, the *amakholwa* or *amagqobhoka*, and those who continued in their traditional way of life and precolonial beliefs. The Xhosa favoured red ochre as a cosmetic, smearing it on their faces and bodies, and on the skins they wore as cloaks and skirts. Later, they smeared ochre on the blankets they took in trade with white settlers and adopted as garments. The Christian missionaries insisted that their converts lay aside these traditional practices and adopt European fashions of dress and patterns of behaviour. The lexicographer Albert Kropf, himself a missionary, reflected the European ethnocentric bias in his definition of *iqaba* (a derivative of the verb *ukuqaba*, to paint or smear the body with red clay) as "One who habitually paints himself with ochre; fig. an ignorant person, a heathen" (see further the comment on the title of poem 8 in the Notes below). Red-blanketed people continued to practise male circumcision, their marriageable children continued to dance the *intlombe* (condemned as licentious by missionaries and defined by Pahl as "a traditional weekend entertainment of young men and girls of their age group where the men dance to the accompaniment of the girls' singing and clapping; this lasts all night") and they continued to appeal to their ancestors, who were ever-present as shades or spirits. The Xhosa believed in Qamata, an ill-defined supreme being; the dead ancestors could be invoked in poetry and prayer and with beer to intercede with Qamata on behalf of the living.

To a large extent the Xhosa initially resisted missionary teaching, though this was not the case for the Mfengu, Zulu refugees who had settled among them (see the note to the title of poem 66). The power and authority of the chiefs was broken, however, and Xhosa incorporation into the white economy was facilitated, not only by war and conquest, not only by conversion to Christianity, but also by the disastrous millenarian cattle-killing episode of 1856-7 (see Peires 1989), enflamed by the visions of the teenage girl Nongqawuse, and by the discovery of diamonds in 1866 and gold in the following decade. Xhosa joined Mfengu in the schools, especially at the premier mission institution of Lovedale, founded in 1841, where they were given a Victorian education alongside the sons and daughters of missionaries. A new Principal of Lovedale revised the educational syllabus in 1870, withdrawing Greek and Hebrew and mathematics in favour of book-binding and wagon-making, but by then an African elite had already been established in the Cape. They contributed to the Lovedale newspaper *Indaba* and its successor *Isigidimi sama Xosa*, and, when *Isigidimi* failed in the face of competition from independent black newspapers, they contributed to the Mfengu-oriented *Imvo zabantsundu* in King William's Town and its Xhosa-Thembu rival *Izwi labantu* in East London (see Opland 1998 chapter 11). The black vote was mobilised by these newspapers, and black political organisations were established, the Native Educational Association in 1879, *Imbumba yamanyama* in 1882, the South African Native Congress in 1898 and, most significantly, the South African Native National Congress in 1912 (see Odendaal). The quest for independence within the structures introduced by Europeans found expression too in the formation towards the end of the 19th century of breakaway African independent churches (see the note to 49: 15), which came to be known collectively as the Ethiopian churches.

The discovery of mineral wealth contributed to inevitable conflict between the Boer republics, on whose land the minefields lay, and the British colonial government, which ruled the Cape province and Natal. After the war, which lasted from 1899 to 1902, peace was followed by the formation of the Union of South Africa in 1910 with a constitution that placated Boer sentiment and largely ignored African representations. Gold had been discovered on the Witwatersrand in 1886, and the city that became Johannesburg rapidly mushroomed. The inland mining industry that developed was fed by black migrant labour, recruited from the rural areas. The gold mines tended to attract African males as migrants; there were relatively few African women on the Rand initially: "only 14 per cent of Africans—and less than seven per cent of African women (approximately 147,000)—were living in the urban areas by 1921. African women, by far the largest racial group among women, were thus the least urbanised of any sex-race category" (Walker 11). The numbers of African women had doubled in the years immediately after the First World War: in 1918 there were only 67, 111 African women on the Rand. Nontsizi Mgqwetho may have moved from the eastern Cape to the Rand in this period. Certainly she was involved in an anti-pass protest at the Johannesburg Fort on 3 April 1919, as her contribution to *Umteteli* on 13 December 1924 testifies (item 54), and may have been arrested at some time (*Sasakuva sesibanjwa ngamadindala*, Next thing we knew the cops had the cuffs on us, 12: 14). Why she came to Johannesburg is not clear. Bonner, citing Gaitskell, notes that in this period "two broad categories of women came to be settled in the towns: firstly, those coming unattached or fleeing from their homes, who became domestic servants, washerwomen or prostitutes, or took up illicit liquor selling to earn an income; secondly, the wives and daughters of families of those who came to settle permanently in town" (278). From her poetry it is abundantly evident that she was an independent-minded woman. She describes herself as ungainly and physically unattractive, and suggests she is unmarried:

> Taru! Dadakazi lendada ze Afrika
> Ub'hib'hinxa lwentombi esinqe sibi
> Awu! Nontsizi bulembu e Afrika
> Akusoze wende nezinto zigoso.

> Mercy, duck of the African thickets,
> ungainly girl with ill-shaped frame.
> Oh Nontsizi, African moss,
> with bow-legs like yours you'll never marry! (13: 33-36)

Her first poem was submitted from Crown Mines to the southwest of the burgeoning urban complex; she might have been in domestic service in a white household on the mine, although early domestic servants tended to be black males or white females. She may have been uncomfortable in her situation: *Awu ndakubeka ndibheka emlungwini*, Oh I blundered in going to whites! (12: 16). Twice she writes poems after earthquakes hit Johannesburg, on 1 December 1923 and 6 December 1924 (poems 9 and 52), which suggests that she stayed on in Johannesburg for at least a few years.

An invaluable nugget of biographical information can be gleaned from Nontsizi's only English article, located by Ntongela Masilela. On 15 December 1923 *Umteteli* carried a revisionist account of the murder of the Voortrekker Piet Retief and his party by the Zulu king Dingana ("one of the bravest Kings who ever sat on the Native throne") on 16 December 1838. The article was written by Elizabeth Mgqwetto, who is described as "The well-known and talented Poetess." In another item located by Masilela, R.V. Selope Thema referred to the anti-pass protest organised by Congress in April 1919, noting the involvement of "Miss Nontsizi Mgqwetho and Miss Mary Mgqwetho" (*The Bantu World*, 22 October 1949 cited in the notes to poem 54). Two brief items of social news mention Mary Mgqwetho: on 2 June 1934 the Johannesburg newspaper *The Bantu World* reported in its Social and Personal News column:

> Miss Mary Mgqweto a well-known lady in the dancing circles will
> promote a flannel dance in the Inchcape Hall to the music of the
> Merry Black Birds on June 8. Admission 2/6. Invitation extended
> to all.

Nontsizi depicts herself dancing (13: 21-24, for example), and dancing is a very common image in her poetry. Mary Mgqweto also helped to organise a party in 1941 for someone traveling to Queenstown (we know that Nontsizi's mother lived near Queenstown):

> A successful farewell party was given at Khanyile Street, W.N.
> Township in honour of Mr J.D. Ngojo who is shortly leaving for
> Queenstown. The organisers were Mrs. Gladys Mbahlana and Miss
> Mary Mgqweto. (*The Bantu World*, 13 December 1941, page 15).

These two items associating Mary Mgqwetho with dancing recall a stanza Nontsizi wrote in praise of herself:

Awu! Taru! Nontsizi bulembu e Afrika
Ntokazi etsho ngentlombe ezimnandi
Zitsho zidume nendonga ze Afrika
Arha-hai abhitye onke amadodana.

Oh mercy, Nontsizi, African moss,
woman, Africa's walls are throbbing
with the sound of your lively parties:
Ach shame! All the young men wither. (13: 65-68)

We may conclude that Nontsizi's English name was Elizabeth Mgqwetho; Nontsizi ("Mother of Sorrows") may have been her given Xhosa name, a nickname, or a name she adopted when she started writing poetry. Mary Mgqwetho might well have been her sister. Mary lived on the Rand into the 1940s, where she was associated with social dances; both Mary and Elizabeth were politically active from at least 1919, and both remained unmarried. Nontsizi may have been in domestic service on the mines; certainly she was neither prostitute nor shebeen queen.

In Johannesburg, as her poetry makes abundantly clear, Nontsizi was a committed member of a women's prayer union, a *manyano*. "By and large," Deborah Gaitskell writes of the manyanos, "the African Christian women joined groups explicitly as *mothers*, and, particularly under the influence of mission supervisors, assumed a vital role in safeguarding female chastity, marital fidelity, and maternal and domestic responsibilities" (Gaitskell 1997: 255). The concerns of the manyano are very much the concerns especially of Nontsizi's later poetry:

The style of the manyanos, common to all denominations, had
roots also in late nineteenth-century revivalist preaching that
sought to induce a kind of anguish over personal sin, with
bewailing and confession, and a public commitment to a fresh
start. . . . Wailing became particularly entrenched in women's
groups, perhaps because weeping was seen as more culturally
appropriate for women, especially at Nguni funerals. *Isililo*
("wailing", the term the American Board women chose for their
movement) . . . refers to the protracted ritual keening of women
after a burial. (Gaitskell 1997: 262)

Nontsizi may well have been associated with the American Board manyanos: *Izililo* becomes a recurrent cry in her later poetry (see the note to poem 37). In her manyano, she would almost surely have practised preaching: the headnotes to her later poems, and especially her prose contribution on preaching (item 95) are strongly reminiscent of a preaching style, peppered with liberal references to scripture. "In the weekly *manyano* meetings," writes Gaitskell,

women would give short expositions of the meaning and personal
application of particular biblical texts; at annual conferences and

>evangelistic services, they would preach to and exhort much
>larger groups of both Christians and 'heathens'. There is plenty of
>evidence that women were keen to preach (Gaitskell 1995: 223).

Despite this hunger for preaching, only rarely did African women's zeal for oral expression of their faith lead to leadership positions in mixed public gatherings. Perhaps they were resigned to the limitations missionaries placed on their leadership and preaching role, and the opposition they might face from jealous black male clergy. Manyanos provided a segregated, "safer" sphere of female religious oratory. (Gaitskell 1997: 263)

So, "zeal for preaching might be kindled within the *manyano*, and any further oratorical abilities developed as a result were compulsorily redirected back into female channels" (Gaitskell 1995: 227). However, Nontsizi was able to break free of these restrictions, and found public expression of her passion for preaching through *Umteteli*'s pages: she often starts her poems with an expression of gratitude to the Editor for providing space to poets.

Nontsizi makes liberal use of the bible in her poetry, taking her titles from Scripture and referring her readers to passages in the bible. She quotes the Old Testament more than the New; clearly, she is attracted to the prophets, Daniel, Amos, Samuel, Isaiah and Nehemiah. Despite her dependence on and familiarity with the bible, however, she often denounces it. The bible was an agent of dispossession

>*Zay' konxa! Afrika ngamakamandela*
>*Nange Bhaibhile, mipu, zayikahlela*

>They clapped shackles on you, Africa,
>hurled you down with bible and musket (37: 14-15)

and disruption

>*Wavela umlungu kungeko zimanga*
>*Weza nge Bhaibhile ngoko sati manga*

>When the white appeared, all was normal:
>abnormality came with his bible (60: 39-40);

the bible's message is deceptive:

>*Apo zikon' inkosi zase mlungwini*
>*Ezi ne bhaibhile ezingo mb'axa-mbini*

>in that world of white lords and masters
>the bible speaks with forked tongue (43: 23-24);

and vicious:

>*Lovangeli yabo yokusikohlisa*
>*Mina ingangam ndigaqe ngedolo.*

>*Lingasiposa ne Zulu siyimamela*
>*Kub' inomkonto obuye usihlabe*

> *Iyahanahanisa kumntu Ontsundu*
> *Iwugqwetile ke lomhlaba ka Palo.*

> This gospel of theirs, designed to deceive us,
> stands as tall as I do down on my knees.

> Heed its word and heaven's lost:
> it's a spear that wheels to stab us.
> The hypocritical cant of the white man's gospel
> turns Phalo's land on its head. (30: 43-48)

But there is no contradiction here. She tacks onto the end of her eighth poem the qualification

> *Anditsho ukuti Izwi lika Tixo*
>   *Ukuteta kwalo akunanyiso.*

> But I'm not saying the word of God
>   is entirely barren of truth. (8: 39-40)

The bible remains the word of God, despite the misuse the whites put it to:

> *Kanti nene nene beza kutshutshisa*
> *Nge bhaibhile zabo beza kunyelisa*

> The simple truth is they came to oppress,
> they came to blaspheme with their bibles. (48: 33-34)

It is the white man's bible she rejects, not the word of God in the bible. Both black and white must recognise and not abuse the truth that resides in the bible. Blacks must accept the bible's truth, not as the white man interprets it but as blacks discern it. As she comments scathingly in the prose introduction to poem 97, *Akazange ukuxelelena u Ntsikana ukuba uze uqwalasele i Bhaibhile? Wazuka wena wayiyeka, wayiqwalaselelwa ngabelungu; andigxeki mlungu ke ngakuba nditsho: kodwa ke xa kutiwa: "Funa wawuya kufumana," akutshiwo ke ukutiwa mawufunelwe ngomnye umntu*, "Didn't Ntsikana tell you to study the scriptures? And you left the whites to study them for you. I'm not mocking the white when I say that. But when it's written 'Seek and ye shall find,' it doesn't mean that someone else must do the finding for you." Nor does acceptance of this truth necessarily entail a rejection of the truth inherent in traditional Xhosa custom:

> *Inyaniso masipatwe ngananinye*
> *Inyaniso kungaviwa bantu banye*
> *Nantso ke! Inyaniso yezi Bhalo*
> *Napantsi ke, kweyetu imibhalo.*

> The truth must be treated fairly,
> the truth must be heard by both sides:
> the truth is there in the scriptures
> and also within our blankets. (40: 21-24)

Gaitskell alludes to a process characteristic of the manyanos: "the moulding and significant transformation and appropriation of Christianity as it was embodied in southern African communities" (1995: 226). Nontsizi bears considerable reverence not only for biblical texts but also for the sayings of the revered Xhosa prophet Ntsikana, transmitted through oral tradition (see poem 43, for example). She draws into her poetry scriptural references and quotations as well as the words and prophetic sayings of Ntsikana: the unity of a tightly compacted ball of scrapings (*imbumba yamanyama*), for example, gathering together diverse sheep into one flock (*Ulohlanganis' imihlamb' eyalanayo*), Jesus as a hunting party hunting souls (*Ulonq'ina izingela imipefumlo*) or the flash of a portentous shooting star (*Yabinza nenkwenkwezi isixelela*). She consistently Africanises—and feminises—both Jehovah and Jesus.

If Nontsizi came to Johannesburg at the end of the First World War, she would have arrived in a time of considerable social unrest. The influenza epidemic of 1918 had hit urban blacks living in squalid conditions particularly hard, unions and pressure groups were mobilising and there was a series of strikes and anti-pass protests. In the wake of one of these strikes, the Chamber of Mines decided to launch a multilingual newspaper to counter the influence of *Abantu-Batho*. Brian Willan sketches the context. The idea for a new weekly newspaper published by the South African Chamber of Mines, he writes,

> actually originated in 1919 with a request from a group of conservative African political leaders in the Transvaal—Saul Msane and Isaiah Bud-M'belle amongst them—for support from the Chamber of Mines for a newspaper which would provide an alternative voice to *Abantu-Batho*, the Congress newspaper which was controlled by the radical Transvaal branch of the movement. Their original approach was not successful, however, and the Chamber turned down their requests for support. But in the early months of 1920, following a massive black miners' strike that February, the Chamber of Mines—more specifically, its Native Recruiting Corporation—decided to take the initiative in launching a newspaper with the objective, as they put it, of dispelling 'certain erroneous ideas cherished by many natives and sedulously fostered by European and Native agitators, and by certain Native newspapers'. (Willan 251)

Willan also describes the political philosophy of the weekly paper which, he says, "throughout the 1920s appeared without a break (in contrast to *Abantu-Batho* which struggled desperately to keep afloat)":

> Whilst *Umteteli* was regarded by some Africans, and certainly by the South African Communist Party, as simply a tool of the mining industry, the line it took was a relatively liberal one. Its editorials advised against support for strike action as a means of redressing grievances, and precious little criticism of the mining industry ever appeared in its columns, but it did support the retention of

the Cape franchise and its extension to the northern provinces; it opposed the Hertzog bills, and it was strongly against the colour bar in industry, and hence opposed the Mines and Works Amendment bill. For *Umteteli* the villains of the South African political stage were not, as the South African Communist Party would have it, the mining capitalists, but overpaid white workers who possessed the political means to force the government to concede their demands for a guaranteed place, protected by the colour bar, in industry; Afrikaner nationalists who demanded state handouts to subsidise inefficient farmers at the expense of the mining industry; and a Pact government that represented a cynical alliance of the two. (Willan 315-16)

All of Nontsizi Mgqwetho's poetry appeared in the pages of *Umteteli wa Bantu*, The people's messenger.

Her poetry is filled with images of sound: the wailing of women and Africa, the roar of thunder and rivers. Animals feature prominently too, the sheltering wing of a mother hen, the spots on a leopard, the stalking lion, the cow yielding only dribbles of milk and the hyenas that Christians turn into at night. Although she writes removed from her home country, her imagery is that of the countryside, rural rather than urban. Although she occasionally appropriates a masculine voice, her imagery is also very much that of a woman: she swears by Lady and refers to women's petticoats and skirts and drums. Africa is clearly female, and Jesus wears a woman's headdress. Her poetry is nearly a century old now, but it still impresses as refreshingly—and sadly—modern. However, readers might be puzzled by her repetitions: it is not just that phrases and even stanzas become formulaic, towards the end of the sequence the individual lines of entire poems can be matched elsewhere in her body of poetry. Is she guilty of creative laziness or fatigue? How much value can a poem have if it is a mere pastiche of phrases often used by the poet? The reader working through the sequence from beginning to end will surely be puzzled, alienated by what appears to be a lapse in originality, and might question the wisdom of an editor who includes poems that say nothing new in words that have become all too familiar. And this might be especially so when one of the translation principles is to translate repeated phrases and stanzas in exactly the same way.

My first response to such a charge would be that Nontsizi's original audience would not have encountered these poems as a reader of this book will: at their most frequent, they appeared weekly, in an ephemeral medium designed to be discarded. Nine years separates the first poem from the last in the sequence, over which course of time even the most loyal fans of her poetry might not be troubled by the repetitions. Nontsizi might have kept copies of her published poems, which she ransacked from time to time; but these repeated words and phrases could also have stuck in her memory, and come to mind as appropriate as she wrote. Her readers would have been attuned to the *izibongo* of the *imbongi*, in which such repetition is commonplace. The *imbongi* has at his disposal a battery of formulas, words and phrases he has used of his chief, or words and phrases that he has heard other poets using of their chiefs, expressions of his own composition as well as expressions common to the tradition. As the *imbongi* S.M. Burns-Ncamashe said to me on 9 July 1971, when I asked him about the poet's retention of memorised lines,

> Well, in some cases they would repeat more or less the same phrases, but with new phrases each time, because usually *izibongo* do include a description of the appearance of a person or a thing, and naturally, since the appearance doesn't change, you'd always refer to a man with that long nose or thin legs and so forth—he'd still have them, you know, a big tummy and so forth. So, in addition to the appearance, then there would be the events that may have taken place which would be included naturally in the subject of the *izibongo*. (Opland 1998: 49)

Members of a rural *imbongi*'s regular audience would not be troubled by such repetitions, they would actually welcome them, with the pleasurable recognition of the familiar.

All of Nontsizi Mgqwetho's Xhosa contributions to *Umteteli* are included here, even when an item such as poem 98 is mainly a pastiche of earlier phrases and stanzas, or when poem 99 is wholly made up of repeated expressions. On the one hand, her prose preambles to the poems become more and more developed towards the end of the series, and they merit inclusion. Then again, the reader should learn to accept and absorb the repeated phrases, and use them, as an informed audience of a sequence of oral performances would. Formulaic passages are often highly suggestive, they communicate not only by denotation but also by connotation. This suggestive quality is present, informing the words, even when only part of a formulaic passage is cited. Formulaic repetition aids interpretation and can guide translation. For example, there is a stanza that recurs eight times after its first appearance in poem 37:

> *Hai: Ukuhlala kwawo wodwa Umzi*
> *Nokungenwa kwamasango alomzi*
> *Obantu babenikwe Intsikelelo*
> *Namhla simanga ngumzi wembandezelo.*

An early draft of my translation read

> Oh the pity of an empty home
> whose people once were blessed,
> its easy entry wondrously
> become today a place of want.

But it is clearly related to an earlier stanza in poem 19, which refers specifically to enemies who seem to be the agents of the home's misfortune:

> *Hai! Ukuhlala kwawo wodwa Umzi*
> *Obantu babenikwe Intsikelelo*
> *Amasango etu onke akanamntu*
> *Nabandezeli basuke bayintloko.*

This was originally translated as
> How sad a deserted home is!
> Its people once were blessed,
> its gates now stand unattended,
> and its enemies reign supreme.

The repetitions common to the two stanzas, and the suggestion of the last line in the earlier stanza, led to a translation that turned the "wonder" into an "omen" (both sanctioned by Kropf), and made the oppression more specifically the forced removals suffered by black people under white control in South Africa. The repeated stanza has now become
> Oh the homestead standing alone
> with easy access through its gates,
> whose people once had plenty,
> now a sign of oppression.

It is because of this inherent suggestion of territorial dispossession causing the dereliction of black homesteads (with the implied threat of a continuation of the policy in the future) that Nontsizi tends to opens her poems with this lament, setting a tone for her political poetry, contrasting the settled, precolonial hospitality of the Xhosa home with the present disruption. The suggestion is there, even when there is no reference to enemies of the abandoned homestead.

The poems in sequence thus invite the reader of this book to forego western predispositions and to receive them as an audience would receive the poetic performances of a royal *imbongi*, to derive reassuring recognition in the repetitions and their kaleidoscopic rearrangements, to cultivate sensitivity to emotional suggestions that hover about the words, the economy that invests partial repetitions and ellipses. To read these poems in sequence in a book is to accept an invitation to adopt some of the analytical assumptions of the village audience of a rural *imbongi* in the land of Phalo, to enter the world of this tradition of African poetry free of western assumptions. The translations strive for rhythm and accuracy, and usually follow the structure of the original Xhosa texts. Only one major problem remains unresolved, and that concerns the form of some of the items, which are printed as prose. This may be because the poet submitted them as prose, or because the editor printed them in this form in order to conserve space. (Of the two options, the former seems to recommend itself since the prosody of item 6 is insecure, suggesting that it might have been the editor who set it in poetic form.) What is pronounced in these "prose" pieces is that they include passages found elsewhere in the poetry, and they are unusually punctuated, with capitals, colons and semicolons that might serve as markers, or guides to line division (see the note to item 36). No attempt has been made in the translation to set these passages in poetic form, just as no attempt has been made to reflect the rhyme that is adopted as from August 1924. However, every effort has been made to preserve the poet's metaphoric references, and not to flatten them through glossing. This may leave the reader a bit puzzled, but reflects more closely the poet's metaphoric world of rural female nurture and cultivation.

Introduction

A conservative approach has been brought to reproducing the Xhosa texts, with editorial emendation kept to a minimum. As far as possible, the original readings are preserved. Alterations are introduced only in cases of clear typographical error; in that case, the original reading is given at the end of the text. No alterations are made on the grounds of orthography or word division, or dialect. This calls for some comment. John Bennie's transcription of Xhosa, first printed in December 1823, remained influential for over a century. It was accepted by all missionary societies, who were responsible for editing or printing the earliest books and journals. A new orthography was introduced (ironically, by Bennie's grandson) and adopted in 1936. It proved something of a disaster (see Opland 1998 chapter 13), considerably complicating and inhibiting literary production; its major innovations were reversed in 1955. The 1936 orthography was immediately unpopular and widely resented. A letter from Bennie attempting to justify his proposals drew an angry response from H.S. Ndlela:

> It is now clear enough even for a weakling to see that the white man's object is to make a Native so weak that he cannot stand by himself. The rock-bottom of the conspiracy has been brought to the fore-ground by the changes made in the existing orthography. We have been deprived of land, rights and even the dignity of our colour, and, to my discomfiture, we are now under the last cloud—the tragedy which finishes the whole game—the taking out of the core of our language. . . . The whole secret is that the Europeans want to make our languages simple for them to master, and thus deprive us of the privilege of being masters of our own language. (*Umteteli* 18 August 1934: 7)

Both revisions in the spelling system were accepted by education departments, who insisted that Xhosa books prescribed in schools (virtually the only market for Xhosa books) should be in the new orthographies. Books in outdated orthographies were removed from circulation, and publishers printed only books in the new orthographies; books submitted to publishers for consideration were often rejected for because they contained too many spelling mistakes. One consequence is that Xhosa books reflect a strictly regimented, heavily edited spelling system that has been accepted as standard, and the tendency even in scholarly articles is to quote Xhosa texts with their spelling homogenised for school consumption to meet the needs of Education Departments. Outside the skewed world of Xhosa books, no newspaper adopted the new orthography in 1936, and Nontsizi's language from the 1920s is readily seen to be far freer of imposed rules and regulations. It is vital that this language be respected and preserved. Future readers and scholars might well find significance in her non-standard and sometimes inconsistent spelling where none might appear at the present time. In the light of this history, alterations to the Xhosa text are introduced sparingly, according text and author a respect they have not often enjoyed in the history of Xhosa literature. Missing or indistinct letters have been placed in square brackets, facilitating alternative reconstructions. Readers interested in seeing the texts as they originally appeared can find most of them online at *http://pzadmin.pitzer.edu/masilela/newafrre/mgqwetto/poems/poems.htm*.

In one important respect Nontsizi's spelling has been overruled and altered. Most frequently, she spells her surname (and her mother's surname) Mgqwetto. This anomalous spelling (double *t* is not standard in Xhosa) has been replaced by Mgqwetho throughout. The 1936 orthography played havoc with surnames, introducing an *h* to indicate aspiration. So, for example, the great Xhosa poet Samuel Edward Krune Mqhayi signed himself as such for the first time in December 1934: before that time he used the spelling Samuel Edward Rune Mqayi. The last of Nontsizi's poems was published in *Umteteli* in 1939, before the changes were proposed, but after the changes were introduced she would perhaps have adopted the form Mgqweto or Mgqwetho for her surname. Selope Thema spells her surname Mgqwetho in 1949, and this is likely to be the spelling of the surname of any relatives of Nontsizi living today, although the two reports in *The Bantu World* in 1934 and 1941 use the spelling Mgqweto. Although the spelling of Xhosa surnames remains inconsistent (we tend now to favour *Mqhayi*, but keep *Rubusana*), on balance it seemed advisable to regularise Nontsizi's surname and bring it into line with current practice.

Nontsizi Mgqwetho's contributions to *Umteteli wa Bantu* rank her among the most prolific of Xhosa poets, but the measure of her significance lies not in the quantity of her work. Although women feature fairly prominently as authors of Xhosa novels, no female has ever published Xhosa poetry of any stature, but while the circumstance of her gender is of vital interest from many perspectives, that too is an insufficient indicator of her significance, for it is by the quality of her poetry that she will come to be judged. To read her poems is to become immersed in the anger and frustration of a devout, witty woman, a sharp-tongued preacher inveighing against ministers, men, lax morals among Christians, black leaders, educated youngsters with a superior air, or the white man's gospel, a swaying, prophetic visionary in a godless city calling for the ways to be straightened for the restitution of Africa, so that peace and order and a sense of humanity might return to the land of her fathers. Never one to slight her own powers, Nontsizi addresses herself in the opening to her twelfth poem:

Taru! Nontsizi dumezweni ngentsholo
Nto ezibongo ziyintlaninge yezwe

Mercy, Nontsizi, renowned for your chanting,
your poems are the nation's bounty.

I trust this presentation of her incandescent poetry will restore that bounty to the nation.

THE XHOSA POETRY OF NONTSIZI MGQWETHO

Pulapulani I Makowetu.

Ndiyigxotile i Kresmesi, no Nyaka Omdala kwano Nibidyala ngezibongo; Ndizaku zibonga mna ke ngoku ndandule ke kwakona ukuqala into entsha.

Camaguni!

Yimbongikazi Nontsizi Mgqwetto.

Taru! Nontsizi dumezweni ngentsholo
Nto ezibongo ziyintlaninge yezwe
Indlovu ke ayisindwa ngumboko wayo
Awu! Taru! Sikukukazi piko e Afrika.

Esikusala amatole aze engemki
Emke nezinye intaka eziwadlayo
Uyaziwa lilizwe nambakazi yezulu
Enqenwe nazi Mbongi zada zaxelelana.

Wugqwetele Mgqwetto lomhlaba ka
    Palo
Beta izizwe ngesitunzi zidangale
Utiramncwa akuvelwa ngasemva
Nabakwaziyo babeta besotuka,

Taru! Mdakakazi omabalaziziba
Ovumba linuka okwenyoka yomlambo
Camagu! Nawe Ndlovu edla Pezulu
Uzibhalile noko Inkomo zakwa
    Mgqwetto.

Taru! Nontsizi bulembu e Afrika
Obuyepuzela emazantsi namaza
Wak'nbeka ngonyawo weva ubuhlungu
Wahiliza ngomlomo wawiselwa pantsi.

Taru! Nontsizi bulembu e Afrika
Ozihluba izibongo ekuhleni
Zitsho nentaba zelizwe zikangelane
Xa wapuka imbambo macala omabini.

Taru! Mdakakazi ngqele ese Lundini
Euje ngayo Imibete yase Herimone
Ndakhubeka ndibheke emlungwini ve
Awu! Ndeva sendibanjwa ngamadi^d
    ndala.

Taru Mbongikazi Flamingo ka Vaaibom
Esunduza inyawo xa leukayo
Esunduza inyawo xa ihlalayo
Zipume izilo zonke zigcakamele.

Taru! Dadakazi lendada ze Afrika
Ub'hib'hinxa Iwentombi esinqe sibi
Awu! Nontsizi bulembu e Afrika
Akusoze wende nezinto zigoso.

Taru! Mbongikazi piko le Afrika
Sudukani bo arha.ndaboneleiwa
Taru! Somikazi lomti wekiwane
Ubonga noko side sipel' isoya.

Taru! Nontsizi bulembu e Afrika
Izishumane mazambat' amabhayi
Kuba ayaziwa Iminyanya yakowenu
Akungetshati ungabhinqi zik'ak'a

Zipi Intombi zenu Izwi liyintoni
Sigqibe lomhlaba sifuna ukwenda
S_alahla amak'azi salahla amakaya
Namhla sizizigudu kwa namabhungela.

Imfundo yintoni bapi onyana benu
Baggibe lamazwe befun' inikisi
Yona nto ifunwa zintaka inkuku
Kusa ziqondele kuhlwe zingay' boni

Taru! Nontsizi ntsasa enemizila
Egqibe izinga zonke iprofetsha
Awu! Taru! Sanusekazi se zibongo
Nalo neramncwa liwabhul' amapiko;

Taru! "Chizama!" Odla inyama rwada
Ayaziwa neminyanya yakoweni
Mazibuye ke! Indlovu zidle ekaya
Zingalala ezindle zilahlekile.

Taru! Nontsizi ntombi ka Sandile
Mntana wenkosi kwinkosi zakwa
    Ngqika
Kubonga amakosi not amabhungexe
Watshiswa zinduku kumataf' akwa
    Ngqika.

Awu! Taru! Nontsizi bulembu e
    Afrika

Ntokazi etsho ngentlombe ezimnandi
Zitsho zidume nendonga ze Afrika
Irha-hai abhitye onke amadodana.

Mhlana wafa Nontsizi losibekela
Hashe lenkumanda loba lilahlekile
Awu! Taru! Nangaye u Ntsikana
Owayegqibe zonke izinga eprofetesha.

Camagu! Sinungunungu Esingewele

1

In her first poem for *Umteteli wa Bantu*, Nontsizi Mgqwetho salutes the editor, Marshall Maxeke, and his wife Charlotte. She defends the editor against the charge that he has betrayed his people by consenting to edit the new newspaper, and she praises his wife for her active role in political and social protest.

1   Chizama the poet

Sir, Editor of our *Umteteli*,

    long life to you,

grandson of heroes who fell at Hoho.
Mercy! Go, Gatyeni,
we'll follow you.   5

    Hom! Wait a minute!
Those heroes fell for their country,
died at the side of Sandile their king.

    Hom bo!
We'll follow you: 10
we're loyal to the royal prince
"who rumbles down Xesi's banks,
flits over Vece, the rock-strewn Xesi,
shade for all, however many."
I'm citing Sandile's praises.   15

    Go and we'll follow you:
no traitor came
from your house.

    Go and we'll follow you:
no female poet   20
came from our house:
the poet who rouses the court
and censures the king's always male.

    Go and we'll follow you!
We first encountered these female poets   25
here in this land of thugs and booze.

1   Imbongi u Chizama

Nkosi, mhleli wo Mteteli wetu,

    Wanga ungapila u bom obude,

Mzukulwana wamadoda afela kwaHoho
Taru, Gatyeni hamba,
Sokulandela.   5

    Hom zajika,
Amadoda afela izwe lawo,
Afa kunye ne Nkosi yawo u Sandile

    Hom bo'
Tina sokulandela, kuba singabantwa   10
na bo Gaga u Gago luhamba lu
Gongqoza lukwezi Xesi u Ndanda
Ko Vece u Xesi Magqagala
Umtunzi wa bantu bonke bengaka
Nje nditsho ku Sandile mna.   15

    Hamba Sokulandela,
Kuba akuzange kupume ntamnani
Kowenu.

    Hamba Sokulandela,
Kuba tina simadoda nje asizange   20
Siyibone kowetu imbongikazi,
Yenkazana kuba imbongi inyuka
Nenkundla ituke inkosi.

    Hamba Sokulandela,
Nezi mbongikazi Tina sizibona   25
Apa kweli lo laita ne bhekile.

    Go and we'll follow you,
but how do we know
a traitor's crime can't be cloaked?

    Go and we'll follow you: 30
even a fool's sure to know
a starveling can't guide
or ever lead a nation.

    Go and we'll follow you!
We danced at your birth, lord of men!   35
Umteteli's bread for our table:
long may it last.
Good on you,
lord of men!

    Go and we'll follow you.   40
You too, broad-breasted woman:
your robe rattled Buxton
and prison walls tumbled.

    Go and we'll follow you,
woman who protested passes;   45
confronted by protests
the white man quailed,
and kept his pistol holstered.

    Go and we'll follow you,
woman whose words at Nancefield   50
fired the Commission
to dream her dreams.

    Go and we'll follow you,
woman who dogged the Commission
down to Elephant Bay,   55
I swear by Lady.

    Go and we'll follow you.
You too, Cethe, Nkombisa's child.
Chizama, hold tight now,
your people are watching you.   60

    Go and we'll follow you,
Rhadebe, Mbambisa's son,

Hamba Sokulandela,
Asazi tina nokuba ngaba isono
Sontamnani saxolelwana?

Hamba sokulandela, 30
Kuba ne sidenge (a fool) siyazi
Ukuba umntu olambileyo akangeze
Akokele acebise mzi.

Hamba Sokulandela,
Tshotsho uzalwe Nkosibantu, 35
Sanga eso sonka asingepeli kuba
Site sakuvela kwapuma into
Eyimyoli good on you Nkosi
Bantu.

Hamba Sokulandela, 40
Nawe mazi esifuba sikulu eyati
Gqi nomnweba ku Buxton,
Kwavuleka intolongo.

Hamba Sokulandela,
Mazi eyapuma izinto nge pass 45
Kwapuma izinto kwa tamb'u,
Mlungu exwayi kati ngabula
Nojekwa.

Hamba Sokulandela,
Mazi eyateta e Nancefield yatsho 50
Amadoda e Komishoni apupa
Kakubona.

Hamba Sokulandela,
Mazi eyalandela amadoda
E Komishoni kwada kwase *Bhai* 55
Indlovu ndifungu *Ledi*.

Hamba Sokulandela,
Nawe Cete nto ka Nkombisa,
Chizama bamb'i ntambo ama
Kowenu akugxeleshile kunje. 60

Hamba Sokulandela,
Nto ka Mbambisa Radebe Tina

master stick-fighter;
don't let yapping curs
distract you from the giant hound. 65

    Go and we'll follow you,
son of Maxeke:
we've been bought off with low-grade chuck,
meat slopped up in the compounds.

    Go and we'll follow you: 70
this lot would prefer to face
next year without competition.
Ho! Ho! Ho! Fat chance!

    Hom! Wait a minute! The ford holds threats!
That's it, Editor. Mercy! 75
You'll hear from me again.

    God bless Africa.

        CHIZAMA,

Crown Mines.

Siyakwazi nase zintongeni
Ungotuswa zi ngqeqe jonga
Ukupuma kwe nkulu inja.   65

   Hamba Sokulandela,
Mfo ka Maxeke kuba tina
Kaloku satengwa ngo duladula
Inyama ye Komponi.

   Hamba Sokulandela,   70
Kuba lempi ifuna ukubona
Yodwa unyaka ozayo Ho! Ho!
Ho! Sakubona Fish.

   Hom Mazijike, izibuko libi,
Ndoka ndime Mhleli taru ndobuye   75
Ndivele.

   Nkosi Sikele Africa.

       CHIZAMA,

Crown Mines.

Mgqwetho here develops the image of the ford that appeared at the end of her first poem (line 71). Black people have been defeated by whites in battle, but they must regain their martial spirit and strive for independence, though with a more deliberate strategy. She urges the settling of internal differences, a unity essential to the passage to a better situation, symbolised by a ford across a river. Black people must seek this new dispensation in opposition to whites, without their help; in uniting and settling their differences, they must involve their estranged chiefs in their quest.

2   Nontsizi Chizama, the woman poet

Hom! Wait a minute! In the Cape
   we stumbled in starting:—

1   Halahoyi, you in the Cape!
      Something stinks
         like the river snake   5
  fouling the air.

2   "We stumbled in starting!
      Things fell apart," says Maxeke,
         hunting those who scattered
  and took to the hills.   10

3   Halahoyi! In the Cape
      they seek a ford,
         for Government troops
  met Phalo's,
  and we slipped off   15
  like swallows.

4   So says Maxeke,
      white-flanked kite:
         first we'll find
  a ford for ourselves—   20
  then King George
  can set his seal.
                           Please hear!

2   Imbongikazi Nontsizi u Chizama

    Hom! Mazijike! Tina Makoloni
        Sifunze kakubi:—

1   Halahoyi! Makoloni,
        Nalo ke ivumba
           Linukisa   5
Okwenyoka yomlambo.

2   Sifunze Kakubi!
        Larazuka "ibhayi"
           Itsho into ka Maxeke,
           Ezingela nabayame ngentaba.   10

3   Halahoyi! Amakoloni
        Afuna Izibuko
           Kuba u Rulumente
Wabambana no Palo
"Satweta" ukuhamba   15
Saxela inkonjane.

4   Uti Untloyiya ontusi
        Into ka Maxeke
           Izibuko kuqala lobonwa
Ngamakaya—   20
Aze no King George
Abeke ne Sitampu.
                            Kauve!

5 Hom! Wait a minute!
       Return to the battlefield:
   our men are butchered
   by bladeless spears.
                              Peace!

6 We seek a ford to ferry
   first one dove then the rest;
   we want them all, even those
   who egg on the troops but stay home themselves.

7 We stumbled in starting!
       We seek a ford,
   a long rope for hauling
   the lame as well.

8 The slope is benighted,
       we seek a ford:
   our fathers abandoned us,
   a flock without kindling.

9 Halahoyi! Remove your shoes
       and seek a ford,
   so that your chiefs
   can lick the cream.

10 We stumbled in starting!
       So says Maxeke,
   great greybeard
   of Ngxokozelo.

11 We stumbled in starting,
       weak at the knees,
   stirred into gruel
   by their rifles as spoons.

12 We seek a ford,
       for what we have
   is merely cosmetic,
   no more than skin deep.

5	Hom! Mazijike	
	Siye ezintilini	25
	Apela amadoda kuhlatywa	
	Ngumkonto ongqukuva	
	Camagu!	
6	Sifuna Izibuko	
	Lokuweza amahobe "akabalinye"	30
	Tina sofuna no Tshiwo	
	Abamemeza ingqina bengayipumi.	
7	Sifunze! Kakubi	
	Sifuna Izibuko	
	Eliyakuba yintambende	35
	Yokuseng' izigudu.	
8	Ummango umnyama	
	Sifuna Izibuko	
	Kuba obawo basishiya.	
	Singumhlamb'ongena nkuni.	40
9	Halahoyi! Kululani izihlangu	
	Nifune Izibuko	
	Ukuze Inkosi zenu	
	Zifuman'isipehlo.	
10	Sifunze! Kakubi	45
	Itsho into ka Maxeke	
	Ingwevu enkulu	
	Yakulo Ngxokozelo.	
11	Sifunze! Kakubi	
	Kuba Siyapela	50
	Nakukudukudwa	
	Ngamapin'ezibhamu.	
12	Sifuna! Izibuko	
	Kuba eli likoyo	
	Lafanelwa yimbola nje	55
	Kodwa lingayiqabi.	

13   Hom! Wait a minute!
         We stumbled in starting!
     This year it seems
     is a year of wonders.   60

14   Our fathers abandoned us
         with no ford in sight,
     our heads strewn with tatters
     like those of diviners.

15   "Come! Here's the ford!"   65
         cries the voice of a Nation
     established by power
     of heaven and earth.

16   We stumbled in starting,
         white as snow.   70
     Maxeke says
     our women wither.

17   There's no real split:
         we're rivers adrift
     till the morning star   75
     dawns on Africa.
                              Peace!

18   Maxeke's split?
         Pastor, the weight of your loads!
     Mercy, Mimosa,   80
     twisting in falling,
     branches yet reaching
     out to its own.
                              Mercy!

19   In the Cape   85
         we stumbled in starting!
     We pick no bones,
     but arms are to hand.

13	Hom! Mazijike	
	Sifunze Kakubi	
	Ngati nonyaka nje	
	Ngunyaka wommangaliso.	60
14	Obawo basishiya	
	Lingeko Izibuko,	
	Intloko zanezibi	
	Ngati zeza magqira.	
15	Uyamenywa! Lizibuko	65
	Ngalo ilizwi le Sizwe	
	Elisekwe ngamandla e Zulu	
	Nawase mhlabeni.	
16	Sifunze! Kakubi	
	Singamakewukewu	70
	Yitsho into ka Maxeke	
	Abitye namankazana.	
17	Akuqekekwa toro,	
	"Sizakwezi" milambo	
	Lode lihle ne Kwezi	75
	E Afrika sibambelele	
	Camagu!	
18	Uqekeko luka Maxeke?	
	Azi Mfundisi unalishwa lanina?	
	Taru mnga ote ukuwa	80
	Wabhukuqeka	
	Amasebe anabela	
	Kwisizwe sakowenu	
	Taru!	
19	Tina base Koloni	85
	Sifunze! Kakubi	
	"Asichasanga" zizwe	
	Singumti otshixiza komnye umti	

20	So says Find-at-the-Door- What-you-Shot-from-Inside. When we find the ford we'll all kneel together, pleading our souls before God Almighty.		90
		Mercy!	95
21	Come back, Africa! We seek a ford, lest our children bloat from neglect.		
22	Hom! Wait a minute! Stop mucking about. Shut the churches, return to the battlefield.		100
23	Bullets destroy us in search of a ford; "Baboons!" they jeer, even though we're not furry.		105
24	Our chiefs don't know us and we don't know them: we quarter the veld like wild dogs at the trot.		110
25	Yet these are the chiefs who link us to God, they carry to Him the cries of the Nation.		115

                                              Peace to all!

20	Uti Udubula esendlini	
	Bacholinto emnyango	90
	Xa likoyo Izibuko	
	Umzi wonqulela ndawonye	
	Ukusingisa ityala	
	Lemipefumlo ku Somandla	
	Taru!	95
21	Mayibuye! I Afrika	
	Sifune Izibuko	
	Ukuze amatole	
	Angabi Zibhukutu.	
22	Hom; Mazijike	100
	Singabe Sifanisa	
	Icawe mazivalwe	
	Siye ezintilini.	
23	Siyapela Zimbumbulu	
	Sifuna Izibuko	105
	Kuba sadunyelwa "buxhonti"	
	Kodwa singenaboya.	
24	Asaziwa zi Nkosi	
	Nati asizazi	
	Sizizinja nje zidlula	110
	Zigxota "amaxhama"	
25	Kanti lento izinkosi	
	Sisicamagushelo	
	Sazo izikalo	
	Zaso Isizwe sazo	115

Camaguni!

Mgqwetho defends Marshall Maxeke's editorship of *Umteteli wa Bantu* against the charge that it splits the South African Native National Congress. The conduct of some of the Congress leaders, she claims in response, has itself brought about internal dissension.

3 [The split within Congress]

Listen! You'll hear
of the split within Congress,
graver than any
Rev. Maxeke, B.A. might have caused.

1   Hawulele! Hule!   5
        Nontsizi foresaw it.
        Tramps' ancestors
        are no match for mine.

2   Tired of snipping,
        we came out of our holes: 10
        you might as well lie
        as snip at an issue.

3   Maxeke's split?
        Neighbour, you're blind
        to internal dissension   15
        in National Congress.

4   Today we're a team:
        you've done a good job,
        exposing the filth
        before I could reach you.   20

5   Stoke up the fire,
        President Makgatho!
        Watch the sparks
        swirl up today.
            Hule! Bo!   25

6   The ancient of days
        says the nation is stunned:
        National Congress is chomped
        like corn on the cob.

3   [Uqekeko lwe Congress]

Pulapulani! Nizakuva!
Uqekeko lwe South African
Native National Congress,
Ingelulo oluka Rev. Maxeke B.A.,

1   Hawulele! Hule!   5
       Ndanditshilo mna Nontsizi,
       Iminyanya yakowetu
       Ayibambani neye Xelegu.

2   Siyapuma egusheni.
       Sidiniwe kuncwela   10
       Ukuba Siyancwela
       Ingab'asinanyani.

3   Uqekeko luka Maxeke?
       Walulibala ke nawe
       Mfondini wakowetu   15
       Olwe National Congress.

4   Namhla Sigagene
       Tyapile wenjenje
       Utyile amanyala
       De ndakufumana.   20

5   Kaukwezele!
       Nto ka Makgatho (President)
       Nandzo intlantsi
       Namhlanje ziq'uq'umba
           Hule! Bo.'   25

6   Uti u Xego-Dala
       Isizwe simangele
       Kuba i National Congress
       Seyidliw'amaq'ashu.

7   Our people are spent,
        urged over the edge.
        I'd carve the meat
        for a guide to a ford.

8   Halala! As we said:
        National Congress,
        envious watchers
        would grind you to dust.

9   Please consider
        your internal split:
        your bloated body
        comes as a shock.

10 Cape Native Congress
        and Bantu Union!
        The ford's struck by lightning:
        our future's cloudy!

11 Which one of the two
        appeals to the people,
        raises their hopes
        of Africa's return?

12 Maxeke, B.A.,
        says Africa's scuppered
        when Cape Town and Jeppe
        urge us over the edge.

13 The ancient of days
        calls out at the ford:
        he'll stand toe to toe
        with both liars today.

14 Without leave from Congress
        they urge us over the edge,
        they preach their sermons
        and grab the headlines.

15 And as a result
        Natal Congress walked out,
        and the Free State walked out,
        and the Cape's splinters splinter.

7	Abantu bayapela Kukufunzwa eweni Ndindim ngendimlumela Nowalat'izibuko.	30
8	Ha-la-la! Sasitshilo National Congress Boze bona bakubone Oc'ul'ukunyatela.	35
9	Kaukangele ke Uqekeko lwako Kwanokummangalisa Kokutyatyambileyo,	40
10	Yi Cape Native Congress! Bantu Union! Zulu osebenzela ekaya! Ne Zibuko esingazi ngomso.	45
11	Yiyipina ke kuzo Eginyisa amate Nenika abantu itemba Lokubuyiswa kwe Afrika?	
12	Uti oka Maxeke B.A., Yatshona i Afrika Ngo Funz'eweni base Kapa Kunye nabase Jeppe.	50
13	Uti u Xego-Dala Wase zibukweni Namhlanje makaguxane Amaxok'omabini.	55
14	Kuba o Funz'eweni Bashumayela Abangakwamkeli ku Congress Bakwenze indaba ze sizwe.	60
15	Imkile i Natal Congress Ngenxa yabo Imkile kwane Free State Nantsiya ne Koloni izintlantlu ngentlantlu.	65

16 Maxeke, B.A., speaks out.
      Long he stood downwind
      watching their antics,
      and in the end he turned his back.

17 We're urged over the edge,   70
      says Maxeke, B.A.,
      by those who run blind,
      with no home to turn to.

18 Maxeke, they claim,
      is selling the nation;   75
      but they sold it off
      a long time ago.

19 They scuttle Africa:
      down there the big guns
      of Congress are roaring,   80
      pounding away at their very own ranks.

20 Thus Maxeke, B.A.,
      ancient teller of tales.
      He forces down today
      those urging us over the edge.   85

21 Hawulele! Hule!
      The boil came to a head today,
      wonders erupted like pus
      mixed with P.E.'s blood.

22 We stumbled in starting!   90
      We seek a ford!
      We won't bury our heads,
      afraid to speak out.

23 The nation's ill served by those heroes
      who lurk in their lairs like wild beasts,   95
      heedless of others,
      betraying our trust.

24 Wake up, Makgatho, the air's in motion!
      Why can't you tell
      where the wind comes from   100
      or where it's blowing?

[Uqekeko Iwe Congress]

16 Uti ke yena oka Maxeke (B.A.,)
    Ungasemoyeni
    Imikwa yabo kudala
    Ayikangela wancama.

17 Uti oka Maxeke (B.A.,)   70
    O Funz'eweni abasazi
    Nalapo mabapate
    Bayeke kona.

18 Bati oka Maxeke
    Utengisa nge sizwe   75
    Kanti kudala bona
    Basitengisa kuqala.

19 Yatshona i Afrika ngabo
    Kuba nenkanunu ze Congress
    Nandzo zigquma   80
    Ziqekeza amabandla.

20 Uti ke oka Maxeke (B.A.,)
    Umdala okade ubalisa
    Namhla o Funz'eweni
    Uyabotula ezintabeni.   85

21 Hawulele! Hule
    Latsitsa namhla ibhunga
    Igazi lase Bhayi
    Libuya nezimanga.

22 Sifunze! Kakubi!   90
    Sifuna! Izibuko!
    Asikusela ezadungeni
    Ngokoyik'ukuteta.

23 Isizwe asiwafuni amaramnca
    Avele ngomx'ak'emngxunyeni   95
    Angenantlonipo ngumntu
    Nangatembekiyo.

24 Vuka! Nto ka Makgatho
    Wapepeza na Umoya?
    Ungawazi apo uvela kona   100
    Nalapo usinga kona?

25 Congress is split by those in Jeppe
       urging us over the edge,
       crows who pick it over,
       scratching the ground for seed.

26 Maxeke, B.A., speaks out.
       Today he swathes
       all their deeds
       in a baffling mist.

27 Why is Congress
       put to the torch?
       Where are the visions
       of those in sympathy?

28 I'm warning you all!
       The nation's sinking
       while you look down,
       fumbling for matches!

29 There could not be
       a matter more grave:
       there are some who believe
       they alone are the people.

30 So wake up, Makgatho,
       and seek a ford:
       you're getting a whiff
       of the stench that sinks
       the ship of the nation.
       So peace, it's up to you!

[Uqekeko lwe Congress]

25 I-Congress iqekezwa
  Ngo Funz'eweni base Jeppe
  Abamana beyipanda
  Bexel'amahlungulu. 105

26 Uti ke oka Maxeke (B.A.)
  Uyayicima namhlanje
  Imisebenzi yabo
  Njengelifu eligqingqwa!

27 Itsha nganina 110
  Indlu ye Congress?
  Azi babebone ntonina
  Osivuma-ngamehlo.

28 Lumkelani! Iyatshona
  Inqanawe ye sizwe 115
  Nina nisalibele
  Kukuqwit'ezidosheni!

29 Bekungekonto ikakade
  Ibingade igqite nto
  Kubantu abazicingela 120
  Ukuba bangabantu bodwa

30 Vuka ke Nto ka Makgatho
  Ufune Izibuko
  Nango umoya ukuq'ola
  Wevumba elitshonisa 125
  Inqanawe ye sizwe
  Camagu ke! Mahlala bemsusa!

Mgqwetho launches an attack on L.T. Mvabaza for comments about her published in the Congress newspaper *Abantu-Batho*. Having previously adopted a stance critical of Congress, Mgqwetho here rolls up her sleeves and takes her gloves off.

4   The woman poet and *Abantu-Batho*

Maxeke's split! And the woman poet joined you!

1   "Timbilili!" says the sleeper,
       suddenly wakened.
       "Timbilili!" says the marsh bird,
       drenched in rain.   5

2   Hawulele! Mvabaza,
       the blanket of Congress
       has often been rolled up;
       today it's unfurled again.

3   Mvabaza, I've long had my eye on you,   10
       cow yielding dribbles of milk
       lacking the strength
       to reach the milksack.

4   Hawulele! Hule!
       Abantu-Batho,   15
       you thought you'd retain
       the title of guardian.

5   *Umteteli wa Bantu*
       saw right through you:
       you're a sack without water   20
       left to breed tadpoles.

6   Our people are spent,
       urged over the edge,
       lacking healers
       to administer cures.   25

7   The woman poet joined you?
       Where did we talk?
       In that paper of yours
       I'd be torn in the jaws of a lion.

4   Imbongikazi No "Abantu-Batho"

Uqekeko luka Maxeke! Nokuya kwe Mbongikazi:—

1	Timbilili! Watsho okade elele	
	Wabuya wavuka	
	Timbilili! Watsho okade eneta	
	Intaka yendada zase Afrika.	5
2	Hawulele! Nto ka Mvabaza	
	Namhla isikumba se Congress	
	Ngati sisongwa	
	Sisombuluka.	
3	Kudala! Mvabaza ndakubonayo	10
	Uyimazi elubisi luncinanana	
	Olungasafikiyo	
	Nase zimvabeni.	
4	Hawulele! Hule!	
	Wena "Abantu-Batho"	15
	Wawuba uyakusala	
	Negama lobugosa.	
5	Umteteli wa Bantu	
	Kudala akubonayo	
	Uyimvaba engenawo namanzi	20
	Eyode izale onojubalalana.	
6	Abantu bayapela	
	Kukufunzwa eweni	
	Kuba abanamnyangi	
	Obabhulel'imiti.	25
7	Imbongikazi iyile?	
	Ndandizakukusukela pi?	
	Kuba kwelopepa lako	
	Ndoginywa yimilomo yengonyama.	

8   I know you well, Mvabaza: 30
        you shun the day,
        prefering the moon
        as travelling companion.
            Reader, take note!

9   The woman poet joined you? 35
        Mvabaza, plain Xhosa eludes you:
        please reread my poem
        on the split within Congress:

10 "Tramps' ancestors
        are no match for mine." 40
        Just what do you think
        I meant by those words?

11 You tremble, Mvabaza, like jelly
        served on a plate;
        a Joburg Johnny-come-lately, 45
        an overnight leader.

12 You're no leader, Mvabaza,
        and you never will be,
        all you can claim
        is the status of shopkeeper. 50

13 Leave Reverend Maxeke alone:
        It was God who founded that paper
        seeing our people wasted,
        urged over the edge.

14 When did you win 55
        election to rule?
        We still have our chiefs
        established by God.

15 Mvabaza, you're blind
        to God's creation, 60
        wanting me woman poet
        of your *Abantu-Batho*.

16 You brag that you brought
        the woman poet from Peddie
        to earn your bread 65

8	Ndiyazi wena Mvabaza Akuvumani nelanga Kuba waqel' nyanga Into ohamba nayo Paul'a Mfundi.	30
9	Imbongikazi iyile? Akusazi Mvabaza isi-Xosa Kaufunde kwakona izibongo Zoqekeko lwe kongressi.	35
10	Iminyanya yakowetu Ayibambani neyexelegu Ndanditeta ukutini Xa ndandisitsho?	40
11	Wena Mvabaza uluyengeyenge Olweza lupetwe ngesikotile Lwafika e Rautini Lwabona soluyi nkokeli.	45
12	Akuyiyo ke Inkokeli Nakanye wena Mvabaza Ungumrwebi Elona gama lako.	50
13	Yekana no Mfu. Maxeke Ngu Tixo oseke elapepa Ebona ukupela kwabantu Kukufunzwa eweni.	
14	Ngubani owakubeka Ukuba ube yinkokeli? Zikona nje Inkosi Ezadalwa ngu Tixo.	55
15	Akuyazi wena Mvabaza Nendalo ka Tixo Naku nam soundenza Imbong'kazi ka "Abantu Batho"	60
16	Uyavuya wena weza Nembongikazi e Ngqushwa Ukuba mayizokukwenzela	65

             in Johannesburg!
                That'll be the day!

17   We stumbled in starting.
        We seek a ford.
        Our people are wasted,   70
        urged over the edge.

18   Hawuleleh! Huleh! From Jeppe
        they urge us over the edge,
        they egg on the troops
        but stay home themselves.   75

19   How come these leaders
        never get killed?
        They send to their deaths
        God's people and chiefs.
            They're Bailey's agents.   80

20   In urging us over the edge
        they're sinking Africa.
        I chant this dancing
        near my father's grave.
            Hawuhule!   85

	Isonka e Rautini	
	Sakubona	
17	Sifunze! Kakubi	
	Sifuna! izibuko	
	Abantu bayapela	70
	Kukufunzwa eweni.	
18	Hawulele! Hule!	
	Funz'eweni base Jeppe	
	Abamemeza ingqina	
	Kodwa bengayipumi.	75
19	Zinani ezinkokeli	
	Lento zingafiyo?	
	Zimana zibulalisa	
	Abantu baka Tixo namakosi	
	Yimpi ka Beyele	80
20	Yatshona! I-Afrika	
	Ngofunz'eweni	
	Utsho obonga engqungqa	
	Engcwabeni lika yise	
	Hawuhule	85

In the first seven stanzas, Mgqwetho salutes the new year, which she hopes will not be as frustrating to black aspirations as the preceding year. Then in response to a statement, perhaps published in a newspaper, by a Mr Thwebu, she reflects on the chiefs who have provided ineffective leadership (their royal residences now tearful places), but who could be the focal points of a new national unity, restoring the nation to health.

5   The vale of tears
(On Mr Thwebu's article)

The years roll by: are you marking time?

1   The year has passed and left us,
       all signs point to its passage;
       the trials of ushering the new year in
       are with us.   5

2   The year has passed and with it
       news of people on earth,
       their conduct, their cruelties,
       all recorded.

3   Hanewu, 1920,   10
       year of frustration!
       We sought our freedom:
       you sent down gunfire,
           Pow! and Pow! again.

4   Hanewu, 1920,   15
       greedy sliver like dusk,
       you clubbed to his knees
       Doctor Rubusana,
       bull with an antelope's guile.

5   Mercy, son of Rubusana,   20
       who gulped rejection like water!
       Be gone, 1920,
       with all your events.

6   Awu! So mercy, then, 1921!
       Beat to a pulp   25

5   Iziko le Nyembezi
         (Ngompoposho ka Mr. Twebu)

Yadlulana? Iminyaka umi ndaweninye?

1   Udlule unyaka sowusishiyile
    Nango amabala ati awuseko
    Nembandezelo zokubuka omtsha
    Ofikileyo.   5

2   Udlule unyaka wemka unendaba
    Zabantu bonke abasemhlabeni
    Ezokuhlala nokupatana kubi
    Ziyo kubhalwa.

3   Hanewu! 1920   10
    Nyaka wendaniso
    Safuna Inkululeko
    Watoba imbumbulu
    Qo kekona; Qo:

4   Hanewu! 1920   15
    Twangutwangu olwaba njengo ngcwalazi
    Wafumbalalisa ngapantsi kwenduku
    Isanuse u Rubusana inkomo
    Enobugqi benyamakazi.

5   Taru! Nto ka Rubusana   20
    Eyasela ugxeko njengamanzi
    Hamba!—1920
    Nemisebenzi yako.

6   Awu! Camagu ke 1921
    Yiya uzihlabe uzikandanise   25

        the old year's
        old deeds.

7   Come with your year
        right to the end,
        let what you've brought   30
        well up in springs.
           Mercy, Father!

The Vale of Tears:—

8   United in grief
        the people assembled   35
        in the square
        at the Water Gate.
          Nehemiah 8: 1

9   If you would return to Jehovah
        with all your heart,   40
        cast out from among you
        all foreign gods.
          I Samuel 7: 3

10   Halahoyi, Africans!
        something stinks   45
        like the river snake
        fouling the air.

11   The vale of tears
        is the vale of unity
        in which all assemble,   50
        even those from the heights.

12   Workers' complaints
        must be brought to the bosses:
        there's nowhere else
        to tend their wounds.   55

13   We must stand as one
        to face the bosses,
        lions that stalk us
        with bloody eyes.

       Into ezindala
       Zonyaka omdala.

7   Kaufike upele
       Nowako unyaka
       Upume nezelo   30
       Zelako iqula
       Taru! Bawo!

Iziko le Nyembezi:—

8   Bandula bonke abantu
       Bahlangana enkundleni   35
       Epambi kwesango lamanzi
       Njengomntu mnye.
           Nehemiah 8th chap. 1st verse.

9   Ukuba nibuyela ku Yehova
       Ngayo intliziyo yenu   40
       Kwelelisani o Tixo basemzini
       Pakati kwenu.
           1 Samuel 7th chap. 3rd verse.

10   Halahoyi! Ke ma Afrika
       Nalo ke ivumba   45
       L i n u k a
       Okwenyoka yomlambo.

11   Iziko le nyembezi
       Liziko lo manyano
       Kona baze babuye   50
       Nabasezintabeni.

12   Kukusiwa kwezikalo
       Zabasebenzi ezinkosini
       Kuba bengena ndawo
       Yokuhlambana induma.   55

13   Ke lento izinkosi
       Ifuna u Manyano
       Kuba zingonyama ezijonga
       Ngeliso elibomvu.

14 God won't deign
       to grant us help
       unless we strive
       to help ourselves.   60

15 So dance, son of Thwebu,
       we're waiting   65
       to hear your words
       in the clear light of day.

16 Speak out!
       Set wastrels trembling
       so our chiefs   70
       lick the cream.

17 The vale of tears—
       Agree with me, men!—
       shields your heads
       when skies are rumbling.   75

18 Yes, we agree!
       It's the vale of unity.
       Let's sway together
       in rhythmic dance.

19 It's a travellers' haven—   80
       Agree with me, women!—
       a shelter for girls
       who've left their men.

20 Ho, Mrs M. Maxeke,
       tall, bitter tree,   85
       Deborah's sister,
       give us advice
       on harvesting crops.

21 Glean in the wake of the reapers,
       Mrs. M. Maxeke,   90
       so every witch
       drops down dead.

22 The vale of tears
       is the vale of unity:
       united we'll wear   95
       the raiments of heaven.

14	U Tixo udinge Ukuba wosinceda Kodwa kungengapandle Kweyetu imigudu,	60
15	Kaudude ke! Nto ka Twebu S i b o n e l e Indlebe zetu Zingemki nezikova.	65
16	Kautshile! Ondilele Badidizele Kuze inkosi zetu Zifuman'isipehlo.	70
17	Iziko le nyembezi Vumani! Madoda Inqayi nozifihla kona Xa liduduma.	75
18	Siyavuma! Ewe Liziko lo manyano Mazapuke ke imbambo Nga macal'omabini.	
19	Likaya labahambi Vumani! Bafazi Nelokunqandela intombi Eziyek'amadoda.	80
20	Kaulirol'iqinga Siwavun'amazimba Hoha! Mrs M. Maxeke Mti omde orara wakulo D e b o r a h	85
21	Bhikica emva kwabavumi Mrs. M. Maxeke Ze nengcwaba lamagqwira Libe ndaweninye.	90
22	Iziko le nyembezi Liziko lo manyano Kona ukuze sizibone Nezivato ze Zulu.	95

23 Well said, son of Thwebu,
        hobbling on your knees
        like a slow-spreading town:
        close the gap between us and our chiefs!   100

24 Let them stand in the courtyards
        before Maxeke, B.A.,
        Find-at-the-Door-
        What-you-Shot-from-Inside.

25 It's a vale to assemble   105
        all grades of marksmen.
        Agree with me, chiefs!
        Look round as you fight.

26 And so we await
        the voice of our chiefs: 110
        just look at the beasts
        goring each other.

27 On, son of Thwebu!
        If you hope to succeed
        you might have to dance   115
        without beads round your neck.

28 Hoha! Wait a minute!
        We stumbled in starting
        to reclaim a land
        already lost.   120

29 It's the vale of sages,
        returning Ntsikana,
        great python uncoiling
        to head on high.

30 Awu, these are the words   125
        of the scabby eland;
        mushrooms flourish
        in the flakes it sheds.
            Awu! Hia!

23	Kulondawo! Nto ka Twebu Zisondeze inkosi Nto egaqa ihamba Ixelis'idolopu.	100
24	Maziti gqi enkundleni Koka Maxeke B.A. Nto edubula isendlini Bacholinto emnyango.	
25	Liziko lokunqandela Zonke izihuluhulu Vumani ke zinkosi Nilwe nikangelana.	105
26	Sekulindelwe kupela Ilizwi le nkosi Nandzo izilo Ziza zisukelana	110
27	Pambili! Nto ka Twebu! Woti ukuze ulunge Uke uxentse Ungenantsimb'emqaleni.	115
28	Hoha! Mazijike Sifunze kakubi Kuputunywa ilizwe Ke lonakala.	120
29	Liziko! Lezazikazi Eliputuma u Ntsikana Inamb'enkulu eyajikela Ibhekisa pezulu.	
30	Awu! Latsho Ibhadi elinebhula Elizivutulula Zimise Inkowane Awu! Hia!	125

Mgqwetho urges blacks in the western Cape, who have received coolly Marshall Maxeke's assertion that the time is right for action, to seek a better dispensation.

6   The poet of the ford

1.   Ink, leave me to sleep.
       Last night I tossed and turned
   and fell asleep at dawn.
       Why was that? Au! The ford.

2.   Au! Leave me to sleep.
       Maxeke's idea of a ford's got us going,
   we raised our heads from despair
       as if we'd already crossed over.

3.   Speak out, Cete! Someone called for the fords to be blocked
       so those in the Cape couldn't cross:
   they'll spoil it all, because everything's fine
       as long as they're sleeping like springboks.

4.   Speak out! I say Nomgcanabana's father's
       a lightning bird taken to dance
   at Lupindo's place, where it's fed,
       and when it's full it goes off with Baldy.

5.   Speak out, Nqhini, with all your might!
       I say go and we'll follow you,
   those in the Cape hear your voice
       and ask "Where is the ford?"

6.   Speak out, Cete! What more can I say?
       It strikes me this thing will be seen
   to come good, since it's gently fanned
       by men who iron out problems. Au!

7.   Speak out, Cete! I say live long,
       son of Piliso, death isn't pretty:
   everything's ugly under the sods.
       The ford's nothing like a lifeless lump.

6   Imbongi ye Zibuko

1   Ndiyeke ndilale wetu No Inki
       Andilalanga pezolo kude kwasa
   Ndipetwe ngumva ndedwa
   Wani wetu? Au! we Zibuko.

2   Au! Ndiyeke ndilale wakwenz' ukwenza   5
       U Maxeke wavela ne Zibuko
   Zapakam' intamo sesincamile
   Sanga sesiwela kanti asikaweli.

3   Teta Cete! Wat' umntu valani
       Ama Zibuko angaweli Amakoloni   10
   Kuyakonakala kuba kube kusa
   Lungile xana elele ngokwa mabhadi.

4   Teta! Nditi u Nomgcanabana u yise
       Yimpundulu ekolis' ukuxentsa kwa
   Lupindo apo itululelwa kona ze   15
   Yakuhluta imke no Mkutuka.

5   Teta! Nditi hamba Nqhini
       Sokulandela, teta kuti gongqo
   Inkaba ayeva wena Amakoloni
   Linye izwi lawo liti lipina Izibuko?   20

6   Teta Cete! Ndisateta ntonina ngati kum
       Kuzakuvokoteka nje, kuba lento iza
   Kakuhle kuba itiwe c'u zinqeberu
   Zamadoda avutiweyo wona, Au!

7   Teta Cete! Nditi mpilo nde nto   25
       Ka Piliso akuko kufa kuhle
   Konke kumkongolo pantsi kwe soyi
       Izibuko aloyamene nganto no Duladula.

8   Speak out! I say a man's tossed under
        a mound, well fed,   30
    without a good word
        from the speakers over his grave.
            SHAME!

9   Speak out! Because we are at the ford.
        We know of no one concerned at that,   35
    we don't know why they were suddenly restless,
        we know of no one who'd treat us as brainless,
    we know of no one who'd bar our Cape sympathies.

10 Speak out! I say to you in the Cape:
        take after your grandmothers,   40
    act fearing no one,
        for you've stolen no one's property.
    Die-as-one, indeed!
        You'll be people too. Wake up!
    Rise up to the ford! The ford.   45

8   Teta! Nditi indoda ilahlwa pantsi
        Kwe ndunduma ihluti kungeko   30
    Nebalana enganconywa ngalo
        Ziziteti pezu kwe dlaka layo.
            SHAME!

9   Teta! Kuba tina sise Zibukweni
        Asazi mntu ungaba nesitukutezi yilonto   35
    Asazi ukuba yintonina le basuke bangenwe kuzuza.
        Asazi mntu ungasenza abaswel' ukucinga
    Asazi mntu ungasinqandayo ebu Kolonini betu.

10 Teta! Nditi kuni Makoloni ndini
        Fuzani Onyokokulu, niti ukuba   40
    Niyayenza into niyenze ningoyiki
        Buso bamntu kuba anibanga nto
    Yamntu. Umfelandawonye bo!
        Noba ngabantu nani. Vukani bo!
    Pakamelani Izibuko! Izibuko.   45

Mgqwetho mourns her late mother, a saintly figure, prayerful, devoted to the service of others in her rural community, and concerned about the wayward life of the cities.

7   Mama's death

Mrs. Emma Jane Mgqwetho,
daughter of Zingelwa of the Cwerha clan,
much loved by the people
and by her children.

1   We give thanks, All-Mighty,
      Thunder-and-They-Shudder:
      the Mgqwetho home shuddered when you thundered,
      you seized its central pillar
      and left them bereft.

2   Grief cleft the Ngojis
      when you seized this old woman
      and showed in so doing
      our home is not here.

3   When you blot out life
      and people pass on,
      teach us to look
      to the kingdom of heaven.

4   All of Hackney
      knew her as Mama:
      she bore limitless love,
      the selfsame heart,
      for every creed.

5   Her arms enfolded
      not only her children,
      enfolded the children
      of every nation. Mercy!

6   On blistered feet she made her rounds
      to pray at the side of the sick.
      Blessed are those who die in the Lord,
      whose sins are washed in the blood of the Lamb.
         Mercy!

7   Umpanga ka Mama

U Mrs. Emmah Jane Mgqwetho.
Intombi ka Zingelwa Umcwerakazi,
eyayitandwa kakulu ngabantu;
nangabantwana bayo.

1   Nkunkutela enkulu masikubulele;   5
       Duma Barwaqele;
       Owaduma barwaqela kwa Mgqwetto,
       Watabata Intsika yomzi wakona;
       Wabashiya bekedamile.

2   Usizi ke lwayicanda Ingoji,   10
       Ukutabata Kwako Eloxegakazi;
       Kwasifundisa,
       Ukuba apa asinakaya.

3   Xa ususayo ukupefumla kwabantu,
       Baze babhubhe;   15
       Makusifundise nati,
       Ukubugqala ubu Kumkani bama Zulu.

4   Ihewu lonke jikelele,
       Belisiti ukumbiza ngu Mhamha;
       Kuba ebenotando olunzulu,   20
       Nobunye bentliziyo;
       Kwiremente zonke.

5   Ingalo zake wayengazoluleli,
       Abake abantwana bodwa;
       Kodwa ezolulela nabantwana,   25
       Balo lonke ilizwe Camagu!

6   Inyawo zake zasezityabukile,
       Kukuhamba etandazela nabagulayo;
       Banoyolo ababhubhele Enkosini,
       Abazono zisongelwe egazini Lemvana,   30
           Camagu!

7   She expressed compassion,
    incessantly praying
    for Joburg's children
    in the land of horrors.   35

8   Lord of all creatures,
    you summoned your servant in peace,
    as we suffer her death
    may our lives be illumined!

9   The Chizama blanket's folded   40
    with no one to wear it today.
    Oh, Death, you're the foe,
    with your bow and arrows.

10 In prayer for the world
    this mother of ours   45
    would sing a sweet song of praise;
    inside the walls of our home resounded,
    the people outside grew lean.

11 She swayed us with her prayers,
    the wayward found new paths,   50
    even those who shunned you, Father,
    now perceived their splendour.

12 She grazed homewards to Jerusalem,
    for her a haven of peace;
    with callused feet this cow elephant   55
    smoothed life's path for us.

13 Torrent whose kindness
    flushed river courses,
    gush today
    in springs above Jordan.   60

14 God is love indeed,
    but Mama's love of people
    was Hermon's morning dews
    bathing Zion's hills.

15 The light of her love   65
    cascaded like willows,
    edged with lilies,
    sustained by water.

7   Umlomo wake onobubele,
    Wawungadinwa;
    Ukutandazela abantwana babantu,
    Abakwilizwe lezihelegu lase Rautini.   35

8   Nako ke! Mninintozonke!
    Usindulule ngoxolo, isicakakazi sako,
    Ke uluvo lokufa kwaso;
    Zelubonakale entlalweni yetu.

9   Namhla ingubo yakwa Chizama ilele yodwa,   40
    Ngokuswel' umambati;
    Awu kufa ulutshaba,
    Nesapeta sako.

10 Lomzalikazi wetu,
    Xa wayetandazela elimiweyo,   45
    Ubesitsho ngentlombe emnandi;
    Zidume nendonga zendlu yakuti,
    Babhitye nabangapandle.

11 Ubeutsho Umtandazo batyabatyeke,
    Zibuye nezihange emadotyeni;   50
    Baubone ubuqaqauli bawo,
    Nabampoxe ezinkalweni njenge sikova.

12 Kwikaya lake loxolo i Jerusalem,
    Wayedla egodusa;
    Lendlovukazi—enyawo zinentsente,   55
    Isandulela endleleni yobomi.

13 Msingakazi obubele,
    Behla ngemilambo;
    Namhla mabube zingqimba,
    Pezu kwe Jordani.   60

14 U Tixo Ulutando,
    Kodwa oluka Mama ebantwini;
    Belunje ngemibete yase Herimone,
    Elalayo entabeni ezo ze Ziyoni.

15 Isibane sotando lwake,   65
    Besinje ngemingcunube;
    Etyalwe ngasemijelweni yamanzi adlayo,
    Pakati kwazo inyibiba.

16   Death, you're heartless,
     unperturbed;
     a torrent of tears
     leaves you unmoved.

17   Christ set an example,
     we follow his footsteps:
     grass will grow on our graves
     (Reader, take note).

18   When trouble struck a home—
     perhaps a fall from a horse—
     our mother was always first
     to rush to the scene,
     cup of water in hand. Mercy!

19   No need for a traveller
     to ask if there was water;
     drawn by Mama's glowing compassion
     he'd make straight for her home. Peace!

20   This parent's departure
     leaves us stunned;
     among Cwerha and Chizama
     bitter tears are shed.

21   She went to bed
         free of anger;
     she woke again free of anger;
     peace reigned supreme
     in the depths of her soul. Peace! Heavens!

22   For Johannesburg
     she'd offer prayers,
     noting its Sodom
     and Gomorrah.

23   This Cwerha daughter
     bared her heart:
     sprites fled the threshholds,
     the Winterberg swivelled.

24   Who is there, Lord,
     who would not fear you,

16 Akunalusizi kufa,
   Akunako ukucengwa;   70
   Bubuninzi benyembezi,
   Akunakushukunyiswa.

17 U Kristu usishiyele umzekelo,
   Ukuze silandele emkondweni wake:
   Zakuti izindlu zetu zimile uqaqaqa,   75
   (Oleseshayo makaqiqe).

18 Bekuti ukuba kwenzakele umntu apo emzini,
   Nakuba uwiswe lihashe,
   Lomzalikazi wetu abengowokuqala
   Ukubaleka ukuya kulondawo,   80
   Epete ibekile yamanzi Taru!

19 Umhambi ngendlela ebengazange abuze mntwini,
   Ukuba amanzi acelwa pina;
   Ebetsalwa sisibane sobubele,
   Esivutayo emzini ka Mhamha aze asinge kona Camagu!   85

20 Kuyadlul' ingqondo zetu,
   Ukushiywa ngulo mzali;
   Emacwereni—nakwa—Chizama,
   Bampompoza ezir'ar'a

21 Ebengazange ayo kulala,   90
      Equmbelene namntu;
   Ebengazange avuke kanjalo equmbelene namntu,
   Kwakulaula Uxolo kupela:
   Empefumlweni wake Camagu! Mazulu!

22 Ubesitandazela isixeko   95
   Sase Rautini;
   Ngati uyasibona,
   Ubu Sodom nobu Gomorra baso.

23 Azinge--Umcwerakazi,
   Icandeke intliziyo;   100
   Atiyele namachanti Enyangweni,
   Zitsho nentaba zenkonkobe zikangelane.

24 Ngubanina ongeke akoyike,
   Wena Nkosi;

	refuse to exalt	105
	your holy name?	
25	Our mother would pray	
	for an end to war:	
	"O Lord, put an end	
	to the letting of blood.	110
26	"Lord," she implored,	
	"shield our land	
	from the threat of fire,	
	of the mines, and of floods,	
27	"of tempest and lightning,	115
	of locusts,	
	of whirlwind,	
	of hunger and plague." Mercy!	
28	This Cwerha implored,	
	"Father, pour blessings	120
	on this land of ours	
	so it bursts into bloom like a garden.	
29	"Support the aged,	
	so all your people	
	unite with one heart	125
	in love for each other."	
30	May all her friends,	
	dwelling as one	
	in love for each other,	
	hear this news of her death. Peace to you all!	130

"Blessed are those who have followed His teachings, so they enjoy the fruits of the tree of life and pass through the gates to the heavenly homestead. Mercy! Hallelujah!"

	Angalizukisi, Igama Lako.	105
25	Ubesitsho Lomzalikazi wetu, Ati Nkosi: Kauyale imfazwe; Nokupalazwa Kwegazi labantu.	110
26	Amemelele ke! Ati Nkosi, Gcina ilizwe; Kuyo ingozi yomlilo Neyemigodi neyamanzi.	
27	Neyezipango zezic'oto, Nemibane— Neyenkumbi, Neyendlala neyezifo Taru!	115
28	Amemelele ke! Umcwerakazi, Ati umhlaba wetu, Mawube njengentsimi; Esikelelweyo nguwe Bawo.	120
29	Yiba ngumxasi wabalupeleyo Unike ukutandana; Nobunye bentliziyo, Kubantu Bako bonke.	125
30	Zonke ke izihlobo, Mazaneliswe ngulo mbiko; Ezihleli ngomanyano, Lwabatandanayo Camaguni!	130

"Banenyweba abayenzayo imiyalelo Yake ukuze babe nelungelo kuwo umti wobomi bangene ngamasango kuwo Umzi:—Taru Hallelluya!"

An adherent of traditional Xhosa beliefs berates the licentiousness of the cities and the hypocrisy of Christian converts. She ridicules the vanity of their urban ways, aping whites.

8   A Red debates with Christians

Where are your daughters? What do you say?
    They crossed the land in search of marriage,
shamelessly shacked up with live-in lovers,
    cavorted in dances with young men in New Clare.

With eyes of porridge their mothers bemoan   5
    their absent children, who left them standing,
advising blank air and pleading in vain
    with sons and daughters who've all been to school.

Jails crammed to capacity, courts jam-packed
    with the learned products of school education;   10
the judges in charge just hoot in derision
    at college certificates brandished by bums.

All our crooks are in school,
    all our thieves are in school,
all our witches in school: 15
    by Nontsizi, I swear you should all be expelled!

You wear red blankets in God's very house,
    you're Christians by day, hyenas by night;
the pastor, the shepherd of God's own flock,
    scurries past you without a nod.   20

What do we make of this curious conduct?
    Which voice do we choose from among this babble?
Pride is one of your Christian companions,
    God wears a cloak of crocodile hide.

You Christians are suckers for every fad,   25
    you cast off skin garments and dressed up like whites,
your ears are tinkling for white man's booze,
    but whites won't touch a drop of yours.

8   Ingxoxo yo Mginwa ku Magqoboka!

Zip' intombi zenu Izwi liyintoni.
   Zigqibe lomhlaba zifuna ukwenda
Ziqeshe zindlwana zishweshwe utuli
   Zibet' onomtatsi kwa Tulandivile!

Onina balila amehlo azidudu   5
   Kushiywa lusapo lumka bekangele
Beyala belila bengenakuviwa
   Zintombi zemfundo nonyana bemfundo!

Kuzel' intolongo kwapuk' i Hovizi
   Ngalamatshivela asezikolweni.   10
I Certifiketi zase Simnareni
   Ziyinto yentsini ebukwa zi Jaji.

Onk' amabhedengu asezikolweni
   Onke namasela ase zikolweni
Onke namagqwira asezikolweni   15
   Ningabokusikwa ndifung' u Nontsizi.

Niko ngaku Tixo nasebuqabeni
   Nigqobok' emini kuhlwe nizincuka
Udlul' u Mfundisi angakubulisi
   Kodwa ngumalusi wemvu zika Tixo.   20

Sotinina tina xa bese njenjalo
   Sibambe lipina kulo mpambampamba
Neratshi likuni nina magqoboka
   Nambatis' u Tixo ngengubo yengwenya.

Nina magqoboka ningodludla nazo   25
   Nayek' izik'ak'a nanxib' ezomlungu.
Nite nzwi nendlebe butywala bomlungu
   Kodwa yen' umlungu akabudl' obenu.

Every Sunday you romp on the veld,
    kicking a football, whacking a racquet,   30
clothing your shame in the name of God:
    Satan's struck dumb in amazement.

You're bereft of love, bereft of all,
    yet you proclaim a God of love:
that faith of yours stands just as tall   35
    as I do down on my knees.

If you ever try to come near us again,
    we Reds will roast you like meat.
But I'm not saying the word of God
    is entirely barren of truth.   40

        Peace!

Ingxoxo yo Mginwa ku Magqoboka!

Ngemini zecawe nihamba ezindle
   Nik'aba ibhola kunye ne tenise 30
Nigqishel' ububi ngezwi lika Tixo
   Nixak' u Satana usinkwabalala.

Aninalutando aninayo nani
   Kodwa nizibiza ngo Tixo wotando
Lonkolwana yenu yokusikohlisa 35
   Mina ingangam ndiguqe ngedolo

Nakufika kuti tina bomaqaba
   Tina sakunoja siti niyinyama.
Anditsho ukuti Izwi lika Tixo
   Ukuteta kwalo akunanyaniso. 40

      Camagu!

15 *namagqwila*

Mgqwetho sees an earth tremor as a warning from God to the people of Johannesburg to mend their ways.

9   Johannesburg earthquake

Lord, you alone created all things,
    you said let them be and they were;
earthquakes occur by your will,
    you arrange their trembling;
mountains stand by your will   5
    to crush us if we deny you.
           Peace!
You rain floods on our dwellings,
    scourge us with whirlwinds to bring us to know you.
           Peace!   10
This earthquake's your sign of future destruction
    if we don't repair our ways.
Listen, Joburg: if you deny me
    you'll burn like paper in storm after storm.
           Mercy!   15
Don't you see what this is, my people,
    this thrashing quirt of an earthquake?
In this quake Jehovah addresses us,
    distressed, a Creator abandoned.
Earthquake, slow in approach,   20
    older than even the sun!
Earthquake, the voice of Jehovah,
    urging return to virtue!
Earthquake, tumbling anthills;
    oh! the nation's mountains turn to each other!   25
Earthquake, the voice of Jehovah,
    releasing springs for you to drink,
cracking a whip when you spurn him:
    you'll die like flies if you don't all come back to him!
           Mercy!   30
Take care, Joburg, you will be consumed
    by the rager like fire on the move.
Earthquake, a knock at your door,
    condemning your sins to correct you.
           Mercy!   35
Do you heed this earthquake here in Johannesburg?

9   Unyikimo Lomhlaba-E-Rautini

Wazidala into zonke Wena Tixo wedwa
Ute Wena mazibeko zabako ke zona
Nenyikima ezikoyo zazidalwa Nguwe
Zizanyazanyiswa zona ngokusekwa Nguwe.
Kwanentaba ezimiyo zazidalwe Nguwe   5
Nezo zosidilikela xa singakwaziyo.
    Camagu!
Uk'uk'ula ngemisinga apo simi khona
Usibeta ngezaq'witi de sikwazi Wena
    Camagu!   10
Ngayo yona Lenyikima uqondisa tina
Wotshaba lalisa ngayo sibuyel' emgceni.
Bek' indlebe wena Rauti watsha yimpampili
Kwazintuli—kwazintuli xa unga ndaziyo.
    Taru!   15
Naku ke! Bakuti! niyay' vana?
Lemvubu ezab'okwe zintshunquntshunqu yenyikima:
U Yehova, uyateta kuti ngayo lenyikima.
Uti Yena umangele udeliwe engu Mdali:
Yinyikima! ehamba igigiza ebikona   20
Kakade lingaziwa nelanga:
Yinyikima! Umlomo ka Yehova.
Okuvuselelayo uputume ukulunga:
Yinyikima! Ehlaba iziduli izipose emhlane.
Awu zitsho nentaba zelizwe zikangelane: 25
Yinyikima! Umlomo kaYehova.
Ogqob'oza nemitombo nize nisele:
Edada ngezab'okwe, kwabangamaziyo.
Ningabuyanga ngenyani! Senifile konke-konke:
    Taru!   30
Lumkela! ke wena ose Rautini!
Uzakugutyu ngelwa! Ngumavuta ukuhamba axelis' umlilo:
Yinyikima! leyo enqonqozayo emnyangweni wako,
Ifuna ukukugweba ngetyala ikuzinzise:
    Taru!   35
Niyay' vana? Lenyikima, apa e Rautini?

It whips fear into those who know.
Joburg, watch out when its blow seals your fate:
    your Sodom and Gomorrah sink as you throttle Jehovah.
Under the soil lie treasures: 40
    white elders are quick to break contracts.
        Peace!
Take care, Joburg: an earthquake buries you.
    Peace, sturdy child of farflung Africa, can you hear this earthquake's
        wailing?
Take care, Joburg, there it is: 45
    a quake with a black club threatens you,
a wild beast awaiting your move,
    sinners its only prey.
Earthquake, the hand of Jehovah,
    knocking at your door!   50

        Peace!

Abaqondayo bobeta besotuka:
Lumkela! wena ose Rautini mhla yahlaba enkundleni lakusibekela:
   Use Sodom ne Gomor'a, apo e Rautini mhla ak'ama u Yehova, lakutshon'
ilanga:
Kuba ngapantsi komhlaba, kuzel' ubutyebi.   40
   Zipambene ke ngoc'uku, ingwevu zabelungu:
      Camagu!
Lumkela! wena ose Rautini, unyikimo pezu kwako akunto yabomi:
   Niyasivana? esisimbonono senyikima? Taru! Nzwana enozinzo yakude
     e Afrika:
Lumkela! wena ose Rautini nantso!   45
   Inyikima ikujamele ngenduku ezimdaka:
Liramncwa! kodwa aliqali mntu.
   Neliyakumtya liyakumtya ngetyala:
Yinyikima! Isandla so Yehova.
   Eso sinqonqozayo apo umi kona: 50

      Camagu!

One of the most enduring slogans of black resistance was *Mayibuy' iAfrika*, "May Africa return". Taking this slogan as her text, Mgqwetho insists that before Africans can rightfully appeal for Africa to be restored, they must first set their own homes in order. Having abandoned their traditions to the bottle, continually squabbling among themselves, black people themselves constitute the greatest impediment to victory in their struggle for freedom.

10   Come back, Africa! Awu!

For a long time now we've been calling, Africa.
    Hear our wailing, Garden of Africa!!
Your crop was consumed and scattered by birds,
    but you stood firm and never left us.
Our voices are hoarse from imploring you;   5
    we track through nations, appeal to phantoms,
nothing more than chickens' scratchings,
    eager at dawn, at dusk empty-handed.

We call to you from Table Bay,
    we call to you from Algoa Bay,   10
we call to you from Grahamstown,
    clutching satchels crammed with half-jacks;
drunk to death we call you home,
    we cover your eyes and proclaim you blind,
you go right back to where you came from   15
    as we call you home from the depths of depravity.

You say "Come back"? *You* must come back!!
    You're profit to all the earth's nations,
they come from the north, they come from the south,
    from the east and from the west.   20
Africa stayed! She's nowhere else:
    look how the grass continues to sprout.
Look at the springs still bubbling with water.
    Look all around, it's all in its place!

Will you go to the grave with nothing achieved,   25
    raising your cry, calling "Come back"?
If *you* come back first the nation will rise
    and news of its stirring will ring out to Jericho.

10   Maibuye! I Afrika! Awu!

Kade simemeza naso isijwili sako ke Afrika! Ntsimi ye Afrika,
Wadliwa zintaka ke wahlakazeka umi kodwa wena ungazange umke
Amazwi atshile kuk'uk'waza wena sigqibe lamazwe sikwaz' inikisi,
Yonanto ifunwa zintaka inkuku kusa ziqondele kuhlwe zingay' boni.

Simi ngama Kapa simemeza wena simi ngama Bhai simemeza wena,   5
Simi ngama Rini simemeza wena zikwako ne Tasi zinonodyuwana.
Siselel' ukufa sibuyisa wena sikubamb' amehlo siti awuboni,
Umnke ke impela ubuyele emva xa sikubuyisa ngalo ishwangusha.

Uti Maibuye? Makubuye wena izizwe zomhlaba zix'witana ngawe,
Zipuma e Node zipuma e Sude kwas' empumalanga nase ntshonalanga.   10
I Afrika ihleli ayiyangandawo kangela enc'eni wofik' isahluma,
Kangel' imitombo yamanz' isatsitsa kangela yonk' into imi ngendlela.

Woz' ufe na gxebe ungeko entweni wake nyizililo uti maibuye,
Makubuye wena woshukuma nomzi zihambe nendaba zime nge Jeriko.

But tell us, Africa, where else in the world
   can any old fool say "Come home"?   30
From my point of view, we bear all the signs
   as we stumble along in stupidity.

From the Buffalo's banks we raise our cry,
   from the Tyhume's banks we raise our cry
for all the black nations under the sun,   35
   so Satan's ashamed until his guts bust.
You display no love, display no togetherness,
   you sit on the fence, won't take a stand.
Nothing but sell-outs, you set fires and run,
   betray your own people to bolster the whites.   40

Are you raising a cry, saying "Come back"?
   You'll cry yourselves hoarse: *you* must come back!
Gone are our customs for setting up homesteads,
   monarchy, values, nothing is left!
You live like locusts left by the swarm,   45
   you've lost all pride, your sense of a nation,
lock, stock and barrel, everything's lost:
   you seek balm in the bottle that blots out all pain.

You say "Come back"? *You* must come back!
   You scratch your head in search of a scapegoat.   50
Ntsikana warned you a long time ago,
   "Money's the lightning-bird: leave it alone."
Child of the soil of far-flung Africa,
   what have you done to so offend God?
Here the Chink sells you malt for your home-brew,   55
   there the Coolie buys up your empties.

Are you raising a cry? *You* must come back!
   Spurn advice and you'll come a cropper.
Always recall where you came from:
   seek the seers to tell you straight.   60
Mercy, South African hills, while your people die
   strangers cart off your country!
With cause we cry, saying "Come back"
   to induce birth pangs in her people.

Mercy, South African valleys,   65
   peace, plains of our land,
look how you're ploughed up by steam locomotives

Maibuye! I Afrika! Awu!

Kautsho! Afrika kwakumlambo mnina ap' umnt' engazinto ati maibuye,   15
Kuba ndibonanje sinempau zonke esihamba ngazo zasebudengeni.

Simi ngama Monti sikony' izililo simi ngama Dike sikony' izililo,
Sezizw' ezintsundu ngapantsi kwelanga u Satan adane kutshone nenkaba.
Aninalutando! Animanyananga ningab' onxazonke abangenacala,
Nikwango ntamnaniopembabeshiya niyek' amawenu nincedis' umlungu.   20

Nikony' izililo? Niti maibuye nopala nisopa makubuye nina
Akuko nasiko lakumisa umzi akuko bukosi akuko ntwisento.
Seninje ngenkumbi zisele kwezinye nashiywa bubuzwe nashiywa bubuntu
Nashiywa yimfuyo zonke ezo zinto senizixolisa ngo Cimizingqala.

Uti maibuye? Makubuye wena wonwaya intloko ulila ngabani,   25
Nanko no Ntsikana kade akutyela zuyeke imali siqu sempundulu.
Mfondini wotutu lwakud' e Afrika wazonela ngani? Pambi koYehova,
Nalo ke ne China lize ngemitombo nalo ke ne Kula lize ngama empty.

Ukony' izililo? Makubuye wena sala ukutyelwa sabona ngolopu.
Ukumbule apo waw' uvela kona ufun' osiyazi bahlab' ezintloko.   30
Taruni zinduli zase South Afrika baf' abantu benu! Lemk' izwe nezizwe
Sikala ngakona siti maibuye ivuse inimba yakuma kowayo.

Taruni zintlambo zase South Afrika Taruni matafa! Ezwe lako wetu
Nanko senilinywa zinqwelo zomlilo zipala ngecala njenge nkunzemfene.

rocking along like bull baboons.
Come back, Africans! Or will rolling years
    leave you marking time 70
while rain falls elsewhere
    and plagues strike your family?

Peace, Sun! Peace, Moon!
    Stewards of our Protector,
bear the report to the One on High, 75
    plead our case in elegant terms.

        Peace! Awu!!

Buya M'afrika yaqengqelekana yonke iminyaka umindaweni nye. 35
Hleze zingatotywa kwanemvula kuwe hleze nezibeto zifise usapo.

Camagu ke Langa! Camagu ke Nyanga nini amagosa asipeteyo,
Yinyusen' ingxelo iye ko Pezulu nisitetelele nide nicokise.

       Camagu! Awu!!

37 *Nyanya*

Mgqwetho commemorates the passing of a year of frustration, persistent oppression and strife.

11   A long lying-in, then the python uncoils and leaves! (1923)

The past year fades.
I'm speaking to you, fine African.
Ha-la-la 1923,
what pen can tell your tale?

The year's passed and left us,   5
there are the signs of its absence;
there's joy in welcoming
the new.

The year's passed with news
of all people on earth,   10
their conduct, their cruelties,
recorded.

News of hardship and happiness,
of good luck and ill,
of sickness and health,   15
borne off.

The old year bears its burden,
tales of hardship on earth,
turmoil that's shaken
the nation.   20

Deceit, double-dealing,
murder, oppression,
testimony for your judge
presiding.

Now the old year's over   25
we thank you, Lord Eternal,
for guarding us from danger
throughout its course.

11   Yacombuluka! Inamba u 1923 ebisoloko ifukamele ukunduluka

Uzakutshona Unyaka elundini
Nditsho kuwe nzwana yase Afrika,
Ha—la—la—1923
Azi singabhala ngalupina usiba.

Wadlula unyaka sewusishiyile   5
Nango amabala ati awuseko
Nendanduluko yokubuka omtsha
Ofikileyo.

Wadlula unyaka wemka unendaba
Zabantu bonke abase mhlabeni   10
Ezokuhlala nokupatana kubi
Ziyokubhalwa.

Ezobunzima nezo zemivuyo
Ezetamsanqa nezi zezamashwa
Ezomkuhlane nezo zokupila   15
Zipetwe zonke.

Utwel' umtwalo unyakenye lowo
Owobunzima obusemhlabeni
Impitimpiti ezishukumisa
Izwe labantu.   20

Inkohliswano impatwano kubi
Imbandezelo izibulalano
Pambi ko Mgwebi ekangele nina
Ziya kubikwa.

Umnyaka omdala ngoku uyapela   25
Ke Simakade sibulela Kuwe
Kwingozi zonke osigcine kuzo
Unyaka wonke.

Cast out our errors,
straighten our ways,   30
neglect all our sins
in the old year.   Mercy!

1923, take the sweet gum
of our African prayers;
1923, with myrrh take our cries   35
to the One on High. Peace!

1923, I'm afraid it can't be denied
they're stealing your cattle on the plains;
but, Africans, to you I say:
will you go to the grave with nothing achieved?   40

Will the years pass you by, Greybeard of ours,
with nothing to show for them?
Let the old year be torched today,
let the new shake hands with us all.

Hanewu, 1923, trying year,   45
cross all the pools and leave
with the old year's pack on your back.
Peace, Elephant browsing homewards.

Those who once longed for you now must abandon you
to the sun and to the moon;   50
greetings, always true to your word.
Mercy, berry bush leaving with witches.

Smooth the way to heaven.
Why are the houses of Africa burning?
Poll Tax, Pass, and Special Permit.   55
Where can we live? Up in the clouds.

Laws outnumber those of Moses.
Why are the houses of Africans burning?
1923, go present your report,
plead our case in elegant terms. Peace!   60

A year's too fierce to take from behind.
It whips those who know into terror:
people succumb in its clutches,
a shade-screened leopard, dark beast eternal.

Yacombuluka! Inamba u 1923 ebisoloko ifukamele ukunduluka

Sahlukanise neziposo zetu
Uyilungise yonk' ihambo yetu   30
Uwalibale onke amatyala
Onyak' omdala.   Taru!

Nantso intlaka yitabate 1923
Eyimitandazo yetu tina ma Afrika
Nantso nemore yitabate 1923   35
Nyusa ngayo izikalo ziye Kopezulu. Camagu!

Zemk' inkomo zetafa 1923
Akunakupikwa ndilusizi ukutsho
Kodwa manditi kuwe m Afrika
Wozufena gxebe ungeko entweni.   40

Yadlulana iminyaka wa ngwevu yakuti
Kungeko nto iyinto oqamele ngayo
Mazitshe ngumlilo namhla ezomdala
Kungene ezomtsha zibete ezintloko.

Hanewu! 1923 nyaka wendiniso   45
Zicande iziziba umke nezidwashu
Zonyaka omdala uzipose emhlana
Camagu! Ke Ndlovu edla igoduka.

Nababekunqwenela! Mabakuyeke!
Uzokutatwa yi Nyanga zine Langa.   50
Siyabulisa ulifezil' idinga
Taru ntlakotshane imka nabatakati.

Uzuyigqushe indlel' eye Zulwini
Zitsha nganina indlu zase Afrika
Akuzi Poll Tax, akuzipasi akuzipeshele   55
Sohlala pina? Sohlala emafini.

Akumiteto! Idlul' eka Moses
Zitsha nganina indlu zama Afrika
Hamba 1923 uyinike ingxelo
Usitetelele ude ucokise. Camagu!   60

Le nto iyiminyaka ayivelwa ngasemva
Abaqondayo bobeta besotuka
Kulapo umntu atshabalala kona
Yingwe yetunzi umfusa wapakade.

A year's too fierce to take from behind. 65
It's a sonorous voice that disturbs,
it's a messenger, with body steaming,
it's I-hear-them-cry-not-knowing-why.

People die in the course of a year,
it curses them in passing, 70
a shade-screened leopard, dark beast eternal;
chiefs succumb in its clutches.

Cops, the Morning Star comes with dawn:
present your reports to the One on High;
sing as you go just like the angels, 75
plead our case in elegant terms.

The year's passed with news
of all people on earth,
their conduct, their cruelties,
recorded.   Mercy! 80

Lento iyiminyaka ayivelwa ngasemva 65
Nguzwi linzima elixalis' abantu
Isisitunywa esiqumis' umzimba
Undiva sekulilwa wena ungaziluto.

Lento iyiminyaka inene bafabantu
Kuba idlula nje iyasishwabulela 70
Yingwe yetunzi! Umfusa Wapakade
Kulap' Inkosi zitshabalala kona.

Yapuma Inkwenkwezi mapolisa kuyasa
Yiniken' ingxelo iye kopezulu
Nicul' ukunyatela ninge nizingilosi 75
Nisitetelele nide nicokise.

Wadlula unyaka wemka unendaba
Zabantu bonke abasemhlabeni
Ezokuhlala nokupatana kubi
Ziyokubhalwa.   Taru! 80

At the start of a new year, Mgqwetho looks forward to a change in the oppressive conditions of blacks, and inveighs against the apathy and disunity among blacks that contribute to their oppression. It is the task of the poets of the day to arouse them from their lethargy.

12   It's here! Find-at-the-Door-What-you-Shot-from-Inside and only later identified (New Year)

Hail, 1924, we offer you greetings,
Dusky one with beetling brows.
Bear your report to the One on High,
plead our case in elegant terms.

Peace! Oh, peace, 1924!   5
Behold the risen star;
let it alight on Maxeke, B.A.,
the only man who knows the fords.

Once he confused us by stumbling in starting,
urging return to battle.   10
Son of Maxeke, blaze a new trail
until King George sets his seal.

You raised the dust by stumbling in starting,
next thing we knew the cops had the cuffs on us.
Without seeming to do so I've sung your praises.   15
Oh I blundered in going to whites!

Africans, listen to what I've told you!
Will the years roll by and leave you
to die like locusts on blades of grass,
with pendulous jowls like the whites you serve?   20

Come back this year, Greybeard of ours,
you've sung the songs of the years.
Don't brag clasping cash that you'll never be penniless.
Look closely at 1924.

Thank God, Thunder-and-they-shudder,   25
another year dies but we're still alive.
Awu! Peace then, Father of even the tadpole,
stop our foes from breaching our ridges!

12 Ufikile! Udubulesendlwini bac'ol'i nto emnyango! Kuse beyifanisa (New Year)

Bhota! 1924! Siyakubulisa!
Mdaka omashiy' apele nqayini
Yinyuse ingxelo iye ko Pezulu
Usitetelele ude ucokise.

Camagu! Awu! Camagu 1924! 5
Lunguzani ipumile Inkwenkwezi
Mayihle pezu ko Maxeke, B.A.
Yiyo indoda eyaz' amazibuko.

Yake yafunza kakubi satsho sadideka
Into eyatimla ijong' ezintilini 10
Vulindlela! Kwakona nto ka Maxeke
Ade no King George abeke Isitampu.

Wake wafunza kakubi kwaquma utuli
Sasakuva sesibanjwa ngamadindala
Nokuba andibonganga ndikubongile 15
Awu ndakubeka ndibheka emlungwini

Yivani! Ndinityele hina ma Afrika
Yaqengqelekana yonke Iminyaka
Nixele inkumbi zifel' emcingeni
Nidumb' amaqeba ngumbus' onikuwo. 20

Buya! Nonyaka nje wa Ngwevu yakuti
Uzikatulil' ingoma zeminyaka
Sukuti akungexwebi usisityebi
Nanko! U 1924 kawumhlole.

Make simbulele! U Duma Barwaqele 25
Ufile omnye unyaka sisapilile
Camagu! Ke! Awu! So Lesabonkolo
Zitibe nentshaba kweyetu immango.

We salute you, 1924,
white-flanked kite of far-flung Africa,
stand tall like the ironwood safe from the axe,
thrust with your spear till rivers run dry.

Greybeard of ours, will the rolling years
leave you rooted to one spot?
Instruct your boys to return to battle:
hyenas ravage our royal sons.

We praise you, 1923,
great fosterhome for babies.
Quiet! No troubles all the year through!
Mercy then, Elephant browsing back home.

Make no mistake, 1924,
we Africans travel well armed,
we modern poets don't lounge about:
dogs will devour you on our turf.

If you send us in search of the causes
we'd learn all and have your head.
Look both ways on leaving home,
avoid hyenas going back to their lairs.

But rise, New Year star,
leave your nursing kraal, increase the herds:
yours is the kingdom, 1924,
today the people are yours.

Break the mould of years gone by:
bring southern Africa something new,
bellow at splotches of mud,
bellow at bulls of distant lands.

We salute you, 1924,
mist on the Drakensberg, heavenly snow;
fountain of unity, course down ravines,
bank your clouds over Africa.

Find-at-the-Door-What-you-Shot-from-Inside,
newcome leopard proud in its spots,
my baboon companion took to its heels:
won't somebody bring it back? Awu!

Ufikile! Udubulesendlwini bac'ol'i nto emnyango! Kuse beyifanisa (New Year)

Siyakubulisa! 1924
Ntloyiya ontusi wakude e Afrika 30
Uzube ngu Mceya ongangenizembe
Ubinze ngomkonto kutshe nemilambo.

Yaqengqelekana! Yonke Iminyaka
Umi ndaweninye wa Ngwevu yakuti
Nyusa amakwenkwe aye entilini 35
Abantwana be Nkosi bayapela zingcuka.

Siyakuncoma noko 1923
Kayakulu lilumlel' abantwana
Tu! Nazipitipiti unyaka wonke
Taru ke! Ndlovu eyadla igoduka. 40

Uze uqonde mhlope 1924
Tina ma Afrika sihamba ngentswazi
Tina asivari Zimbongi zangoku
Apo sikona—wotyiwa nazizinja.

Xa usituma siyokukubuzela 45
Tina magcisa sakukubulalisa
Uze wolule intamo xa usukayo
Ungapambani nengcuka zigoduka.

Kodwa vela! Kwezi lonyaka omtsha
Upume entangeni wabe inkomo 50
Nabo Ubukosi—1924
Namhlanje abantu bangabako.

Uzungafani neminye Iminyaka
Vela nentwentsha Emzantsi we Afrika
Uzikonyele nezisihla zodaka 55
Uzikonyele nenkunzi ezikude.

Siyabulisa!—1924
Nkungu eselundini ngqele ese Zulwini
Awu! Nzulu zomanyano yihla ngemilambo
Uyoba zingqimba pezu kwe Afrika. 60

Dubula usendlini! Sicolinto epandle
Ngwe entsha ezayo ngawayo amabala
Imkile nemfene ebindizimasa
Ukuba ndinomntu ngeyeyiputuma Awu!

1924, take particular care of us
with our homes and chiefdoms plundered.
Let's cast off the old and welcome the new.
Awu! Help, plead our case, St Michael!

Rend mists with your roar so the sun breaks through,
lion of the city of Africa,
lion of the city of Africans,
you're lost if you sleep in the road.

You're welcome, 1924,
praises by poets are hardly enough.
Let the lead oxen strain till they sink to their knees
and tickle African fancies.

Awu! hear the *Drummond Castle*
of the house of Chizama,
beast with an antelope's guile.

        Peace!

Ufikile! Udubulesendlwini bac'ol'i nto emnyango! Kuse beyifanisa (New Year)

Kauvelele!—1924
Ukuhlutwa ko Bukosi namakaya
Mazibhang' ezomdala kuvele ezomtsha
Awu! Tsheli! Mikayeli vela usilamlele.

Uze ugqume enkungwini kuvele ilanga
Ngonyama yesixeko sase Afrika
Ngonyama yesixeko sama Afrika
Ungalala endleleni ulahlekile.

Tyapile! Ufike 1924,
Imbongi azingebongi lungakanani;
Mazitsale ifolosi! Zide ziguqe,
Kona kuyoba mnandi kuma Afrika.

Awu! Yatsho i Drummond Castle,
Yakwa "Chizama;"
Inkomo enobugqi benyamakazi.

       Camagu!

Mgqwetho herself is the subject of this poem, which celebrates her outspoken poetry, poetry that benefits the African people and brings her fame, but which is also unpopular among envious poets and among those who fault her for invading a traditional male preserve (see 1:20-23).

13 Listen, compatriots!

I sent Christmas, the old year and the new year packing with praise poems. Now I'm going to sing my own praises, and then I'll pass on to start something fresh.

    Peace to you all!

Mercy, Nontsizi, renowned for your chanting,
your poems are the nation's bounty.
No elephant finds its own trunk clumsy.
Awu! Mercy, old hen's wing in Africa!

Hen screening her chicks   5
from birds of prey,
the nation knows you, sky-python,
poets sneer but discuss you.

Turn Phalo's land on its head, Mgqwetho,
whack nations and sap their standing.   10
Wild beast too fierce to take from behind,
those who know tremble in tackling you.

Mercy, dusky pool-tinted woman,
your stench reeks like the river snake.
Peace! Elephant browsing the tops,   15
you've made a household name of Mgqwetho.

Mercy, Nontsizi, African moss
sipping moisture from under the ripples,
you stubbed your toe and felt the pain,
a slip of the tongue and they stomped on you.   20

Mercy, Nontsizi, African moss,
you strip poetry bare to the bone
and the nation's mountains swivel
as you sway from side to side.

13   Pulapulani! Makowetu

Ndiyigxotile i Kresmesi, no Nyaka Omdala kwano Nibidyala ngezibongo. Ndizaku zibonga mna ke ngoku ndandule ke kwakona ukuqala into entsha.

Camaguni!

Taru! Nontsizi dumezweni ngentsholo
Nto ezibongo ziyintlaninge yezwe
Indlovu ke ayisindwa ngumboko wayo
Awu! Taru! Sikukukazi piko e Afrika.

Esikusela amatole aze engemki   5
Emke nezinye intaka eziwadlayo
Uyaziwa lilizwe nambakazi yezulu
Enqenwe nazi Mbongi zada zaxelelana.

Wugqwetele Mgqwetto lomhlaba ka Palo
Beta izizwe ngesitunzi zidangale   10
Uliramncwa akuvelwa ngasemva
Nabakwaziyo babeta besotuka.

Taru! Mdakakazi omabalaziziba
Ovumba linuka okwenyoka yomlambo
Camagu! Nawe Ndlovu edla Pezulu   15
Uzibhalile noko Inkomo zakwa Mgqwetto.

Taru! Nontsizi bulembu e Afrika
Obuyepuzela emazantsi namaza
Wak'ubeka ngonyawo weva ubuhlungu
Wahiliza ngomlomo wawiselwa pantsi.   20

Taru! Nontsizi bulembu e Afrika
Ozihluba izibongo ekuhleni
Zitsho nentaba zelizwe zikangelane
Xa wapuka imbambo macala omabini.

Mercy, Dusky, Drakensberg snow 25
like morning dew on Mount Hermon.
I blundered in going to whites:
Oh I felt the cops' cuffs on me!

Mercy, woman poet, Vaaibom's flamingo,
which thrusts its feet forward for take-off, 30
which thrusts its feet backward to land:
all creatures come out to bask in the sun.

Mercy, duck of the African thickets,
ungainly girl with ill-shaped frame.
Awu! Nontsizi, African moss, 35
with bow-legs like yours you'll never marry!

Mercy, woman poet, wing of Africa.
Make way! *Ach*, I was used.
Mercy, starling perched in a fig tree,
your poems dispense with feminine wiles. 40

Mercy, Nontsizi, African moss,
let old maids screen their bodies in bodices
for no-one knows your ancestors:
without skin skirts there'll be no weddings.

Where are your daughters? What do you say? 45
"We roamed the countryside searching for marriage,
we turned our backs on home and dowry,
today we're exploited in exile homes."

What's education? Where are your sons?
They roamed the land in search of *niks*, 50
chickens scratching for scraps,
eager at dawn, at dusk empty-handed.

Mercy, Nontsizi, striped gold-breasted bunting
that piped its prophecies through the thornbrakes;
Awu! Mercy, poetic diviner, 55
watch out, the wild bird's flapping its wings.

Mercy, Chizama, who eats her meat raw;
no-one knows your ancestors.
May the browsing elephants make it home:
they're lost if they sleep in the road. 60

Taru! Mdakakazi ngqele ese Lundini 25
Enje ngayo Imibete yase Herimone
Ndakhubeka ndibheka emlungwini
Awu! Ndeva sendibanjwa ngamadindala.

Taru Mbongikazi Flamingo ka Vaaibom
Esunduza inyawo xa isukayo 30
Esunduza inyawo xa ihlalayo
Zipume izilo zonke zigcakamele.

Taru! Dadakazi lendada ze Afrika
Ub'hib'hinxa lwentombi esinqe sibi
Awu! Nontsizi bulembu e Afrika 35
Akusoze wende nezinto zigoso.

Taru! Mbongikazi piko le Afrika
Sudukani bo arha ndabonelelwa
Taru! Somikazi lomti wekiwane
Ubonga noko side sipel' isoya. 40

Taru! Nontsizi bulembu e Afrika
Izishumane mazambat' amabhayi
Kuba ayaziwa Iminyanya yakowenu
Akungetshati ungabhinqi zik'ak'a

Zipi Intombi zenu Izwi liyintoni 45
Sigqibe lomhlaba sifuna ukwenda
Salahla amak'azi salahla amakaya
Namhla sizigudu kwa namabhungela.

Imfundo yintoni bapi onyana benu
Bagqibe lamazwe befun' inikisi 50
Yona nto ifunwa zintaka inkuku
Kusa ziqondele kuhlwe zingay' boni

Taru! Nontsizi ntsasa enemizila
Egqibe izinga zonke iprofetesha
Awu! Taru! Sanusekazi se zibongo 55
Nalo neramncwa liwabhul' amaphiko.

Taru! "Chizama!" Odla inyama rwada
Ayaziwa neminyanya yakowenu
Mazibuye ke! Indlovu zidle ekaya
Zingalala ezindle zilahlekile. 60

Mercy, Nontsizi, Sandile's daughter,
child of the Ngqika paramount.
You were thrashed by kieries on Ngqika plains
for praising chiefs and *not* commoners.

Awu! Mercy, Nontsizi, African moss, 65
woman, the walls of Africa throb
with the sound of your lovely parties:
Ach shame! The young men all wither.

The day of your death will darken, Nontsizi,
the commando's horse will lose its way. 70
Awu! Mercy! And you, Ntsikana,
who piped your prophecies through the thornbrakes.

Peace, Awesome Saint!
Ntsikana mentioned this:
little red people down on their knees, 75
casting spells right up to Mpondoland.

Fiery tractors tilled the land of our fathers
and the black had no place to plough.
Peace to you, Heavens! Peace to you, Earth!
Peace then, Sun! And peace to you, Moon! 80

You keep our final accounts,
bear your report to the One on High,
plead our case in elegant terms.
Where can we go, pool-screened Crocodile?

Mighty Champion of Africa, 85
the black approaches in tears.
"Agree?" "Agreed! By the Drum of the Cross!
Agreed! Yes, in truth, we agree!"

Oh! These are the words of the scabby eland:
mushrooms flourish in the flakes it sheds. 90

Carry on scooping the cask:
there lies the land of your ancestors,
harassed by evil sprites.

These are the words of the nervous object
of spies armed to the teeth, 95
who watch her even with lightning.

        Peace!

Taru! Nontsizi intombi ka Sandile
Mntana wenkosi kwinkosi zakwa Ngqika
Kubonga amakosi not amabhungexe
Watshiswa zinduku kumataf' akwa Ngqika.

Awu! Taru! Nontsizi bulembu e Afrika 65
Ntokazi etsho ngentlombe ezimnandi
Zitsho zidume nendonga ze Afrika
Arha hai abhitye onke amadodana.

Mhlana wafa Nontsizi losibekela
Hashe lenkumanda loba lilahlekile 70
Awu! Taru! Nangaye u Ntsikana
Owayegqibe zonke izinga eprofetesha.

Camagu! Sinungunungu Esingcwele
Nantso ke into eyatshiwo ngu Ntsikana
Yobomvana abarola ngamadolo 75
Beza nobugqi bela ngela Mampondo.

Lalinywa zinqwelo zomlilo elobawo
Abe u Ntu engenandawo yokulima
Canaguni! Mazulu! Camagu Mihlaba
Camagu! Ke Langa! Camagu! Nawe Nyanga. 80

Nini amagosa awasipeteyo
Yinyusen' ingxelo iye ko Pezulu
Nisitetelele nide nicokise
Soya pina? Ngwenya enesiziba.

Sitshatshela Esikulu se Afrika 85
Nanko u Ntu esiza enenyembezi
Vumani! Siyavuma! Kwi Ngqongqo Yomnqamlezo
Siyavuma! Ewe ngenyani! Siyavuma!

Awu! Yatsho Imbabala yolwantinge
Ezivutulula zimise nenkowane. 90

Gqob'ha empandeni
Nalo izwe loyihlo
Lusisivivinya sayo imishologu.

Watsho Umavelelunguzwa ngabe
Nduku into ekangelwa 95
Nangumbane kube situkutezi.

    Camagu!

Mgqwetho criticises the many false political prophets whose divergent policies confuse the people and lead them astray.

14   Prophets false and true

Oh, the whole country would collapse if we sat still!

What did we do
to suffer the yoke
of hordes of prophets,
limitless throngs on Africa's plains?

Focus on *Revelations*,   5
the sixteenth chapter,
the thirteenth verse:
false prophets are gaunt.

And focus on *Deuteronomy*,
the eighteenth chapter,   10
the twentieth verse
as well as the twenty-second.

I'm not one to mock,
but I'll never forget
their revelations   15
lined their pockets.

But what exactly is a prophet?
Let's hear a plan from those in the Cape.
A prophet's mark is made in heaven,
he scolds the thundering skies.   20

A prophet's a shade-screened leopard,
representing a jealous God.
You don't take prophets lightly:
they're lone hartebeest at ease on a plain.

There are prophets both false and true   25
and—Reader, take note—you can tell them apart.
May the false drop dead on the spot:
let the witches' huts be clustered.

14   Abaprofeti benyaniso-nabo-buxoki

Awu lingeyela lonke Ilizwe lipela sike satula.

Kuyiwa ngapina ngumzi wakowetu
Ukungatyelwa wonke ngadyokwe inye
Yimihlambi kwintili ze Afrika
Akubaporofeti yindibandiba.

Kausingise amehlo kwi Zityilelo   5
Isahluko seshumi linantandatu
Kwiversi yeshumi elinantatu
Bobhitya abaprofeti bobuxoki.

Kausingise naku Dutoronomi
Isahluko seshumi linesibozo   10
Kwiversi yamashumi amabini
Namashumi mabini anambini.

Ndihlelinje andisoze ndilibale
Ukutsho noko andimntu wakugxeka
Nto abayityilelweyo yeti nina   15
Lento ngati idukela esiswini.

Lento ingu Mprofeti yintoni? Nje bo
Makavele nose Kapa ne qinga
Umprofeti ngumb'ola ise Zulwini
Umngxolisi wezulu lididuma.   20

Lento ingu Mprofeti! Yingwe yetunzi
Usisitunywa se Nkosi ezondayo
Abaprofeti akudlalelwa kubo
Balitafa elilala amax'ama.

Bakona abenyani—nabobuxoki   25
Paula mleseshi wobaketa ngokwako
Abobuxoki mabafe ndaweninye
Izindlu zamagqwira ke zimelane.

A prophet's a shade-screened leopard,
a sunbaked river with rocky pools.   30
Let's hear a plan from anyone, anywhere,
to rid us of this plague of rogues.

Tyo, what wonders Africa holds!
Prophets in all nooks and crannies,
each so fine and silver-tongued   35
that common folk turn on each other.

We're crushed because we're apart:
we lack discerning diviners
to proclaim a prophet true.
Peace indeed! Who can we trust?   40

Priests outnumber parishioners,
prophets provoke Matiwane;
though Africa's crammed with diviners
nothing worth mention's appeared.

How did we land in this mess?   45
Don't we fear the King of Glory?
The bible was written by prophets:
modern prophets, produce a new bible.

The voice of God said to Jonah,
"Make your way to Nineveh.   50
Announce to that great city
the message I give to you.

"When forty days are past
I'll raze Nineveh to the ground:
its corruption defies description,   55
its stench assails me on high."

Jonah was a true prophet,
Nineveh trembled before him.
Covered in sackcloth and ashes,
they neither ate nor drank.   60

Up spoke Jonah the prophet:
"Let each one mend his ways."
And so they did, and no one died,
the Compassionate showed them mercy.

Lento ingu Mprofeti! Yingwe yetunzi
Ngumlambo otsha amatye kusal'amanzi   30
Makavele ke nopipipi ngeqinga
Amabhedengu ayasipazamisa.

Ngummangaliso mnina lo e Afrika
Akubaporofeti yindibandiba
Ipambene Imidaka iyaprofeta   35
Tyo! Yonganyelwe bubuhle nobuciko.

Satshabalala ke tina ngokungazi
Besiswele i Sanuse na sivumise
Kuba no Mprofeti oyakuza ngenyani
Camaguni bo! Asisenakukolwa.   40

Abefundisi bedlula Iremente
Abaprofeti bagwaz' u Matiwane
Akude kubeko nto noko ibatyulu
Kanti zizanuse zodwa e Afrika

Yintonina lento kusuke kwanje   45
Anisayoyikina Ingweletshetshe
Ibhaibhile yabhalwa ngaba Profeti
Nganisenzele entsha ke nina bakoyo.

Kwafika Ilizwi lika Tixo ku Jona
Lisiti sukume uye e Nineve   50
Kulomzi umkulu umemeze kuwo
Ngomemezo enditeta lona kuwe.

Koba zintsuku ezimashumi mane
Ndiyibhukuqe mna konke i Nineve
Kuba inkohlakalo yayo idlule   55
Lada nevumba lati ngqu ngamazulu.

Wayengu mprofeti wenyaniso u Jona
Wagungqa umzi akufika e Nineve
Bazila abadla abasela manzi
Bazigubungela nangezirwexayo.   60

Wati u Jona Umprofeti—elowo!
Makabuye endleleni yake embi
Babuya konke ukuze bangabhubhi
Nonezibele wabenzela Inceba.

Are there any among our own prophets 65
who can shield us from destruction,
a prophet as true as Jonah,
whose mission converted a city?

Prophets, produce something fresh.
You claim the wisdom of heaven, 70
a share in the High One's power:
under your roof we're sheltered from rain.

But the prophetic gift's a predator
impervious to all tricks.
Pas op! Lightning will strike your back, 75
the snow-capped peaks will swivel.

Oh! these are the words of Vaaibom's flamingo.
She's not one to sip from shallow pools
in fear of speaking out.

        Peace! 80

Azi ke kwaba betu abaprofeti 65
Ukonana oyakwenza singabhubhi
Oyakufana no Jona wenyaniso
Ote akutunywa wazamazama Umzi.

Baporofeti nganize nento entsha
Nini enazi ubugqi base Zulwini 70
Niyazibiza ngegama elikulu
Ofulele ngani akasayi kuneta.

Lento ibubuprofeti buliramncwa
Bungenakuliwa konke ngamaqinga
Basop! Wahlatywa lizul' esix'hantini 75
Zokangelana nentaba ezingqele.

Awu yatsho i Flamingo ka Vaaibom
Engena kusela ezadungeni
Konke nangokoyika ukuteta.

        Camagu! 80

80 *Konken angokoyika*

The Nation's Bounty

After their chief, Langalibalele, was imprisoned on Robben Island in 1873, the Hlubi of southern Natal were dispersed and settled as buffer populations in Herschel, Qumbu and Middledrift. In the early 1920's the chief's descendant, Shadrack Zibi, was given land for his Hlubi people at Rustenburg in the northern Transvaal. Zibi offered plots for sale to all Africans, and Mgqwetho here urges the purchase of land to counteract the deleterious social consequences of forced removals to which the people are victim in the absence of protection from their chiefs.

15   Something's coming!

It's good to buy land over there

We'd do well to buy land:
I'm excited to tell you.
Government troops clashed with Phalo's,
we sneaked to our holes like swallows.

This government from overseas   5
forced thousands of people to move,
hounded them from their shanties:
my heart bleeds at the news.

We'd do well to buy land:
black nations must act together.   10
A kite with even a shack on a moor
can offer a white man shelter.

The topic's taboo in Natal,
the government raps for silence.
It's time for us to be alert: 15
opportunities beckon in Rustenburg.

Where are the black nations' chiefs?
They once offered shade to all,
a kraal gate for the cattle of Phalo;
now you're kicked off your plots after ploughing! Buy land!   20

People die when shacks collapse:
we'd do well to buy land.
We'll seal Tshiwo's deserted villages,
begin by breaking our chains.

15   Zatsha! Inkomo Nomazakuzaku!

Nako! Ukulunga kwentengo Yomhlaba.

Kusilungele ukutenga umhlaba
Ndizakutabateka ukuhlafuna
U Rulumente ubambene no Palo
Satwetwa ukuhamba njengenkonjane.

Baninzi kunene esebegxotiwe   5
Ngu Rulumente ocanda iziziba
Bawashiya amax'hobongo abo ke
Ndivana nobubi ndakuva kutshiwo.

Kusilungele ukutenga umhlaba
Izizwe Ezintsundu mazidibane   10
Untloyiya onendlwane ejojweni
Nguye udonga lokweyama abelungu.

E Natal sekuyindaba yakwantombi
U Rulumente utshay' elupondweni
Lixesha ngoku ukuba nip'ap'ame   15
Unanko-nanko-ke-nanko e Rustenburg.

Zipi? Inkosi zezizwe Ezintsundu
Umtunzi wabantu bonke bengakanje
Nanko! Umvalo wenkomo zika Palo
Nilima-nisuswa! Tengani Umhlaba!   20

Baf' abantu besiwa ngemigubasi
Kusilungele ukutenga Umhlaba
Siwabandeze amanxiwa ka Tshiwo
Siqaule nentambo sisaqalisa.

The Nation's Bounty

Something's coming! 25
A Rustenburg carnival,
acres of land up for sale:
let your wagons creak with the load!

Where are the black nations' chiefs?
Tyo, they're kicked off their plots after ploughing. 30
First herd and lead us on,
before you wheel and drive us home.

A Rustenburg carnival:
shade from the sun.
Down there you'll see the chicken's tail 35
on a blustery day.

Ever stumbling on rutted roads,
our chiefs have slaughtered us.
Grab them, bottle-befuddled,
and toss them to the dogs. 40

There's the princeling, Zibi's son;
the war-cry summons nations.
The stench from Rustenburg casts its spear
and the rivers all run dry.

Something's coming! 45
We'd do well to buy land.
The government's made it crystal clear:
you'll do your cooking perched on branches.

Scratch the earth like crows:
Zibi's son's prepared the ground. 50
Do you want me to call him by name?
At Mdizeni I wouldn't mention it.

There's sweet celebration in Rustenburg.
I lay awake all last night:
the letter arrived as I readied for bed, 55
dropped a grindstone and set me spinning.

Opportunities beckon in Rustenburg,
hunting those who took to the hills.
The load will burst our wagon tents!
Just look, you don't have to buy. 60

Zatsha! Inkomo Nomazakuzaku 25
Ngumsito ese apa e Rustenburg
Kutengiswa isihunuha somhlaba
Inene kuyakwapuka neb'hokuva.

Zipi? Inkosi zezizwe Ezintsundu
Tyo! Nabo abantu belima besuswa 30
Nganike nisiqube nisipumeze
Nobuye nisinqande nisigoduse.

Ngumsito ese apa e Rustenburg
Arha nangoke umtunzi wamadoda
Isisila senkuku mhla liq'witayo 35
Kulapo woze usibone ngamehlo.

Ayasibulala noko Amakosi
Kuko izigingqi q'o apo akona
Wabambeni niwax'helel' izinja
Alibele kukusela ibhotile. 40

Nantsi apa Inkosana into ka Zibi
Intlaba-mkosi ehlabele Izizwe
Uti nalo ke ivumba e Rustenburg
Libinze ngomkonto kwatsha nemilambo

Zatsha! Ke Inkomo Nomazakuzaku 45
Kusilungele ukutenga Umhlaba
Inkobe uyakuzipeka emtini
U Rulumente etshilo nje utshilo.

Panda pantsi uxel' amahlungulu
Into ka Zibi iyivulil' indlela 50
Niyafuna na ndimbize ngegama
Andikumbiza ngegama emdizeni.

Intsholo emnandi nantso e Rustenburg
Ndihlelinje andilalanga pezolo
Incwadi ifike maxa ndilalayo 55
Yatoba imbhokotwe—maye ndazula.

U nanko nanko ke nanko e Rustenburg
Ozingelayo nabayame ngentaba
Kwakwapuka itentyi kusal' inqwelo
Yitsho usiya! Naxa ungayikona. 60

Our chiefs have slaughtered us:
strengthen them, call them by name.
Keep watch, as I've constantly told you:
you're kicked off your plots after ploughing! Buy land!

All the black nations must merge,   65
our only strength's in uniting:
press on until you face each other,
stop your bobbing and weaving.

Come on, Africa, you've seen nothing yet:
the Rustenburg beacon's eloquent!   70
Drops fell at the sound of its voice,
the uncoiling python roared.

Men, honey awaits us in Rustenburg,
towering anthills, a lazy river;
agree with me, women: this is a pool   75
for your married daughters to return to.

Remember we are the children
our fathers left on the battlefield;
now we're open prey to hyenas.
Oh, these are the words of a passionate woman!   80

    Peace to you all!

Lento Izinkosi iyasibulala
Zik'afuleni nizibize ngegama
Kangelani ke kade ndinixelela
Nilima nisuswa tengani Umhlaba!

Izizwe Ezintsundu mazimanyane 65
Umanyano lodwa lungamandla enu
Lulweleni nide nikangelane
Luyeke ukupepa nokudlokova.

Pumani! Afrika anibonanganto
Ilitye e Rustenburg linomlomo 70
Kuba litete kwawa namatontsi
Yagquma ke lo namba icombuluka.

Nabo ubusi madoda e Rustenburg
Kwaziduli zide umlambo omhle
Vumani bafazi naso isiziba 75
Sokunqandela ababuye kwendeni.

Kumbulani ukuti siyinzalo apa
Eyashiywa ke ngobawo entilini
Yaza yaba sisisulu sengcuka
Awu! Yatsho Ingcalangcalakazi, 80

      Camaguni!

The black struggle has achieved little, not so much through external oppression as through internal dissension: blacks have lost touch with their sustaining traditions, too many leaders seek personal glory, and black factions have failed to resolve their differences and unite against the common aggressor. If this state of affairs persists, there can be no hope of success in the struggle.

16   The hill Difficulty the black man scales

Look! Today I want you to understand
the essence of our distress.
Compatriot, wrestle with what I say,
meet me in sober debate.

The hill can't be scaled! It's slippery.   5
I won't mince words, I'll bare my heart:
up to this point in time,
just what have blacks achieved?

Take the African National Congress:
we once burst our ribs in its praise.   10
Now we go round in search of it:
"Has anyone seen where it's gone?"

None can deny, I'm sorry to say,
these questions have some point.
But as for me, I'm not at pains   15
to mock their efforts to date.

Vying for status is lethal poison
internally sapping Congress.
Undermined by the envious,
black people strive in vain.   20

This hill Difficulty's beaten us,
we've tried and tried to scale it:
it can't be scaled by blacks
strapped with the millstone of custom.

Envy's an obstacle up this hill,   25
money's another obstacle:
and so we battle to scale it.
Greybeard of ours, am I wrong?

16   Induli ka Xakeka!—Enyukwa ngu Ntu!!

Bona ke! Namhlanje ndifun'uqondile
Mfondini wakuti nantso intlekele
Make uzibuze wozu undingqinele
Make kaloku nje sitwax' ukuteta

Nduli ayinyukeki! Iyatshitiza   5
Andizikukwekwa ndirola umxelo
Yiyipi okwangoku ebhadlileyo
Into eseyimile kwezabantsundu

Nantso ke ne African National Congress
Esasiyibonga kwapuke nembambo.   10
Sebehamba ke beyibuza kwakuti
Besiti kanene kodwa yatshonapi

Akunakupikwa ndilusizi ukutsho
Ziko inyaniso kulo mbuzo wabo
Mna ke ngokwam andikunqweneli   15
'Kutyafisa imigudu eseyenziwe

Kodwa eyona tyefu endiyibonayo
Ityafiswa kukutanda amawonga
Azinasidima into zomntu ontsundu
Zipetwe ngabantu abanamakwele   20

Lenduli—ka Xakeka ixake cwaka
Kudala mu siyinyuka siba manzi
Ayinyukeki konke kumntu ontsundu
Imbhinqisa kupela ngelitye lembola

Ngu mona uba libhaxa kulenduli   25
Yimali iba libhaxa kulonduli
Ngoko ke sixakiwe kukuyinyuka
Pikisa ezondawo ke ngwevu yakuti

Uniting's an obstacle up this hill,
so, burdened, we no longer praise it,
like plains cattle lost in the mist,
black as crows in our ways. That's us!

Why, my good man, are we slumped at the foot
of this hill Difficulty black people scale?
You've set your hand to many things
but which of them persist?

Your loathing and goading of Reds
are obstacles up this hill—
yet how you covet their cash!
Sweat all you like, you won't reach the top.

Unity's our only strength,
what has more power than unity?
How long must we hack away at this,
like novice diviners in groves of mimosa?

This hill frustrates attempts to scale it,
lions and leopards ring it;
the hill stands firm, our people slip
on slopes with carpets of cash.

You've set your hand to many things
which continue to list and sink.
You've all turned into Hottentots
snoring their heads off, arse in the air.

This hill the black man scales is steep,
it nearly daunted Christian;
his mouth frothed with a sloven's foam,
his ears stuck out as he scaled this hill.

And so it is for blacks today:
we sit on the fence, we won't take a stand.
We don't even know why we squabble,
but we bolt our fruit before it's ripe.

Up to this point in time,
just what have blacks achieved?
How could you turn your back on the nation,
with only its hands to cover its nakedness?

Induli ka Xakeka!—Enyukwa ngu Ntu!!

Umanyano lulibhaxa kule nduli
Sesaxakwa nokulutsholozela   30
Luzinkomo zetafa zimka nenkungu
Mahlungulu amnyama nendlela zawo. Tina ke!

Induli—ka Xakeka enyukwa ngu Ntu
Safela ezantsi madoda nganitsho
Yiyipi eyonanto nimise yona   35
Kumalinga ezinto esewenziwe

Ukungavelani—Nokungaxabisi
Amaqaba kulibhaxa kule nduli
Siyifuna qo kodwa imali yawo
Nobila nisoma aninakuyinyuka   40

Umanyano nje lwenene lungamandla
Yintoni emandla angangomanyano
Kunini kodwa sigaula siteta
Sesingati satwasela ezingeni

Ixakile lenduli ukuyinyuka   45
Ipahlwe zizingwe kwanezingonyama
Yendele! Yazika! Ihlahlwe liqina
Eliyile mali imbhela 'mawetu

Yiyipi eyona de namisa yona
Kwezi ziman' ukuwa zibhukuqeka   50
Yintoni ukungati ningamaqeya
Ati ukulala aquluselane

Inzima le nduli inyukwa ngu Ntu
Inzima yapantse yoyisa no Mkrestu
Waxap' amagwebu wasibhongobhiya   55
Wati nzwi nendlebe enyuka Lenduli

Nangoku kunjalo nakuti Bantsundu
Singabo nxazonke intw'engenacala
Sibambene ngento esingayaziyo
Kaloku ezetu zityiwa zirwada   60

Yiyipi okwangoku ebhadlileyo
Into eseyimile kwezabantsundu
Ninan' ukwenjenje nibantu bangaka
Nashiya Isizwe? Sambete izandla

Did the whites instruct us not to unite? 65
We stand on each other to reach above.
What more can I say? Have I got it wrong?
Did the whites instruct us to squander our funds?

Whatever, nitpicking tires us:
if you don't all get together 70
you'll never saddle a white.
You don't even have the bridle and reins!

Sweat blood, you won't make the top
of this hill Difficulty the black man scales;
you've no love for the nation, only for bargains. 75
That's the truth. Have I got it wrong?

Our customs abandoned, we're left empty-handed,
in this generation apostasy's rampant.
I've said it before: scratched and bloodied,
we won't make the top of this hill. Agreed! 80

Ngumlumgu na? Ote masingamanyani 65
Sixwitane sodwa sibang' amawonga
Ndingatini betu pikis'ezo ndawo
Ngumlunguna? Ote masitye zimali

Maluf'olufayo sidinwe kuncwela
Ngapandle kokuba konke nimanyane 70
Anisokuze hai nimkwele umlungu
Xaningenayo nje nentsimbi yomqala

Induli—ka Xakeka enyukwa ngu Ntu
Nobila negazi aninakuyinyuka
Anitandi Sizwe nitand' izisulu 75
Nangoku kunjalo pikis' ezo ndawo

Salahl' amasiko akuko nto i'nto
Zandile nengqola kule nzala
Senditshilo kuni ukuti Lenduli
Sopala sisopa asinakuy'nyuka. Siyavuma! 80

Black workers must educate themselves and unite to advance, encouraged by the public pronouncements of prominent leaders like DDT Jabavu and WB Rubusana.

17 Unity, black workers!

Let the waters of Africa sound!
God and the nation speak in unison.
Let the footpaths sow unity's seed
from here to far-off Tugela.

Unity, black workers! 5
I lack clay and grease to shape it.
Hurry up: see eye to eye,
clear the scrub and we'll move on together.

The courts of law have torn to shreds
the colour bar for workers. 10
The stench is a spearthrust enticing
black nations to come together.

Parliament's on the hunt
for laws that will oppress us.
Wake up: we're nearing the ford 15
and you haven't put on your beads.

Black nations must come together.
Let the voice of the workers be heard
dancing before the gates of Zion:
we're not witches, so we won't burn. 20

Let the voice of the workers be heard,
let them reclaim their rights:
advance enlightened, offspring of Phalo,
heirs to the soil of far-flung Africa!

Parliament's on the hunt: 25
where are the black nations' leaders,
broad shoulders bearing scorn
so we the people are crowned?

17   Umanyano! Basebenzi Abantsundu!!

Amanzi e Afrika makahlokome
Ilizwi le Sizwe lizwi lika Tixo
Indlela mazihlwayele umanyano
Olusuka apa lume ngo Tukela.

Umanyano! Basebenzi Abantsundu   5
Ndinqatyelwe ngamafuta nemb'ola
Masenze mafupi ukuze sivane
Sixoze indima eyakususana.

Inkundla zamatyala ziwuchitile
Umvalo webala kubasebenzi   10
Livumba ke elo libinze ngomkonto
Izizwe ezintsundu mazidibane.

Ziyazingela zona i Palamente
Izakusicinezela imiteto
Lumkani ke kuyiwa ezibukweni   15
Xa ningenayo nje nentsimbi yomqala.

Izizwe Ezintsundu mazidibane
Livakale ilizwi labasebenzi
Lenze nomngqungqo Esangweni e Ziyon
Kuba asitakati asina kutsha.   20

Livakale ilizwi labasebenzi
Bawafumane amalungelo abo
Qhubani impucuko nzalo ka Palo
Bantwana botutu lwakude e Afrika.

I Palamente zona ziyazingela   25
Zipina Inkokeli zomzi ontsundu
Igxalaba elitwele izigxeko
Ukuze tina sitwale isitsaba.

Unity's strength indeed,
a nation of nobles nurtured by nobles;   30
even sucklings respect their fathers.
Peace, diggers in Africa's ditches!

Welcome, Professor D.D. Jabavu,
B.A. with an antelope's guile,
you've earned a mark of distinction;   35
your speech in East London delighted me.

You criss-crossed the country delivering talks
on the way we Africans live;
you took long voyages over the oceans,
kite with a home on the moors.   40

We're oppressed! We develop! Mercy!
All the time our minds develop.
So says Professor D.D. Jabavu,
beckoning those who took to the hills.

Zulu and Xhosa, Sotho, Swazi and Coloured,   45
you're all invited without exception.
What kind of nation are you whose milk
lacks strength to reach the milksack?

Unity, black workers!
so you reclaim your rights,   50
bellow your lungs out
as if you were white;
your minds at least were never black:
barriers forced you off the path.
Huku! Now's the time, Phalo's cattle!   55
We'll seal Tshiwo's deserted villages!

Dr Rubusana, roadside diviner,
wails in a mountain cave,
he says our nation's progress
must be driven by our own leaders.   60

So says the doctor, Rubusana,
he snarled and the monkeys scattered.
Press on and speak out in your travels!
Oh I blundered in going to whites!

Umanyano nje lwenene lungamandla
Mz' wamanene ondliwe ngamanene 30
Obawo bafungwa nango sebeleni
Taru basebenzi bendonga ze Afrika

Tyap'ubeko Professor D.D. Jabavu
B.A. enobugqi benyamakazi
Ufakwe upau usisinyaniso 35
Utete e Monti watsho wandosela.

Up'ale usop'a usenz' iziqonga
Zobum' esikubo tina ma Afrika
Wawela kakade ilwandle nge lwandle
Ntloyiya onendlu wase majojweni. 40

Siyacinezelwa! Siyapambili! Taru
Nengqondo ngokunjalo iyapambili
Utsho u Professor D.D. Jabavu
Ozingela nabayame ngentaba

Zulu, Mxosa, Msutu, Swazi nawe Bala 45
Nonke niyamenywa akuko salelo
Sizwe sini sona esi silubisi
Lungasafikiyo nasezimvabeni.

Umanyano! Basebenzi Abantsundu
Niwafumane amalungelo enu 50
Ke nigqibe amabhongo entliziyo
Ninge ningabelungu kanti yingqondo,
Yayingemnyama kade ingqondo yenu
Nayiposa indlela ngokuvalelwa
Huku! Ke namhla nje nkomo zika Palo. 55
Niwabandeze amanxiwa ka Tshiwo.

Igqira lendlela Dr. Rubusana
Into elila ekumbini lentaba
Uti impumelelo ye Sizwe mayakelwe
Pezu kwezona nkokeli ezizizo; 60

Litsho? Igqira into ka Rubusana
Evungame kwamangala nenkau
Kuq'ubeni ukuteta kuhambe
Awu! Ndakhubeka ndibeka emlungwini.

Unity, black workers!
Give our leaders loin cloths
to cover their privates in bowing:
"Oops! I spent all my cash on booze."

Unity, black workers!
When you've witnessed a nation dispersed,
why mourn a single drowning?
The heaviest burdens lighten in time.

Unity! Unity, workers!
That ugly girl rejects all suitors,
spurning home and marriage,
hoping someone will fix her up.

Unity's strength indeed,
a shady village under the sun.
Find the cause then treat the illness:
"My boyfriend dumped me when his mummy objected."

      Peace! Awu.

Umanyano! Basebenzi Abantsundu 65
Inkokeli mazambat' izidabane
Zingahlazeki xa zifun' ukutoba
Awu; Imali yam ndiyitye ibhotile.

Umanyano! Basebenzi Abantsundu
Nike nakubona ukucitakala 70
Ngoku omke namanzi angalilelwa
Nezinto ziyadamba zike zanzima.

Umanyano! Umanyano! Basebenzi
Lontombi yala abantu imbi nayo
Ayide ivume ukuza emzini 75
Ikangele ukoselwa iziselwa.

Umanyano nje lwenene lungamandla
Ngumzi osetunzini pantsi kwelanga
Lunyangeni nilubhule ngemiti
Andaliwa soka ndaliwa ngunina. 80

       Camagu! Awu

25 *I Palamentete*
40 *majonjweni*

Mgqwetho mourns the death of Rev. B.S. Mazwi of the Moravian Church.

18   The loss of Rev B.S. Mazwi

Hallelujah, the Moravians
approach you today in tears,
Massive Pillar of Bethlehem,
divine Diviner of troubles.

You raised your cry at the Mazwi home,   5
removed its central pillar,
made orphans of the family.
Mercy then, pool-screened Crocodile.

Lion of Africans' city,
Lion of Africa's city,   10
comfort the Mazwi children.
Oh, St Michael, stop them scrapping!

When you take the breath from people
    and they die,
        fix our minds   15
    on the kingdom of heaven.

We all called this pastor father,
the late B.S. Mazwi:
he held limitless love,
one heart for all.   20

On his shoulders he bore the burdens
of youngsters far and wide;
he gave them comfort, put them at ease,
they confided their troubles to him.

Death, your heart is cold,   25
you can't be coaxed;
you can't be moved
by torrents of tears.

Peace! Pastor Mazwi, kneeling for hours
painfully praying for Africa;   30

18   Umpanga! ka Rev B.S. Mazwi

Nantso ke namhlanje indlu yase Moravi
Kuwe! Hallelluya iza inenyembezi
Ngxam Enkulu yase Betleheme
Mhlabi ngezihlabo use Zulwini,

Ulwenzile unqangazo kwa Mazwi   5
Watabata Intsika yomzi wabo
Washiya usapo lukedamile
Camagu ke! Ngwenya Enesiziba.

Ngonyama yesixeko sama Afrika
Ngonyama yesixeko sase Afrika   10
Tutuzela Intsapo yakwa Mazwi
Tsheli! Mikayeli! Vela uyilamlele,

Xa ususayo ukupefumla kwabantu
    Baze babhubhe bona
    Makusifundise nati ukubugqala   15
    Ubukumkani bamazulu,

Lomfundisi! Umfi B.S. Mazwi
Besisiti ukumbiza ngu bawo
Kuba ebenotando olunzulu
Nobunye bentliziyo kubantu bonke.   20

Ubeligxalaba litwele izigxeko
Zabantwana bendawo ngendawo
Besonwaba kuye bangatutumali
Ukuvuma amatyala pambi kwake.

Akunalusizi Kufa   25
Akunako ukucengwa
Bubuninzi benyembezi
Akunaku shukunyiswa

Taru! Mfundisi Mazwi owawusiwa
Kuyo le Afrika undzondzoteka   30

you proclaim the news from heaven
for the wayward of this land.

We called your life to mind:
before the word came we wore grass skirts,
then you preached and we wasted our foes, 35
laid them low with conquering kieries.

Mercy, Pastor Mazwi!
Moravian who broadcast the gospel:
the walls of the house resounded,
killers returned to the fold. 40

Mercy, Pastor Mazwi!
You preached the gospel, they turned to listen,
Elephant striving for Africa.
The commando's horse has lost its way.

You took him from us, Lord of creatures, 45
gently removed your servant;
prophets heard from shepherds
as angels bore him to you. Peace!

Mercy, Pastor Mazwi!
Your prayer attracted all; 50
and, Father, your onetime mockers
now perceived your glory.

Walk with pride in Paradise,
mighty stalwart of Africa.
create a commotion in heaven, 55
thrash all the creatures of hell.

Son of Mazwi, Gabriel's called you.
Go! Confer with the sages.
May your bones be at peace in death,
roar through Africa, bringing the Light. 60

Walk with pride in Paradise,
mighty stalwart of Africa.
Blessed are those who die in the Lord
but hell is wracked by duststorms.

Upapasha udaba lwasezulwini
Pakati kwale miganxanxa yelilizwe.

Senze sikumbule imihla yako
Xa sasibhinqa in'ca ngokuswela Izwi
Washumayela sasoyisa nentshaba 35
Sisilwa nazo ngentonga zoloyiso.

Taru! Mfundisi Mazwi owayihluba
Ivangeli ekuhleni e Moravi
Zidume nendonga zendlu yakona
Zibuye nezihange emadotyeni. 40

Taru! Mfundisi Mazwi owayeshumayela
Ivangeli bakangele bayeke
Ndlovu enemigudu kule Afrika
Ihashe lenkumanda lilahlekile.

Usindululeke! Mnini nto zonke 45
Isicaka sako ngoxolo kuti
Abaprofeti bamve ngabelusi
Egqita ne Ngilose esinga Kuwe. Camagu!

Taru! Mfundisi Mazwi owayewutsho
Umtandazo bonke batyabatyeke 50
Bawubone ubuqaqauli bawo.
Nabampoxe ezindle njengesikova.

Ligangate elase Paradise
Ndembelele enkulu yase Afrika
Fika! Kona azamazame namazul' 55
Zibetane nezinto zasesihogweni.

Wabizwa! Nto ka Mazwi ngu Gabriyeli
Yiya! Hlebela Ingwevu zalondawo
Amatambo ako alele ekufeni
Az'agqume e Afrika kuvele i Langa. 60

Ligangate elase Paradise
Ndembelele enkulu yase Afrika
Banoyolo ababhubhela Enkosin'
Kodwa ngasesihogweni seyizintuli

Walk with pride in Paradise, 65
mighty stalwart of Africa:
when you get there hell will blink
and shaggy-eared Satan will take to his heels.

Son of Mazwi, Gabriel's called you:
shoulder your nation's cries 70
and mount the hill of Calvary
bringing with you the Drum of the Cross.

May your bones be at peace in death,
dance to the beat at the gates of Zion:
as you were leaving Queenstown 75
you summoned children to baptism. Mercy!

Left on our own, our tears flowed free,
departed multitudes came to mind.
But that's today. We don't live alone:
we'll journey as one to Your Home. 80

   Amen! Mercy!

Ligangate elase Paradise 65
Ndembelele enkulu yase Afrika
Fika kona sipanyaze Isihogo
Ajube u Satana ondlebe zinoboya,

Wabizwa! Nto ka Mazwi ngu Gabriyeli
Yinyuke ke Londuli ye Kalvari 70
Utwele izikalo ze Sizwe sakowenu
Uzisa Kuyo Ingqongqo yo Mnqamlezo.

Amatambo ako alele ekufeni
Makenze ungqungqo Esangweni le Ziyon
Kuba wati nanxa umka e Komani 75
Wabiza Intsapho wazipehlelela, Taru!

Zapalala inyembezi sakuba sisodwa
Sakucinga ngabaninzi abangasekoyo
Kuba namhla sinjenjenje sesingamololo
Sasisiya kunye nabo kuyo Indlu Yako 80

    Amen! Taru!!

30 *Afrikanundzondzoteka*
63 *ababhuhhela*

Mgqwetho attacks the ambivalent morality of her readers, who, though nominally Christian, retain some forms of traditional custom and lead immoral lives: they are "Christians by day, hyenas by night." They would do better to reclaim the morality of precolonial times.

19 Consult the ancient sage!

Oh the homestead standing alone,
whose people once had plenty,
its gates now unattended,
its oppressors in control. Peace!

Halahoyi! Africans, something stinks 5
like the river snake, fouling the air:
where are our onetime blessings?
Now we're estranged from custom.

Scratch the earth like crows:
our blessings led to the scrapheap. 10
I tell you, nothing that once was ours
survives to sustain us today.

Our customs are dressed in tatters,
deceit and delusion are all we maintain:
Reds keep a number of wives, 15
but we keep our secret lovers.

They dance in courtship, and so do we,
Christians by day, hyenas by night,
we're caught between two worlds:
the next generation will gaze slack-jawed. 20

There's nothing of value under the sun,
all shadows yield to shadow.
The nation is gone! Its head in the dust,
like an ostrich confronted by force.

Once we had plenty to eat, 25
once we had plenty of stock;
this land in the days of our fathers
was a shade-screened leopard—dark beast eternal.

19   Vumisani! kwi Nyange Lemihla!!

Hai! Ukuhlala kwawo wodwa Umzi
Obantu babenikwe Intsikelelo
Amasango etu onke akanamntu
Nababandezeli basuke bayintloko. Camagu!

Halahoyi! Afrika nalo ke ivumba   5
Linukisa okwe nyoka yomlambo
Intsikelelo zagxotwa yintonina
Namasiko sekusa siwafanisa.

Panda pantsi uxele amahlungulu
Intsikelelo zasishiy' elubala   10
Ndingatini betu kungeko nanye nje
Kwinto zakowetu engabisasele.

Amasiko etu anxitywa ilokwe
Yinkohliso yodwa nobumenemene
Kwakutatwa izitembu tina siyashwesha   15
Ukuze singaqondwa ngawo amaqaba.

Ax'entsa intlombe zix'entswa nasiti
Sigqobok' emini kuhlwe sizinc'uka
Sixakiwe konke kuba sinxazonke
Nabalandelayo bobeta besotuka.   20

Akukonto kuyiyo ngapantsi kwelanga
Konke ngamampunge awo amampunge
Tu! Nto! Nabuzwe! Sesinjengenciniba
Ipete ubukosi konke elutulini.

Sasifudula sisitya sihluta   25
Sasifudula sinemfuyo eninzi
Umhlaba lo ngezomini zobawo
Ingwe yetunzi—Umfusa wapakade

The falling rain watered those years,
the fields in those years flourished.   30
Ntsikana's words have now come to pass:
we've upended Phalo's land.

This home of our fathers throbbed with life
while still a domain of darkness;
but then we joined the Christian brigades—   35
crushed Satan to his astonishment.

Our gods also thought we'd converted,
a moral church congregation.
Inside we sing, " Lord, we've gathered,"
outside we snarl "Slit his throat!"   40

Look in the books of the ancient sage,
the scribe who inscribed our customs;
please journey in quest of your customs
like a springbok in quest of a spring.

Where are our onetime blessings?   45
All our great men have gone to ground:
our chiefs have gone, replaced by trash;
our customs have gone, our princes sit mum.

Go and consult the ancient sage,
spread out a mat and thank him;   50
there's nothing of value under the sun:
we flit from shadow to shadow.

Hom! Raise your cry and lament.
Remember you are the children
your fathers left on the battlefield;   55
you've become the prey of nations.

There's nothing of value under the sun:
we flit from shadow to shadow.
My baboon companion took to its heels:
won't somebody bring it back?   60

Where are the blessings we once received?
Our girls no longer dance with bare breasts:
today they cut their fancy capers.
Strange gods are stealing your cattle!

Ngalo maxesha imvula zazisina
Ngalo maxesha amasimi ec'uma 30
Naso! Isiprofeto sika Ntsikana
Tina siwugqwetile Umhlaba ka Palo.

Lomzi wobawo wawumxhelo mnye
Kodwa kunjalo usesebunyameni
Kodwa ke tina mpi yamagqoboka 35
Sigube u Satana usisinkwabalala

Ze nezitixo zibe sagqoboka
Zisenz'amalunga ahamb' Iremente
Siti xa sivuma—Nkosi sihlangene
Siti sakupuma maye sich'itane. 40

Bhekan' ezincwadini ze Nyange Lemihla
Isibhalane esabhala masiko
Njengebhadi libhadula ukufuna umtombo
Ngawubhadule nawe ufune amasiko.

Intsikelelo zagxotwa yintonina 45
Nezik'ulu zetu zonke zati qutu
Tu! Nenkosi sekulaula inkunkuma
Tu! Miteto bate cwaka abo gaga.

Vumisani nonke kwi Nyange Lemihla
Nilibulele nilandlalel' uk'uko 50
Akuko nto kuyiyo ngapantsi kwelanga
Semka namampunge awo amampunge.

Hom! Yenzani isijwili nesikalo
Nikumbule ukuba niyinzalo apa
Eyashiywa ke ngobawo entilini 55
Yaza yaba sisisulu sezizwe.

Akuko nto kuyiyo ngapantsi kwelanga
Semka namampunge awo amampunge
Imkile nemfene ebindizimasa
Ukuba ndinomntu ngeyeyiputuma. 60

Intsikelelo zagxotwa yintonina
Nentombi azisagidi ngalubambo
Sezik'aba nje kupela onomtatsi
Zemka! Inkomo notixo basemzini

Back in the days of our fathers
we'd gather the fruits of the veld;
today if you're down you're out,
at the top you eat and prosper.

So listen, thinker,
cast your eyes back,
kindle your memory,
talk of old ways,

lean on your staff,
prick up your ears,
spread your wings,
consider times past,

and bring us the news once more
of the days of Phalo and Tshiwo. Peace!

Sasifudula ngezomini zobawo 65
Sisitya neziqamo zasendle
Kodwa namhla osezantsi ngosezantsi
Oya kudla iqumbe ngapezulu.

Ndoda ecingayo yivake
Ubeke amehlo ngasemva 70
Biza inkumbulo ivuke
Ixele intlalo endala,

Yayama emsimelelweni
Upulapulise indlebe
Yolul' amapiko usinge 75
Ngasemaxesheni akude.

Uzeke kwakona indaba
Zemihla yo Palo no Tshiwo. Camagu!

27 *Umhlabo*
49 *Lemhla*

By aping the white man's ways, blacks court disaster. This poem addresses the
economic underpinnings of black oppression: the central image is of blacks selling
their maize to buy sugar and tea, introduced by whites; when need comes, they have
to buy their maize back again at an inflated price. Mgqwetho urges blacks to reclaim
their self-reliance: the proverb of the title refers to the distinguishing characteristics of
a person that are of value (camouflage afforded by its spots enable the leopard to hunt
successfully and eat). Blacks lose their identity when they affect foreign habits; worse,
they participate unwittingly in their own exploitation.

20   Spots feed the leopard!!
    We mustn't sell maize!
    Famine will follow!!

"Timbilili!" says the sleeper
   suddenly wakened.
"Timbilili!" says this marsh bird
   of South Africa.

Our ignorance crushes us.   5
My people, we mustn't sell maize:
we'll just be forced to buy it back.
Still dressed in grass skirts we starve.

Where are the wealthy today?
Our maize makes its way to the shops.   10
Abundant harvest was shade for our fathers.
I'm afraid we're simply *bont*.

Is there no one left among the old
to talk to the youth of today?
Bright as pennies we all drink tea   15
and trade our maize for sugar.

Where are our country's customs,
transmitted to us through the ages?
Where are cattle and sour milk?
Where are grainpits and melons?   20

Everything's gone! We slip through the cracks.
We trade our maize for sugar:
we're in the clutches of fabulous seabirds.
I tell you truly, we grope in the dark!

20   **Ingwe Idla Ngamabala!!**
               Masingatengisi Ngomb'ona!
               Lento Yenza Indlala!!

Timbilili! Watsho okade elele
   Wabuya wavuka
Timbilili! Yatsho intaka yendada
   Zomzantsi Afrika.

Satshabalala tina ngokuswela ukwaz'   5
Mawetu! Masingatengisi ngomb'ona
Sibuye siyokuwutenga kwatina
Sesibhinqa inca ngokufa yindlala.

Zipina izityebi zelixesha letu
Lento umb'ona uya ezivenkileni   10
Ko bawo Indyebo yayingumtunzi
Awu noko! Sibhonti tina madoda.

Bekungaseko namnyena kwabadala
Ke axelele lenzala yelixesha
Sonke sisel' Iti akuseko qitala   15
Sitshintsha nomb'ona ngenxa yeswekile.

Apin'amasiko ase luhlangeni
Sasivele nawo kwasemandulweni
Zipina Inkomo? Apina amasi?
Lipina Ihasa? Kwanemixoxozi?   20

Akuko ntwisento! Sip'oko p'alala
Sitshintsha nomb'ona ngenxa yeswekile
Simkile kwapela namangabangaba
Ngenene ngenene sifaml'enkungwini.

When we sell our maize, we sell it cheap;   25
when we buy it, the white hikes the price.
What's going on? Where are we falling?
We'll die in our homes from famine.

For a long time tea has brought disaster:
it lugs our maize sacks off to the store: 30
we're in the clutches of fabulous seabirds.
Beware, my people, we'll end up as tripe.

Where are the grainpits our fathers had?
Those grainpits now are in Jewish hands.
We return to the store to buy our maize back: 35
you're profit to all the earth's nations.

To conclude, my people, I'll say this:
we just have to stop selling maize—
we return to the store to buy it back.
Spots feed the leopard!   40

        Peace! Awu!!

Ingwe Idla Ngamabala!!

Xa siwutengisa siw'tengisa lula 25
Xa siyakuw'tenga umlungu aw'xhome
Kodwa yininale! Kuyiwa ngapina
Ngumzi wako wetu sakufa yindlala

I Tea le kakade yeza neshwangusha
Ik'upa ingxowa ziy'evenkileni 30
Simkela kwapela namangabangaba
Lumkani mawetu! Soba ngamaswili.

Zipin' izisele zamaxesh' obawo
Lento izisele sezise Judeni
Sibuye kwatina sesiya kuw'tenga 35
Nezizwe zomhlaba zixwitana ngati

Elokugqibela manditi mawetu
Masingatengisi konkena ngomb'ona
Sibuye kwatina sesiyakuw'tenga
Ingwe le ke apo idle ngamabala. 40

       Camagu! Awu!!

Mgqwetho inveighs against drunkenness and licentious behaviour in the cities. Before the external struggle can be won, blacks must reform themselves from within.

21   Africa stayed! She's nowhere else!!

You say "Come back"? *You* must come back!!
Spurn advice and you'll come a cropper.
Always remember where you came from:
seek the seers to tell you straight.

Africa stayed! She's nowhere else!!   5
Look how the grass continues to sprout.
Look at the springs still bubbling with water.
Look all around, it's all in its place!

You say "Come back"? *You* must come back!!
You're profit to all the earth's nations: 10
they come from the north, they come from the south,
out of the east and out of the west.

Where are your daughters? What do you say?
"We roam the countryside, shacked up with gangsters,
we're up to the ears in the white man's booze."   15
But the white doesn't drink a drop of yours.

You raise your cry, saying "Come back"?
You must come back and return to battle.
Deny yourself like the ancient sage,
fast and subsist on water.   20

Where are your daughters, the nation's flower?
"We're cutting capers in New Clare,
up to the gills in skokiaan,
bleery-eyed from 'Kill-me-quick'."

The heavens, I see, are shocked   25
by all these goings-on.
"When our parents come to visit
we blabber as if we don't know them."

21   I Afrika ihleli Ayiyangandawo!!

Uti "Mayibuye?" makubuye wena
Sala ukutyelwa sabona ngolopu
Ukumbule apo wawuvela kona
Ufun' Osiyazi bahlab' ezintloko

I Afrika ihleli ayiyangandawo   5
Kangela enceni wofik' isahluma
Kangela imitombo yamanz' isatsitsa
Kangela yonkinto imi ngendlelayo

Uti "Mayibuye?" makubuye wena
Nezizwe zomhlaba zix'witana ngawe   10
Zipuma e Node zipuma e Sude
Kwasempumalanga nase Ntshonalanga

Zip' intombi zenu? Izwi liyintoni
Sigqibe lomhlaba sishweshwe zihange
Site nzwi nendlebe butywala bomlungu   15
Kodwa yen' umlungu akabudl' obetu

Wakonyizililo? uti "Mayibuye"
Makubuye wena uye zintilini
Uzile inzilo ye Nyange lemihla
Ungatyi nokutya upile ngamanzi   20

Zip' Intombi zenu? Ubuhle Besizwe
Sibet'onomtatsi kwa Tulandivile
Sivele ngomwele kwizigogiyane
Kumnyama namehlo ziziqedaveki

Namazulu ndiyabona amangele   25
Into ekuyiyo ngapantsi kwelanga
Kuti kwakufika nabazali betu
Sitshul' amak'obo singe asibazi

We throw up our hands at our daughters and sons,
water spilt on sand: 30
"We go round sleeping where fancy takes us
at fling after fling in house after house."

Our gods also thought we'd converted,
become moral church congregations.
Inside we sing, " Lord, we've gathered,"   35
"Get him!" we snarl outside. We're crumbling.

To conclude, my people, I'll say this:
unless we completely turn our backs
on these habits that I've mentioned,
Africa will never come back.   40
        No, never!!

I Afrika ihleli Ayiyangandawo!!

Ngamaz' epalele ezintlabatini
Konyana nentombi kuse kuli "Awu" 30
Sahamba silala kwelakonotanda
Kwipati ngepati zemizi ngemizi

Ze kwanezitixo zibe sagqoboka
Sizenze amalunga ahamb' Iremente
Siti xa sivuma—Nkosi sihlangene 35
Siti sakupuma "Yeha!" Siqaukane

Elokugqibela manditi mawetu
Ngapandle kokuba sonke siguquke
Kuzo ezimpawu sendizibalile
I Afrika konke ayibuye Doh— 40
    Napakade!!

19 *Nyanga*
23 *ngomwele*

Those who demand political freedom should set their own house in order: blacks have turned their backs on their own traditions and adopted white ways, so that they are neither fish nor fowl. They should take what is valuable from white culture but receive it on their own terms. The white man's interpretation of God leads to black dispossession: blacks should relate directly to God free of white mediation.

22   Show me the mountain that packed up and left

"Come back," mountain that left.
There are your people frantically scrabbling,
knowing full well that this country
will stand to the end of time.

Mercy, she-dove of Africa!   5
Distinguished elephant commanding an army
stretching from earth to the skies,
tall as an ironwood safe from the axe.

We raise our cry, saying "Come back!"
Though you disdain it, ochre suits you.   10
We're befuddled because we're adrift,
like plains cattle lost in the mist.

Mercy, she-dove of Africa!
Furry spider of Mthikrakra's place!
Christians still favour courtship dances,   15
they say "Come back" but *they* don't come back.

We Christians tend to see
the mote in another's eye.
Africa, today we make a forest of you
in which to conceal all our sins.   20

And yet even Jesus, who bore our sins,
was a man, cracked on the cross;
He was the Word, and He became flesh:
through Him we wear a crown.

What do you want of Africa?   25
She can't speak, she can't even hear;
she's not jealous, not vying for status;
she hasn't squandered her people's funds!

22 Ikona na Intaba Oyaziyo? Kwezi Zimiyo Eyaka Yafuduka?

Intaba eyafudukayo "Mayibuye"
Nabo abantu Bako bazizantanta
Beqonda mhlope kuba Ilizwe eli
Limile kodwa lona ngonapakade.

Taru! Afrika Hobekazi Afrika   5
Ndlov' enemixaka yiyo Imirozo
Esuka Emhlabeni yati ngqu ngamazulu
Ube noko ungumceya ongangenizembe

Sikonyizililo siti mawubuye
Wada wafanelwa yimb'ol' ungayiqabi   10
Sixakiwe konke kuba kumke tina
Njengenkomo zetafa zimka nenkungu.

Taru? Afrika Hobekazi Afrika
Sigcaw' esinoboya sakwa Mtirara
Intlombe imnandi Emagqobokeni   15
Ati "Buya" wena engabuyi wona.

Saqela kakade tina magqoboka
Ukuboni Sibi kwiliso lomunye
Namhlanje Afrika sikwenza Ihlati
Lokutwala onke amatyala etu.   20

Kanti ke no Yesu waye watwele nje
Waye ngumntu etyunyuzwe lubetelo
Waye ngu Lizwi waza waba Yinyama
Ukuze Ngaye sitwale Isits'aba.

Niti ke i Afrika mayenzenjani   25
Ingateti nje ingevi kwanokuva
Ayina mona ayibangi mawonga
Ayityi nazimali zabantu bayo.

Where is this God that we worship?
The one we worship's foreign: 30
we kindled a fire and sparks swirled up,
swirled up a European mountain.

This is the wisdom of their God:
"Black man, prepare for the treasures of heaven
while we prepare for the treasures of Africa!"   35
Just as the wise men of Pharaoh's land

commanded the Jews: "Use grass to bake bricks,"
leaving them empty-handed at sunset,
so it is for us black people now:
eager at dawn, at dusk empty-handed.   40

So come on home! Remember your God,
a borer of holes in cracked ships,
Ancient Bone which they sucked for its marrow:
may it still yield them marrow in Africa.

So come back! Make a fresh start!   45
Remember the Crutch you leaned on as lepers,
let Him lead you dryshod through the Red Sea.
Food from another man's pot makes you fart.

       Please listen!!

Upi yena lo Tixo simtandazayo
Nalo simtandazayo asingowetu 30
Sakwenzela intlants' eziq'uq'umbayo
Ziq'uq'umbela Intaba yase Yuropu.

Nabo ke ubulumko bo Tixo wabo—
Ntu bhinqela Indyebo yase Zulwini
Tina zesibhinqele eye Afrika 35
Zezakwa Faro ke ezo Izilumko.

Ezaziti—tshisa izitena ngenc'a
Litshone Ilanga ungabonanganto
Nangoku kunjalo nakuti Bantsundu
Kusa siqondele! Kuhlwe singaboni. 40

Buya ke! Kumbula u Tixo wako
Umb'oli wenqanawa ziqekeka
U Tambo Dala okade bemqongqota
Mabamqongqote namhlanje e Afrika.

Buya ke! Utabatele ekuqaleni 45
Kumbula Umtundezi wako uneqenqa
Akutundeze ku Lwandle Olubomvu
Ukudla kokucelwa kuyaqumbela

      Kauve!

Nontsizi expresses sympathy for diligent parents neglected by children with modern values.

23   Lament of the parents

Hold it! Youngsters, something stinks
like the river snake, fouling the air.
Children! We must be sown
so a nation's reaped when we sprout.

Girls and boys, lend me your ears!   5
The parents complain of neglect,
forever despised though there's food on the table.
You cannot know how much this upsets me.

Parents, you're gnawed to the bone! How sad to see you
drenched like a wall just after the rain.   10
I won't even mention the fat and the ochre:
pity and eloquence crush me.

Girls and boys, lend me your ears!
The parents complain of neglect.
Even a dog without brains   15
shows kindness to its owner.

Where are your parents now?
Today you're all spick and span,
while your parents lie covered with dust in a corncrib.
Shame on you, wanting in gratitude.   20

Our parents are troubled and twisted
watching their children go off and leave them.
They warned and they wept but nobody heard them,
sons and daughters who'd all been to school.
               Ha-la-la!   25

Today we're all spick and span
but those who raised us stand in tatters.
Even the lion, a beast of the field,
repays the one who once showed it kindness.

23   Isimbonono Saba Zali!!

Halahoyi! Lusapo nalo ke ivumba
Linukisa okwenyoka yomlambo
Lusatshana! Sisamelwe kukutyalwa
Kukulinywa de kuvele ubuhlanga.

Bekindlebe! Wena Ntombi nawe Nyana   5
Abazali bamangel' u akunani
Behlelinje badeliwe bengabondli
Ndihlelinje ndingodane Sendiyinto

Nakhumeka! Yeha ke bazali
Njengodonga lusandul' ukuneta   10
Ndingatyelwa ngamafuta nemb'ola
Lundongamele nosizi nobuciko.

Bekindlebe! Wena Ntombi nawe Nyana
Abazali bamangel' u akunani
Faniselana iyinja isidenge   15
Umniniyo imenzela ububele.

Bapi wena abako abazali?
Namhlanje usisicicibala
Abazali baludaka ekoyini
Yiba nentloni noko ke B'edidlaba   20

Zizungu nobubi kubazali betu
Kushiywa lusapo lumka bekangele
Beyala belila bengenakuviwa
Zintombi zemfundo nonyana bemfundo
         Ha-la-la!   25

Namhlanje sizizicicibala
Bedlakazela kodwa abasondlayo
Nengonyama eliramncwa iyamvuza
Owake wayenzela ububele.

Please take a look behind you: 30
have you buried your parents alive?
Without your parents there is no God;
throw down and burn those bibles.

Just look at them now that they've lost their strength,
just look at them sitting without any water, 35
just look at them sitting without any firewood,
just look at them hungry with nothing to eat.
        Peace! Oh!!

Throw down and burn those bibles.
You don't play around with your parents: 40
through them we marry and separate,
through them we choose and pay dowry.

A parent is ochre in heaven,
she scolds the thundering skies;
her happiness ushers you in 45
to a land of olives and figs,
        Peace!

to a land with unfathomed waters,
to a land of wheat and grapes.
This is the word of Vaaiboom's Flamingo! 50
Penned in a cage it goes out just to drink.
        You'll hear in the end!!

Ngawubeke amehlo ngasemva 30
Wabangcwabana? Abazali behleli?
Ngapandle kwabazali akuko Tixo
Zilahle kwane Bhaibhile uzitshise.

Ngawukangele xa bengasenamandla
Ngawukangele kungeko nok' amanzi 35
Ngawukangele kungeko nazinkuni
Ngawukangele belala bengatyanga
    Camagu! Bo!!

Zilahle kwane Bhaibhile uzitshise
Abazali akufeketwa ngabo 40
Ngenxa yabo sakutshata siqaula
Ngenxa yabo solobola siketa

Umzali ngumbhola ise Zulwini
Umngxolisi we Zulu lididuma
Ukonwaba kwake kwakukungenisa 45
Ezweni leminquma yemikiwane
    Camagu!

Ezweni elimanzi anzonzobila
Ezweni lengqolowa nediliya
Yatsho! i Flamingo ka Vaaiboom 50
Ebiyelwa ngocingo ipume ngokusela
    Woduve!!

Mgqwetho appeals for more effective leaders, leaders as firm as the chiefs of old, whose authority is now undermined and rendered ineffectual.

24   Where are leaders like Daniel?

Look! Today I want you to understand
the essence of our distress:
we're a flock ready for scattering.
Agree with me, men! Mercy, ladies!

Where are leaders like Daniel—   5
tell us, you clutch of yes-men—
leaders who made no mistakes?
Seek them out in forest depths.

Leaders, shade for the nation,
with truth derived from God.   10
What's a bird with one black patch?
Hyenas ravage the royal offspring.

Leaders free of foul habits—
seek them: roll out a mat—
leaders free of rash decisions.   15
Awu! We're covered with chaff from the threshing-floor!

Leaders proven immune to flattery,
who unravel intricate knots;
when they perceive the mess we're in
they'll confer with the God of Custom.   20

We have no use for liars
who've lost the nation's trust.
I won't say it again, it's final:
hyenas ravage the royal offspring.

We have no use for drunks: 25
they spawn foreigners' servants,
they fleece us when they need the bottle,
all our work's flushed down the drain.

24   Zipina Inkokeli Ezinje ngo Daniel?

Bona ke! Namhlanje ndifun'uqondile
Mfondini wakuti nantso intlekele
Kuba singumhlamb' ohlal' ucitakala
Vumani madoda! Taruni Zintombi.

Zipi Inkokeli ezinje ngo Danyeli   5
Ngawutsho kaloku Sivuma-ngamehlo
Inkokeli ebezingenamposiso
Zifuneni nime ngamakul'w'amahlati

Inkokeli ezingumtunzi we Sizwe
Ezinyaniso zipuma e Tixweni   10
Yintaka ninale imnyama ngesinqe
Abantwana be Nkosi bayapela zinc'uka

Inkokeli ezingenantlondi imbi
Zifuneni nizandlalele uk'uko
Inkokeli ezingafane zifunze   15
Awu! Sagqutyelwa ngumququ we Sanda.

Inkokeli ezingoguda zilingeke
Ocombulula amaq'ina xakayo
Ze zakuqonda ukuba konakele
Zicebisane no Tixo Olisiko.   20

Azifuneki zona ezixokayo
Nesizwe konke asinakuzitemba
Andikupinda nditshilo nje nditshilo
Abantwana be Nkosi bayapela Zinc'uka

Neziselayo ngokuncamisileyo   25
Azifuneki zidal' amaranuga
Zix'wita kuti xa zifun' imbhodlela
Ife ke kunjalo imisebenzi yetu

Where are leaders like Daniel,
like Shadrack, Meshach and Abednego, 30
like Joshua, Aaron and Moses,
who scolded the thundering skies?

Those with love, God and unity,
so creatures came out to bask in the sun;
those whose prayers stopped the sun in its tracks, 35
with eyes raised to snowy heights;
those whose deeds created refuge,
not those whose smooth talk hides their hunger.
Go, handsome man of far-flung Africa,
beat the path to heaven. 40

A leader's a shade-screened leopard,
who appears in heaven's raiments,
quite clearly the Lord's companion.
I don't say this to put you down.

Men, we need leaders like Daniel, 45
because we're ground underfoot.
Let black people dance in our sight.
Without seeming to do so I've praised him. Peace!!

Zipi Inkokeli ezinje ngo Daniel
Nezinje ngo Shadrack, Meshack, Abednego 30
Nezinje ngo Yoshua, Aaron noMoses
Abangxolisi bezulu liduduma

Ezazinotando Umanyano no Tixo
Zipum' izilo zonke zigcakamele
Ezazitandaza zimise ne Langa 35
Zikangelane nentaba ezingqele.
Ezazinama Bhotwe emisebenzi
Zingabe zicikoza zibe zilamba
Hamba ke Nzwana yakude e Afrika
Igqusheke nendlela ebheka e Zulwini. 40

Lento iyi Nkokeli Yingwe yetunzi
Efika namabhay' avele Zulwini
Iyabonakala xa iyeye Nkosi.
Andigxeki nina ke ngakuba nditsho.

Sifuna Inkokeli ezinje ngo Daniel 45
Kuba madoda sipantsi kwenyawo
May'dude ke Imidaka sibonele
Nondingambonganga ndoba ndimbongile. Camagu!!

Nontsizi celebrates the resurrection of Jesus, whose blood has redeemed sin and who returns triumphantly from the dead to defeat Satan and spiritual enemies.

25   He's here! The Drum of the Cross!! (Good Friday)

Not gold, not silver
but precious blood
bought me, lost,
from Satan's power.

Peace! Peace! Drum of the Cross,   5
which crumpled in lingering pain on Golgotha
in order to publish the news from heaven
deep in the pits of this country.

Hom! Hom! to the Drum of the Cross
whose blood was shed in torment   10
from earth right up to the skies
so even the stubborn wears a crown.

The sun will rise in the courtyard!
The witches' huts should be clustered.
Gabriel will strike from heaven   15
and heaven's thunder shatters boxwood.

He'll come as if bearing a roof
yet he's bearing the whole of the firmament.
He'll trample death and the ancient snake,
angels that step on him slip.   20

Hom! Hom! to the Drum of the Cross
who atoned for our sins with his blood,
and he smeared it on the doorposts
so even the damned attain bliss.

He's here! The Drum of the Cross,   25
hide that thumps in walking.
He trampled the enemies' heads,
he stabbed them and took them as spoil!

25   Ifikile! Ingqongqo Yomnqamlezo!! (Good Friday)

Akungagolide! Nasilivere!
Koko kungegazi elinqabileyo
Elati mna ndingumntu wolahleko
Landitenga emandleni ka Satana

Camagu! Camagu! Ngqongqo Yomnqamlezo   5
Eyayisiwa e Golgota Indzondzoteka
Ipapasha udaba lwase Zulwini
Pakati kwalemiganxanxa yelilizwe.

Hom! Hom! Kwi Ngqongqo Yomnqamlezo
Egazi layo lamfononekayo   10
Lasuka emhlabeni lati ngqu nga Mazulu
Ukuze nengqola itwale Isitsaba.

Lizakupuma! Ilanga enkundleni
Izindlu zamagqwira zezimelane
U Gabriel uzakuhlaba ese Zulwini   15
Kwane Zulu lihlokome umgalagala.

Uzakuvela ange utwel' upahla
Kanti utwele zonk' izib'akab'aka
Ezakutyumza ukufa nenyoka endala
Zotyibilika Ingelosi ezomnyatela.   20

Hom! Hom! Kwi Ngqongqo Yomnqamlezo
Eyahlaula ezetu izilandu ngegazi
Waqaba kwangalo yon' imigubasi
Ze nabaqalekiswa bapiwe Uyolo.

Ifikile! Ingqongqo Yomnqamlezo   25
Ugaga Oluhamba Lugongqoza
Intshaba wazityumza intloko zazo
Wazihlaba ke! Wenza ixoba ngazo.

He's here! The Drum of the Cross,
Bird that feeds high in the yellowwood.　　　　　　　　　　30
Pasop! When it goes past, it goes past with corpses,
the heavenly striker with oracles.

Trample Satan, the ancient snake,
his cheeks chafed from all his lies,
fling him to Hades for Hell to gnaw at:　　　　　　　　　　35
the blood witnesses now are present.

Huntshu! You were wrong, Death, to mock us,
saying grass would grow rife in the churches.
There he is! Jesus struck enemies,
he trampled their heads and took them as spoil.　　　　　　40

The sun will rise in the courtyard,
Toughbreast from Gabriel's home.
The dumb spoke in Decapolis,
he raised the dead in Bethany.

Collector of diverse households,　　　　　　　　　　　　　45
collect Africa by your blood
so that you rule our people
through the hunting shield of your Word.

May your bones that lay in Death
dance at the Gate of Africa,　　　　　　　　　　　　　　　50
so you mount that Hill of Calvary
bearing our cries to the Father.

　　　　　Peace!

Ifikile! Ingqongqo Yomnqamlezo!! (Good Friday)

Ifikile! Ingqongqo Yomnqamlezo
Intaka edla kwemide Imiceya 30
Basop! Naxa idlula, idlula nezidumbu
Umhlabi ngezihlabo ese Zulwini.

Tyumza! Nenyoka endala u Satan
Ozandundu zityabuke kukuxoka
Makajub' e Hades sikumeke Isihogo 35
Kaloku ahleli amangqina e Gazi.

Huntshu! Kuwe Kufa ubusivuyelela
Usiti necawe zomila uqaqaqa
Nanko! U Yesu Wazihlaba intshaba
Watyumza nentloko wenz' ixoba ngazo. 40

Lizakupuma Ilanga enkundleni
Isifuba Lugangato kulo Gabriel
Nesidenge e Dekapolisi sateta
Sati uvuse nobefile e Betani.

Mdibanisi wemiz' eyalanayo 45
Dibanis' i Afrika ngalo igazi Lako
Uze uyilaule Intsapo yakowetu
Ngayo Ingweletshetshe Yezwi Lako

Amatambo Ako alele ekufeni
Makenze ungqungqo Esangweni e Afrika 50
Uyinyuke nalo Nduli ye Kalvari
Utwele nezikalo uzisa Kuy' u Yise.

        Camagu!

In response to the insecurity they face under the government policy of forced removals, blacks should return to their traditions and unite in their struggle.

26   We perch like birds on twigs

"Hawulele!" says the sleeper
   suddenly wakened.
"Hawulele!" says this marsh bird
   of South Africa.

We perch like birds on twigs: 5
why are the houses of Africans burning?
Even a polecat growls in its lair
but a black has nowhere to stay.

Mercy, Africa, Drakensberg snow,
bell tolling dawn's approach!   10
Where's our home? We're puffed from running.
Awu, God didn't torch this land!

Dip from the jug, black without soap.
We perch like birds on twigs!
This culture's wrenched our homes away,   15
strapped us with the millstone of custom.

Scratch the earth like crows,
your blessings tossed you on the dump:
nationhood, livestock cast you aside,
like a locust left by the swarm.   20

Dance in courtship at Khayakhulu:
our girls no longer dance with bare breasts,
today they cut their fancy capers.
Strange gods are stealing your cattle!

We'll dance in courtship at Khayakhulu,   25
pour thick *amasi* from calabash lips.
Zibi, you don't need ten bundles of thatch:
you can do your zinc roof with five.

26   Sicope Emasebeni Emiti Njengentaka!!

Hawulele! Watsho okade elele
   Wabuya wavuka
Hawulele! Yatsho intaka yendada
   Zomzantsi Afrika.

Sicope emasebeni emiti njengentaka   5
Zitsha nganina indlu zama Afrika
Neqaqa liyagquma kowalo umngxuma
Abe u Ntu engenandawo yakuhlala.

Taru! Afrika ngqele ese Lundini
Ntsimbi ehlokoma ukuza kokusa   10
Lipina ikaya? Sizi nxekenxeke
Awu! Zwe latsha lingatshiswa Mdali.

Gqob' empandeni mdaka ongena sepa
Sicope emasebeni njengentaka
Lempucuko yasihluta namakaya   15
Isibhinqisa kupela ngelitye lemb'ola.

Panda pantsi uxele amahlungulu
Intsikelelo zakushiy' elubala
Washiywa bubuzwe washiywa yimfuyo
Sewunje ngenkumbi isele kwezinye.   20

Yiya kuxhentsa intlombe kwa Kayakulu Rustenburg
Kub' Intombi azisagidi ngalubambo
Sezikaba nje kupela onomtatsi
Zemka inkomo no tixo basemzini.

Sizakuya kuxhentsa kwa Kayakulu   25
Sib'ob'oze namaselwa ngemilomo
Zibi! Akufuleli ngashumi lazitungu
Ungafulela ngesihlanu kwanele.

Mercy, Africa, tumbling leaf,
cow lowing behind a mountain,
while your people die, strangers cart off your country:
let your grown-up calf bellow in protest.

Where are you, Africa, Drakensberg snow,
black tortoise they thrashed but couldn't kill?
We cry out to you: we cling to a cliff.
Induce birth pangs in your people.

The water we drink we have to buy,
even our firewood comes at a price.
Divine the cause from those on high,
those long dead and the recent dead.

Come back to restore tradition,
lest your family fall to plagues;
replenish the days of yesteryear,
close one eye in sleep, keep watch with the other.

Unity's our only strength,
a nation of nobles nurtured by nobles.
How long must we hack away at this,
like novice diviners in groves of mimosa?

I've spoken, nails black from scratching the earth.
        Please hear!

Taru! Afrika kasi elihambayo
Mazi elila etunzini lentaba   30
Bafabantu bako lemkizwe nezizwe
Ngawunxakame ngelidala netole.

Upina Afrika? Ngqele ese Lundini
Fudo olumdaka olubetwa lungafi
Sikala ngakona—sijinga eweni   35
Ngawuvuse inimba yakuma kowenu.

Amanzi etu siwasela ngemali
Nenkuni zetu ziza ngexabiso
Vumisani nase sazulwini
Sabafa kudala nabafa kutsha.   40

Buya! Ngawupindele kwasesikweni
Hleze nezibeto zifise usapo
Hlaziya imihla njengokwamandulo
Ulale ngasonye ugade ngelinye.

Umanyano nje kupela lungamandla   45
Mz' wamanene ondliwe ngamanene
Kunini kodwa sigawula siteta
Sesingati satwasela ezingeni.

Watsho ondzipo zimnyama kupand' uhlanga.
              Kawuve!   50

23 *onomtantsi*

This poem bemoans in general terms the oppression suffered by blacks at white hands.

27   **The vale of tears**

How sad a deserted home is!
Its people once were blessed,
its gates now stand unattended,
and its enemies reign supreme.
      Mercy!   5

Mercy, Garden of Africa,
spiders who once clung to you
will spin your home to a cliff
and leave it for European orphans.

Bring to mind the days of Ntsikana,   10
who left wonders in this land;
his voice comes whirling back today.
Can a seasoned debater dispute this?

Bring to mind the days of our fathers.
Before the word came they wore grass skirts,   15
but you tended them on the slopes
like the flocks on Mount Gilead.

Where's your vale of tears,
where tears flow as you talk
of oppression that dragged us down,   20
casting spells right to the Mpondo?

The vale of tears! Hear the wailing!
We were beaten by lie after lie:
The nation gone! Head in the dust,
like an ostrich confronted by force.   25

Where is your vale of tears,
where tears flow as you talk?
Don't brag clasping cash that you'll never be penniless:
Nongqawuse caused the cattle to bleat.

27   Iziko Lenyembezi!!

Hai! Ukuhlala kwawo wodwa umzi
Abantu babenikwe intsikelelo
Amasango etu onke akanamntu
Nababandezeli basuke bayintloko,
      Taru!   5

Taru Afrika Ntsimi ye Afrika
Wena ozigcau zibambelele kuwe
Zaya kumisa Indlu yako eweni
Ibe lilifa lenkedama ze Yuropu.

Senza sikumbule imihla ka Ntsikana   10
Owashiya izimanga ehlabatini
Namhla izwi lake lisezaqwitini
Makapike abhene oqele ukupika.

Senze sikumbule nemihla yobawo
Ababebhinqa inc'a ngokuswela Izwi   15
Kodwa ubanyusa nasematambekeni
Njengayo imihlambi yase Giliyadi.

Lipi elako Iziko Lenyembezi?
Ap' uti wakuteta ziw' inyembezi
Zentshutshiso eyarola ngamadolo   20
Yeza nobugqi yela ngela Mampondo.

Iziko Lenyembezi! Naso Isijwili
Semka namampunge awo amampunge
Tu! Nto! Nabuzwe sesinje ngenciniba
Ipete ubukosi konke elutulini.   25

Lipi elako Iziko Lenyembezi?
Ap' uti wakuteta ziw' inyembezi
Sukuti akunge xwebi usisityebi
Nenkomo zanxakama ngo Nongqause.

We travel a bramble-strewn road. 30
God uses whites to oppress us:
we spurned tradition, were beaten by lies,
now we fight for our footing on slippery slopes.

Turn Phalo's land on its head, Mgqwetho,
whack nations and sap their standing. 35
Wild beast too fierce to take from behind,
let old maids screen their bodies in bodices.

In vain we abandoned allegiance,
let it slip as we took foreign service.
Our eyes and ears were witness 40
to the looting of home and kingship.

It's brandy that ruined the blacks:
how many died dirty deaths?
Our gifted, our learned
drowned in skokiaan. 45

God uses whites to oppress us!
Mercy, Greedy Elephant grazing the tops,
you were shaped by the word, we were shaped by fingers.
Yours is the day, yours the night.

       Peace! 50

Indlela esihamba ngayo yenile 30
Ngu Tixo ositshutshisa ngabelungu
Salahla amasiko semka namampunge
Ngoko ukuma kwetu kutambekile.

Wugqwetele Mgqwetto lomhlaba ka Palo
Beta izizwe ngesitunzi zidangale 35
Uliramncwa akuvelwa ngasemva
Izishumane mazambat' amabayi.

Safana salahla umbuso wakuti
Sagalel' emzini watshona owetu
Kwahlutw' amakaya kwahlut' ubukosi 40
Sabona ngamehlo nendlebe zisiva.

Iyile buranti echit'abantsundu
Mangapi amawetu awafa kumdaka
Kwanezityudaka ezinezipiwo
Ezintywiliselwe zizi Kokiyane. 45

Ngu Tixo ositshutshisa ngabelungu
Taru! Tshwangutshwangu Ndlovu Edla Pezulu
Udalwe nge Lizwi sidalwe ngeminwe
Yeyako imini bobako nobusuku.

       Camagu! 50

18 *Lemyembezi*

The black man has been dispossessed, disadvantaged and exploited, reduced to a stranger in his own land.

28   How do we differ from Cain?

Halahoyi, Africans, something stinks
like the river snake, fouling the air.
How do we differ from Cain,
that incessant wanderer?

Mercy, Africa, strife-torn land! 5
We blacks lie sleepless in bed
while they hold meetings about us.
Agree with me, men! Mercy, girls!

Raise wailing and lamentation:
remember we are the children 10
our fathers left on the plains
to become the prey of hyenas.

Child of the soil of far-flung Africa,
what have you done to so offend God?
Here the Chink sells you malt for your home-brew, 15
there it's "Mama want banana?" in the Coolie store.

You're a wanderer just like Cain;
this isn't mere hearsay, it's plain to see.
There *is* advance in education,
but the lion of darkness still roars. 20

Shy from the mire like cattle:
Mutton Gluttons have stolen your pastures.
Are *you* the wild beasts of this land?
I guess this light came to lead us astray.

For you, black person, was Africa made, 25
it took six days to make,
so this is *your* land of Canaan:
heaven's not yours, it's for angels.

28   Sahluke Pina Tina ku Kayin?

Halahoyi! Ma-Afrika nalo ke ivumba
Linukisa okwenyoka yomlambo
Sahluka pina tina ku Kayin
Ibhadubhadu! Lokup'alap'ala.

Taru! Afrika zwe lo mbango mbuso   5
Tina bamnyama asisevi butongo
Yindaba ngati bayashumayezana
Vumani madoda! Taruni Zintombi.

Yenzani isijwili nesikalo
Nikumbule ukuba niyinzalo apa   10
Eyashiywa ke ngobawo entilini
Yaza yaba sisisulu sengcuka.

Mfondini wotutu lwakud' e Afrika
Wazonela ngani pambi ko Yehova
Nalo ke ne China lize ngemitombo   15
Nango nama Kula, Mama, Banana he.

Ulibhadubhadu njengo Kayin
Asivi ngandaba sibona ngamehlo
Imfundo kodwa yona iyaq'uba
Nengonyama yobumnyama isagquma.   20

Pongoma ngokwenkomo ezigxwayibeni
Kuba ungenadlelo ngamadlagusha
Ngati apa uliramncwa lase mzini?
Noko o Lukanyo lweza kusidukisa.

I Afrika yadalelwa wena ka Ntu   25
Intsuku zada zantandatu idalwa
Ngako oko iyi Kanana kuwe
Izulu asilolako lele Ngilosi.

Don't sit on the truth,
biting your tongue.   30
Our rough treatment snaps fencing wire.
Enough! Any more makes my gorge rise.

Ubiquitous signs inquire your origins:
are you the Johnny-come-lately here?
I won't rehash what I've often maintained.   35
Open your eyes: I've long seen it coming.

Today you're a stranger in Africa,
you go about clutching at straws:
groom your shield, this land of your fathers
is now the playground of strangers.   40

Raise dust till you're dirty, dusky African,
like Moses quitting Egypt.
Stop asking questions. Now it's clear
Africa's the playground of strangers.

It pains my heart to say these things,   45
we're a ladder others ascend.
Only now are we starting to stir
long after we've been consumed.

                           Agree! Agreed! Oh yes, we agree!!

M'sukufukama pezu kwenyaniso
Ufane uzenze ongase namlomo 30
Irabaxa impato ijica nengcingo
Mandiyeke ndakucaza ndobindeka.

Unazo nempawu zibuz'imvelapi
Seyinguwe na? Ngoku ongumfiki apa?
Andikupinda nditshilo nje nditshilo 35
Baza amehlo kade ndandibona.

Unjengondwendwe namhlanje e Afrika
Sowuhamba ubuta amabibi
Hluba ik'hak'ha lilo izwe loyihlo
Lusi sivivinya sayo imishologu. 40

Gquba kube mdaka, Mdaka we Afrika
Njengo Moses epuma e Jipete
Kawuyek' ukubuza nantso i Afrika
Isi sivivinya sayo imishologu

Xa ndilapo intliziyo ibuhlungu 45
Siyi leli yokukwela Izizwe
Namhlanje sesetuka kukudala
Saginywayo! Vumani! Siyavuma!

                                      Ewe! Siyavuma!

The Nation's Bounty

Mgqwetho returns to the image she explored in poem 2: leaders and people must unite, for the nation is about to achieve a more just dispensation, a transition symbolised by the crossing of a ford.

29   A ford!

The sun is rising! We seek a ford,
not only for those in the Cape,
but for every black nation on earth:
men, we're ground underfoot.

I blundered in going to whites!   5
I felt the cops' cuffs on me,
they slammed me inside
for a month on salt water.

The Tyelerha Iguana was in with me,
a true giant, the son of Waziya,   10
and a pot-belly, son of Rhalushe:
damn him, he won't share his prickly pear. Mercy!

May unity shape our path.
We seek a ford for our chiefs to cross,
also appealing to Tshiwo's cohorts   15
who chant the warcry but keep under cover.

We don't seek a ford that will shatter our wagons:
the pillars of heaven may tumble
after blacks raise their voices
in dance at the gates of Zion.   20

A ford to ferry us to the far bank,
not for a quick drink and back again:
if that's what we want we're no better than those
who try to prop up a crumbling cliff.

Our present ford is heavy going: 25
the whites ride us piggyback!
Knowledge, they say, is on their side:
their women excel in cooking.

29   Izibuko!!

Lapuma Ilanga! Sifun' Izibuko
Ingelilo elama Koloni odwa
Lezizwe Ezintsundu pantsi kwelanga
Kuba madoda sipantsi kwenyawo.

Ndakubheka ndibheka emlungwini   5
Ndeva sendibanjwa ngamadindala
Aye andifaka emqolombeni
Ndanikwa inyanga namanz' etyuwa.

Kwaye kuko no Xam wase Tyelera
Ugxiba olude luka Wayiza   10
Nosonkutunkutu ka Ralusha
Ndiyamzonda ondivimb' itolofiya Taru!

Indlela mazihlwayele Umanyano
Sifuna Izibuko lokuweza nenkosi
Izibuko elimema no Tshiwo   15
Abamemeza ingqina bengayipumi.

Elapula inqwelo asilifuni
Makwapuke kanye Intsika Zezulu
Lide livakale izwi la Bantsundu
Lenze nomngqungqo Esangweni e Zion.   20

Izibuko! Siwelele ngapaya
Singayi ngokusela sibuye umva
Kuba ngokwenjenjalo sobe sifana
Nabanqanda iliwa lidilika.

Izibuko esinalo limxetuka   25
Animboni umlungu esoyisa nje
Kunye kade kutiwa banokwazi
Nabafaz' bayashiyana ngokupeka.

We seek a ford to bring back in line
our daughters who've left their husbands.　　　　　　　　　30
Make it happen, son of Maxeke,
we're watching, Old Teller of Tales.

We don't seek a ford that will shatter our wagons
as we cross the river blindfold.
Let fresh initiates join us　　　　　　　　　　　　　　　35
and stop behaving like children.

A ford to lead us back into battle,
not only for those in the Cape;
when we pick and choose amongst ourselves
we muddle things up in confusion.　　　　　　　　　　　40

Let our leaders work till they drop,
the nation's bent for the ford;
let the lead oxen strain at their traces
till they sink to their knees and the disselboom cracks.

Come back this year, Greybeard of ours,　　　　　　　　45
your heart's desires have been met,
course down the valleys, thrust with your spear
till you reach the Boer lands in the west.

Nongqawuse, Mhlakaza's daughter,
your speech caused the men to confer,　　　　　　　　　50
for those who've died may rise again
but there's no resurrection for cattle.

　　　　　Oh no!!

Izibuko!!

Sifuna Izibuko nelo kunqandela
Zonke Intombi ezishiy' amadoda   30
Kawudude Nto ka Maxeke sibonele
Wena madala okade ubalisa.

Elapula inqwelo asilifuni
Ukufana siwele singe asiboni
Wenani! Makupatele namar'wala   35
Kade sidlala nawo singabantwana.

Izibuko! Kuyiwe ezintilini
Ingelilo elama Koloni odwa
Nomzi womangala ub'ule usela
Xa tina kwasedwa sisahlulelana.   40

Inkokeli mazilale ngemihlana
Umzi wazo ujong' ezibukweni
Mazitsale nefolos' zide ziguqe
Yapuke i desselb'om amacala omabini.

Buya! Nonyaka nje wa Ngwevu yakuti   45
Amabhongo entliziyo uwagqibile
Yihla ngemilambo ubinza ngomkonto
Uye Ntshonalanga zo Vulasitara.

Watsho! Nongqause ntombi ka Mhlakaza
Amadoda afakana imilomo   50
Kuba uvuko lwabafileyo lukona
Ingelulo olokuvuka kwenkomo.

      Hayikona!

18 *Instsika*
19 *la Bautsundu*
45 *Nonyake*

Blacks must not take lying down the many indignities and injustices they suffer as victims of white discrimination: though they—and their white oppressors—may doubt it, blacks have power. They should be especially sensitive to the political dimensions of the Christianity introduced by whites: the church preaches docility and passive acceptance of government control.

30   Silence implies consent

Editor, thanks for the poets' column.
I'm still here, a young man and no poet;
I carry the milkpail to arm-ringed celebrities;
clubs are at hand but I fight with lightning.

Editor, thanks for the poets' column,   5
I'm here, still alive and no poet,
but pay heed to my words:
silence implies consent.

Editor, thanks for the poets' column,
we can't sit silent, the country's rotten: 10
if I exposed the state of the country
the Christians' jaws would drop.

Silence implies consent!
White eyes sear us on entering a church,
but we're free to worship someplace else: 15
it's no fun to pray looking over your shoulder.

The laws outnumber those of Moses!
They dish out your portion if you sit silent:
it's the tracks of a leopard across your yard.
If you sit silent they say you agree.   20

Don't smother the truth,
mouthing Christ sitting silent:
He uttered one word then held his peace,
for the hosts of heaven were ranged behind him.

Silence implies consent!   25
Elijah learnt that in the desert:
when invited he couldn't move,
like a river dammed with debris.

30   Ukutula! Ikwakukuvuma!!

Taru! Mhleli ngesituba sezi Mbongi
Ndisahleli ndingumfana andi mbongi
Ndingumpati tunga lezinxibamx'aka
Into elwa ngezulu induku zihleli.

Taru! Mhleli ngesituba sezi Mbongi!   5
Ndiko noko ndisahleli andi Mbongi
Kodwa noko amazwi makagqalwe
Ukutula! Ikwakukuvuma!!

Taru! Mhleli ngesituba sezi Mbongi!
Asinakutula umhlab' ubolile   10
Xa ndikubonisa ubume bomhlaba
Angabhekabheka onk' amagqoboka.

Ukutula! Ikwakukuvuma
Xa ungatandi ukuhlala ujanyelwa
Ungapendula kwabezinye imvaba   15
Akulunganga ukukonza unomkanya.

Lemiteto idlula eka Moses
Lihasa kuwe eliza ngokutula
Litupa lengwe lanyatel' esangweni
Kuba ngokutula! Bati uyavuma!   20

M'sukufukama pezu kwenyaniso
Uti utula ubukankany' u Krestu
Yena Mfo wateta lalinye wagqiba
Kanti utembele ku Mkosi we Zulu.

Ukutula! Ikwakukuvuma!   25
Okwabonwa ngu Elijah entlango
Owati akubuzwa watinteleka
Waxela umlambo onesiziba.

Browsing Elephant hemmed in by fences,
Africa, speak while your people yet live.   30
If whites have a fit, well then let them die:
they thought you a low-yielding cow.

Bless you, Africa, calf of our herd,
source of dowry for bachelors
who bask on their backs while crocs bask on their bellies,   35
but just wait till the sun goes down!

Laws outnumbering those of Moses
have hobbled us in bemusement:
all dusty sheep may look alike
but the shepherds can tell them apart.   40

Dark One of Africa, don't sit in silence,
quell your foes with a roar of defiance!
This gospel of theirs, designed to deceive us,
stands as tall as I do down on my knees.

Heed its word and heaven's lost: 45
it's a spear that wheels to stab us.
The hypocritical cant of the white man's gospel
turns Phalo's land on its head.

   Please hear!!

Ukutula! Ikwakukuvuma!!

Tet' ungoyiki Afrika kusakiwe
Abhubhe siduli obhubha siduli 30
Babekungxenga kuba usisaqaka
Ndlovu edla, ibiyelwa ngocingo.

Taru! Afrika Nkomo zetola letu
Apo zikona inkomo zama soka
Olala ngemva ingwenya ngapambili 35
Kwakonakala ukutshona kwelanga.

Lemiteto idlula eka Moses
Isenze kanye saba sebudengeni
Sesifana negusha ngokuba mdaka
Nabasaziyo basahlula ngopawu. 40

Gquba! Ungatuli Mdaka we Afrika
Boguqa bakedame nabalwa nawe
Lovangeli yabo yokusikohlisa
Mina ingangam ndigaqe ngedolo.

Lingasiposa ne Zulu siyimamela 45
Kub' inomkonto obuye usihlabe
Iyahanahanisa kumntu Ontsundu
Iwugqwetile ke lomhlaba ka Palo.

      Kauve!

8 *Ikwakuvuma*

Mgqwetho encourages members of two women's movements to recognise their common purpose. Communities are riven for lack of unity in a common purpose.

31   Prayer Union and Die-As-One

For the Union a jubilant chorus of girls!
Awu, we die for want of a doctor!
How long is it now we've been talking our hearts out,
using reasoned debate to bring down cliffs?

Let the waters of Africa roar!   5
The nation speaks with the tongue of God.
Let every path sow Union
from here to far-off Tugela.

Prayer Union and Die-As-One!
Why look askance at each other?   10
You're both like the dews of Hermon
watering Zion's hills.

Prayer Union and Die-As-One!
Why look askance at each other?
You each command a flank in battle,   15
break rank only when victory's certain.
          Mercy!

I'll roar my basic position
like thunder over Umtata.
I'll even take a Khoi to wife,   20
useless as long-left ruins.

Perhaps your prayers move mountains,
perhaps you're familiar with knowledge
deep as the fathomless sea—
without the Union you're simply nothing!   25

Union for you's a mighty stem,
roots in the earth, touching the sky;
right from the start, Union's the shield
to ward off the white man's arrows.

31   Umanyano! Nomfela ndawonye!!

Zatsho! Ngentsholo Intombi ngo Manyano,
Awu! Safa singafunelwanga Gqira
Kunini kodwa sigqor'a ukuteta
Sidiliza amawa sibeka izizatu.

Amanzi e Afrika makahlokome   5
Ilizwi le sizwe lilizwi lika Tixo
Indlela mazihlwayele u Manyano
Olusuka apa lume ngo Tukela.

Umanyano! Nomfelandawonye
Zijongene ngobuk'ali bunina   10
Zinje ngemibete yase Herimone
Elalayo Entabeni ezo ze Ziyoni

Umanyano! Nomfelandawonye
Zijongene ngabuk'ali bunina
Zibamba ihlelo mhla kuliwayo   15
Zahlukane kwakukov' ukuhluzwa
         Taru!

Ndizakuzongoma! Ndibuyelela
Ndixelise izulu lase Mtata
Ndode ndiqubule noba li Laukazi   20
Kuba kakade alinxiwa laluto

Ungatandaza usunduze nentaba
Umanyano lungeko akunto yanto
Ungafanelana unako nokwazi
Uligantyagantya nje njengamanzi   25

Umanyano lululuhlu lwenu
Kwingcambu zomhlaba zising' Ezulwini
Kuqala nakupetela ngo Manyano
Zenizipepe nentolo zabelungu

Heaven's the Home of Peace, do you hear? 30
Hayi bo! It stands firm on the rock of Union.
Evil snakes lie in wait at the gates,
but golden-winged angels roar.

Listen, my people, the Almighty's stunned:
power was granted to us, 35
but our Union is words in the wind:
"Baboons!" whites jeer, though we're not shaggy-haired.

Die-As-One, join the chorus:
fall where your sister falls,
stand proudly with her in your blankets 40
till the hills of the Orange swivel.

What misfortune's befallen the Union?
We no longer sing its praises:
it's like plains lost in the mist,
though it's clearly there congregations crack. 45

What misfortune's befallen the Union?
The houses of God stand desolate,
pastors depart, owls hoot from the rafters.
My baboon companion took to its heels.

What has more strength than Union? 50
Must I continue proclaiming this truth?
If someone rose from the grave to tell you
you might hear, but now you're deaf.

      So hear!!

Ezulwini kwa Ntlalontle! Niyevana! 30
Kwasekwa ngo Manyano! Hai bo!
Atiyela amachanti Enyangweni
Zagquma Ingilose Ontsiba Zilubhelu.

Yivanike! Uxakiwe u Somandla
Mawetu ukusinik' amandla 35
Umanyano lwetu silwenza ngemilomo
Sadunyelwa bux'onti singenaboya

Felandawonye uvum' ingom' ibenye
Nowakowenu yifela ndaweninye
Uxole kanye wambate amabhayi 40
Zikangelane nentab' eziye Gqili

Umanyano lunalishwa lanina
Sesaxakwa nokulutsholozela
Luzinkomo zetafa zimuka nenkungu
Lujonga ne Remente ziqekezeke 45

Umanyano lunalishwa lanina
Nemizi ka Tixo yaba nxiwa
Kumka befundisi kulili zikova
Imnkile nemfene ebindizimasa

Yintoni emandla angango Manyano 50
Kuninina lenyaniso siyixela
Novuka engcwabeni esixelela
Singekolwe kuba naku asikolwa

      Yivake!

In 1924 the National and Labour parties formed an electoral pact to defeat the incumbent South African Party: General Hertzog succeeded General Smuts as Prime Minister. Good or bad, a change of government is ultimately controlled by God. The outgoing government brought persecution to blacks in South Africa: they can expect nothing new from the incoming government.

32 **The king is dead! Long live the king!**
(General Smuts—General Hertzog)

In South Africa the buffalo roused,
whose goring's feared before it gores;
the late riser misses everything,
misses the python uncoiling.

What does Daniel the prophet say 5
to King Nebuchadnezzar?
Read from Chapter Two
through to Chapter Six.

Jehovah removes kings
setting others in their place 10
with no thought of worth:
wondrous His works.

Thus Daniel the prophet,
and in this I concur:
kings ruling over us go, 15
others take their place.

This is it: God in Heaven controls
royalty in every nation,
grants it to whom he likes,
even to casual passers-by. 20

He alone created all,
asking no one's leave:
our low station's of his making,
he raised up those at the top.

Kings ruling over us go, 25
others take their place;

32   Kuguzulwa Okumkani! Kumiswe Okumkani!!
(General Smuts—General Hertzog)

Yavuka! Inyat' emazants'e Africa
Ekuzwe ukuhlaba ingekahlabi
Ovuke emini akabonanganto
Engay' ibonanga lonamba icombuluka.

Utinina u Mprofeti u Daniel   5
Ukususela kwisahluko sesibini
De kuye kwisahluko sesitandatu
Kuye u Kumkani u Nebukadnetsar.

Uyehova uguzula Okumkani
Amise kanjalo abanye Okumkani   10
Akakatali noba ngaba ngendawo
Izenzo zake zingummangaliso.

Utsho ke! Umprofeti u Daniel
Nam ndiyamngqinela kwangoku njalo
Pezu kwetu kuguzulwa Okumkani   15
Kumiswe kanjako abanye Okumkani.

Naku ke! Osenyangweni Unegunya
Ebukumkanini bonke babantu
Ebunika atanda ukumnika
No nanko-nanko-naxa bengayi kona.   20

Wazidala into zonke Yena Yedwa
Akabuza nasemntwini xa Ezenza
Ukuba pantsi kwetu kwakudalwe Nguye
Wababapakamisa! Awababapakamisa!

Kuguzulwa pezu kwetu Okumkani   25
Kumiswe kanjalo abanye Okumkani

and Africa, you will meet him,
return to times you cry for.

Note the motion of sun and moon,
the bonds once foretold by Ntsikana,   30
oppression that crawled on its knees,
casting spells right to the Mpondo.

Oppression was touted by glittering scriptures
that taught us to cast off our blankets,
intent on unloading on us an elephant   35
that devours our king's domains.

Wake up, Africa! Come together!
Only a fool wrings his hands.
Mutton Gluttons sleep with open eyes.
Timber! Yellowwood forests tumble.   40

God alone is worth remembering.
Something twisted can't be straightened:
this new regime holds nothing new,
the present's no change from the past.

We yielded sovereignty to no purpose,   45
embraced the new, and lost our own:
our homes and our kingship were plundered.
Our eyes beheld, our ears perceived.

Nongqawuse, Mhlakaza's daughter,
you said: "Keep your eyes on the ocean,   50
you'll hear the bellowing bulls."
Our fathers' possessions crumbled to dust.

       Peace to you all!

Wod' uzibandakanye nawe Afrika
Uye kwezomini ulilela zona.

Gqala! Ihambo ye Langa ne Nyanga
Nengximbane eyaxelwa ngu Ntsikana 30
Yentshutshiso eyarola ngamadolo
Yeza nobugqi yela—ngela Mampondo.

Yadunyelwa buxhonti bezi Bhalo
Yati lahlani eyenu imibhalo
Yaduda inetemba lokutulula 35
Indlovu edla Izizwe kwesika Mhle.

Vuka! Uzibandakanye Afrika
Isinyabi sikwabusha izandla
Amadlagusha alala esotuka
Wanqikeka! Umkoba nengcambu zawo. 40

Ngu Tixo ke Onokukunjulwa
Into egoso ayinakolulwa
Akuko nto intsha ngapantsi kwelanga
Leyo ikoyo ibikona kakade.

Safana salahla umbuso wakuti 45
Sagalel' emzini watshona owetu
Kwahlutw' amakaya kwahlutw' ubukosi
Sabona ngamehlo nendlebe zisiva.

Watsho! Nongqause ntombi ka Mhlakaza
Qwalaselani emanzini Olwandle 50
Nokuva ukukonya kwe nkunzi zenkomo
Zemka—ezobawo nobuti—kwazintuli

    Camaguni!

Mgqwetho urges blacks to settle their differences and cultivate love and respect for each other.

33   Strangers strip a squabbling nation

Induce birth pangs in your people,
as in Ngubengcuka's time;
speak as of old in Hintsa's voice.
(The names of kings confuse me.)

Shu! The death of a nation's painful! 5
Why seek the why and the wherefore?
We're just a dispossessed rabble,
fit to be stripped for thrashing.

Mercy, Africa, you're dead to the pleas
of the ravaged flock of your people, 10
who can no longer face each other.
I travelled the land without papers.

Die-As-One, join in the chorus!
Ruler of people seeping away,
your people are crushed by their burdens, 15
Nursemaid slain by its sucklings. Mercy!

Cattle confined to disputed strips—
they stand accused of envy—
crawl on your knees like a slow-spreading town
lest strangers guzzle your heritage. 20

Compatriot, let's cast out envy,
our constant companion as Christians:
envy puts paid to a nation,
spread by disruptive gossip.

Envy sets us squabbling, 25
for a long time now I've been telling you.
King Solomon also says so:
envy outweighs a rock.

33   Isizwe! Esingavaniyo! Nesingavelaniyo! Siyadwatywa Zezinye!!

Vusa! Inimba yakumakowenu
Yakulo Ngubenc'uka kwezakowenu
Utete ngelidala ngelika Hintsa
Amagama enkosi ayandipazamisa.

Shu! Hay' into imbi ukufa kwe Sizwe   5
Obuzabuzayo ubuza nto nina
Siluhlantlalala olungenabani
Into zokudwatywa zicangalaliswe.

Taru Afrika! Mfi ziyabizana
Abantu bako ngumhlamb' onganandili   10
Obantu bangajonganiyo bebodwa
Ndalihamba Ilizwe ndingenancwadi.

Fela ndawonye vum' ingom' ibenye
Wena mpati wabantu bempalala
Abantu bako bayapuka zimpahla   15
Mondli ebulawa ngabakowabo. Taru!

Nkomo ezidla emideni ngo C'uku
Ziza kuti gqi enkundleni ngo Mona
Gaqa uhamba! Uxelise idolopu
Ilifa lako lotyiwa ngabentaba.   20

Mfondini wakowetu masikup' umona
Esihleli nawo tina magqob'oka
Lento ingu mona igqiba Isizwe
Ihamb' isichita ngay' intlebendwane.

Kwanokungevani kubangwa ngu mona   25
Kangela ke kade ndikuxelela
Utsho! Ukumkani u Solomon
Umona udlula nelitye ngobunzima.

What a shame to harbour envy!
You people at odds with each other,   30
in times of trouble your own are your own:
die together, as at Golgotha.

There the Lamb had to linger in pain,
proclaiming the news of heaven
so that, through his mercy, you wear a crown   35
in the wastelands of this land.

Spread mercy through the church,
see that it's robed in radiance.
How do we differ from Pilate
who disowned the One he knew?   40

Perhaps your prayers move mountains,
without mercy you're simply nothing;
perhaps you're on good terms with knowledge,
it could still prove to be your downfall.

Vultures feasting up in the hills,   45
have mercy on those in the mines,
don't stand aloof like an unfelled ironwood:
hyenas ravage your people.

        Peace!

Lilishwa kona ukuba nomona
Sizwe ndini esiyi mpamba mpamba 30
Owakuni ngowakuni mhla kukubi
Vuka! Uwa naye njengase Golgota.

Apo Imvana yayiswa Indzondzoteka
Ipapasha udaba lwase Zulwini
'Ze ngovelwano utwale Isitsaba 35
Pakati kwalemiganxanxa yelilizwe.

Sasaza! Uvelwano nge Tempile
Ulwenze lwambate ubuqaqauli
Sahluke pina tina ku Pilate
Owakanyela Omnye kanti uyamazi. 40

Ungatandaza usunduze nentaba
Uvelwano lungeko akunto yanto
Ungafanelana unako nokwazi
Kulapo kanye wotshabalala kona.

Mahlungulu adlani kweziya Ntaba 45
Yiba novelwano kwanose mgodini
Ungabi ngu Mceya ongangeni zembe
Abakowenu bayapela zincuka.

      Camagu!

19 *Gaga*
48 *Abakwowenu*

Mgqwetho launches an assault on the evils of liquor.

34   Liquor's the lightning-bird itself!

    Day in and day out you can find slaves to liquor hanging around in back alleys, whiling away their time in idle talk.
    Boasting's common amongst drunks; they're quick to attempt things way beyond their capacity. You can't preach God to them; they just laugh scornfully and say they know him. They view almost everything with suspicion; yet they want their fingers in every pie.
        Listen!

Liquor's the lightning-bird itself
for quarrelsome beer-hall regulars,
the haunt of the sons of Long-Dead,
who gaze through sightless eyes.

Liquor's the lightning-bird itself,   5
a cannibal, *mbulu* in human disguise.
I lost the thread: it's a paranoid killer,
this brandy they drink in denial.

Liquor's the lightning-bird itself!
Where are our country's maidens?   10
"In the city slums we roar in chorus:
'In the storm we'll sink together'."

Liquor's the lightning-bird itself,
a scoffer creating dummies:
find it in Solomon's *Proverbs*,   15
in Chapter 22.

Liquor's the lightning-bird itself,
Jongizulu's talking drum.
We've come to this pass through liquor,
as the Ngqika mountains testify.   20

What has more strength than liquor?
Powerful posts are lost through it.
Liquor sings praises till its guts bust,
calls us with clichés, wows us with wonders.

34   Utywala Sisiqu Sempundulu!

Abantu esebubangene kakulu zinto ezihamba zisima ezihangeni imihla nezolo, zimana ukuteta izinto ezife amanqe. Ukuzincoma kukwakuwo amanxila, nokugagamela izinto ezingawalingeneyo. Ezintshumayelweni; akafuni kwaziswa nto nga Tixo; ati nawo ayamazi, ngempoxo kunjalo nje. Ahlala eranela izinto ezikangela ngeliso eligoso, enjalo nje; enobungxamo ezintweni.
           Pulapula!

Le nto utywala sisiqu sempundulu
Sabantu bemb'ara bankani inkulu
Apo kuhlala izinto zo Fekade
Ezikangela ngeliso elikude.

Lento utywala sisiqu sempundulu   5
Busisidla bantu buzenza nembhulu
Ndijike kufupi busigwinta mpela
Iyiyo le branti udla bemkanyela.

Lento utywala sisiqu sempundulu
Zipi Inzwakazi zezwe lakowetu   10
Sivuma indudumo ezindlolotini
Osofa sobabini nase zaq'witini.

Lento utywala sisiqu sempundulu
Bungumgxeki benz' izihuluhulu
Kwimizekeliso ka Solomoni   15
Isahluko samashumi amabini.

Lento utywala sisiqu sempundulu
Igubu elitetayo lika Jongizulu
Nibonanje sinjenjenje butywala
Zingangqina neza ntaba zakwa Ngqika.   20

Yintoni, emandla anganga wotywala
Wonk' umzi upela uvela ngonwele
Utywala bubonga kutshone nenkaba
Busibiza ngezaci buvavizimanga.

What has more strength than liquor, 25
an exploding cannon revealing shame?
It's fit to be drunk by our critics,
who splash in the Orange but don't cross.

What has more strength than liquor?
High rank is trampled by liquor, 30
whose path is splattered with blood
till his red shirt looks like a Methodist's.

The canteen's a cranny for witches and warlocks
denouncing the drink they drink:
they brew their potions by the dull of the moon, 35
shunning the broad light of day.

I don't insist that drinking's a sin,
then again, I'm not saying it's not;
There's a lesson for us
In all that occurs. 40

        Mercy!

Yintoni emandla anganga wotywala
Ankanunu zigquma ziqekez' inyala
Bufanel' ukuselwa ngabashwabuli
Bona badla e Gqili bengaliweli.

Yintoni emandla anganga wotywala
Namawonga ayapela butywala
Into endlela zinamacapaz' egazi
Ehempe zibomvu ngati ngo Royibatyi.

Neliwa lamagqwira lise nkantini
Ati akuselwa asinge kona
Igqabi lobuti likiwa kwakuhlwa
Lingapuma Ilanga sabonelelwa.

Anditsho ke ukuti busisono
Ndingatsho nokuti abusiso isono
Kodwa ke konke okudaliweyo
Kuti—kunentshumayelo yako.

      Taru!

Mgqwetho criticises blacks who betray their own people to seek favour with whites.

35   We're stabbing Africa!

This nation rests on the law of the bible,
traitors must forfeit their lives.
Turncoats wound it, rip out its lifeblood:
our power wanes, and we're ripe for invasion.

My people, we're stabbing Africa,   5
we kill our own through betrayal:
we court celebrity status,
honours for killing Africa.

When we trade our own people to whites for profit
we inflict a deep wound on Africa.   10
I'm not one to shy from saying so:
your public behaviour bears eloquent witness.

Oh dear! Dear, oh dear! The shame and disgrace of it!
We wither and perish for lack of a healer
and Africa's forelegs sink deep in the quagmire: 15
we repeatedly stab her year in and year out.

Congress and all the successes we strained over,
education and all that we strove to achieve—
as we idly bicker we're left in the dust
and Africa slips through our fingers forever.   20

We split into factions, betray our own people,
and Africa leaves as we claw at each other.
We'd be all at sea if we ruled ourselves:
our cry for self-rule is vapid!

Zulu and Xhosa! Sotho, Swazi, Mfengu!   25
You resemble each other in larking about,
but there once was a time when you were one people,
united when nations were called into being.

To help other nations you shun your own people
in your desperate quest for honour and status.   30

35   Siyayibinza!—I Afrika!!

Lento isisizwe ngomteto we Bhaibhile
Abangcatshi baso mabhubhe bapele
Bagqiba Isizwe bakupa nobuzwe
Bupel' ubukosi singenwe zizizwe.

Siyay' binza i Afrika makowetu!   5
Ngokuntamana sibulala amawetu
Seside sanxiba—ke nemix'aka
Yamawonga abulala i Afrika.

Elonxeba e Afrika libuhlungu
Sesicenga ngamawetu kubelungu   10
Xa ndilapo, andinazintlon' ukutsho
Kwanemisebenzi nantso nayo itsho.

Mawo! Mawo! Mawo! Mawotshe—
Satshabalala ngokuswela u Gqirashe
Yeyela! Ngelemkono i—Afrika   15
Ngokuyibinza yonke le Minyaka.

Na Congress, namigudu yenziwayo
Namfundiso nantoni elingwayo
Niyashiywa! Nilibele kukugxeka
Imke ke kupele yona i Afrika.   20

Ucalulo lukuti kwa nokungcatshana
Iqwesheke i Afrika sisagxagxisana
Inene singabhanga sike sazipata
Tu! Nto! Nabhongo elo lokuzipata.

Zulu! Mxosa! Msutu! Swazi! Tye lase Mb'o   25
Bonke bayafana akunandzwe zimbho
Emhlabeni kunjalonje bakwa nto nye
Endalweni kwa ye Sizwe bandawonye.

Nichit' amawenu nincedis' Izizwe
Kuba nje nifuna ukongwa nilizwe   30

They gather from you all our closest secrets.
Let me ask you this question: when will it all end?

We're accustomed to service. Mercy, Africa,
Nursemaid slain by your sucklings,
you were like water tossed out on dry earth.   35
Please explain to me, fellow, just what you all do?

How many Judases toyed in secret
with black people's lives, then died in the dark?
And Africa constantly fades in the distance.
Of all people, why do you act in this way?   40

It's perfectly clear that we're lacking in leaders,
not those who grow roots from squatting down motionless,
but those in the mist whose roar makes the sun break through,
who bustle about quite as active as vultures.

God bless Africa!   45
Patch the network of cracks in the wall up with clay,
so the surface appears chameleon-coloured,
a sign to inspire our respect for each other.

    Peace!!

Zonk' imfihlo zetu bazaziswa nini
Umbuzo manditi kode kube nini?

Taru! Afrika! Inkonzo zizimbho
Mondli ebulawa ngabakowabo
Ngamanz' epalele ezintlabatini   35
Kauxele mfondini kodwa ke nenzani.

Bangapi o Judas abafe kumdaka
Bedlala ngebala layo le Midaka
Ibuyela emva yona i Afrika
Nenzan' ukwenjenje nibantu bangaka.   40

Ndiyabona noko sisaswele I Njoli
Ezingalimi izikondo zihleli
Osigquma nkungwini kuvele Ilanga
Zipitizele zixel' amax'alanga.

Nkosi—Sikelela i Afrika   45
Beti ziyikili ngezihlisa zodaka
Kuvelamabala zixel' ulovane
Ufake no pawu ukuze sivane

        Camagu!!

Nontsizi laments the economic exploitation of Africa by Europeans, who have destroyed the customary way of life of the inhabitants.

36   Foreign laws have upended this land of Phalo!

Thank you, Editor, for the poets' column. We can't keep quiet. The party's fine, except for the smoke. What's happened to us? We're still just white as snow! Cast your eyes on *Leviticus*, chapter 18, verses one to five. Keep your country's laws and customs: those are your life-giving God. Mercy, Africa! African moss, sipping in ripples of gloom. The riches of your country were dug to the sound of a whistle. Our tails wag when we catch sight of you. You stubbed your toe and felt the pain, a slip of the tongue and they stomped on you. Mercy! your kingship's now like an ostrich, with its head buried in the dust. Oh! Two bad Xhosa things slapped against each other when you swayed from side to side. Mercy, Africa! Garden of Africa, your crop was consumed and scattered by birds. Mercy, Africa! African she-dove, spiders who once clung to you will spin your home to a cliff and leave it for European orphans; yet you took not one thing from the whites. Africa, wail in a mountain cave: foreign customs have upended this land of Phalo, African mimosa, twisting in falling, branches yet reaching out to foreign nations. Spotted leopard because of those nations, who distrust us, and warn one another. Where are the priests, who came to teach us, saying: "I'm just a stranger on earth: I'm on my way to Heaven. I long passionately for the heavenly Jerusalem." But what they really meant was that they were just strangers overseas: they were on their way to Africa: they longed passionately for the wealth of that country. And you, Africa, sang those songs, you cursed yourself before Jehovah. Today you need clothes: you're chased off while ploughing. In the end you're just a stranger on earth. You must know this: when will you get to Heaven? Look, young men! I'll be blunt: foreign laws have upended this land of Phalo. Mercy, Africa, strife-torn land! Please low like an old cow as well as a calf—that's why we cry out saying "Let it come back"—and induce birth pangs in our people. We began to dress up before the fight ended. The recluse shook the milksack and drank all its contents: today every one of our customs has gone. Foreign customs have upended this land of Phalo: I've said it before, I won't say it again. Over there's an earthquake armed with black clubs threatening you! There's famine, wild beast with pitted teeth! There's sickness, reaching right into the Kalahari! There are locusts, Pharoah's plague in Egypt! What haven't we got? You must know this: who is there now to advise you? There are no more customs to establish your home on. Dip from the jug, black without soap, malicious spirits are testing your fathers' country. Today even old men wander the cities, something unheard of in former times. Remember your ancestry, locate sages to seek the root cause. These are the words of the scabby eland; mushrooms flourish in the flakes it sheds. Hawu hule!!!

36 Imimiselo ye Zizwe! Iwugqwetile Lomhlaba ka Palo!

Taru! Mhleli ngesituba sezi mbongi; asina kutula Intlombe imnandi into ngumsi; Kwake kwanjepina? Sesingamakewukewu nje: Singisani amehlo ku Levitikus isahluko seshumi line sibhozo, iversi yokuqala—kude kuye kwi versi yesi hlanu: Gcinani! Imimiselo yezwe lenu namasiko enu; kuba esonto singu Tixo wenu enopila ngaye: Taru! Afrika! Bulembu be Afrika; obuyepuzela pakati kwamaza ezitokotoko: Obati ubuncwane bezwe lako, bakutshwa, ngentlokoma yomlozi;—Siyakubunguzela: Wakhubeka ngonyawo, waviswa ubuhlungu: Wahilisa ngomlomo wawiselwa pantsi:—Taru! Nto Ebukosi bunjenge nciniba; ipete ubukosi bayo elutulini, awu! Zabetana nento ezimbi zasema Xoseni xa wapuka nembambo ngama cal' omabini: Taru! Afrika! Ntsimi ye Afrika eyadliwa zintaka yatsho yahlakazeka; Taru! Afrika! Hobekazi Afrika wena ozigcau zibambelele kuwe zaya kumisa indlu yako eweni ibe lilifa lenkedama ze Yuropu: Ube kodwa ungazange udle nto yamlungu: Ngawulile Afrika ekumbini le ntaba; amasiko Ezizwe awugqwetile lomhlaba ka Palo: Mnga we Afrika, owati ukuwa kwabhukuqeka amasebe anabela Iziwe zase mzini: Ngwe emabalabala zizo Izizwe;—ezasenqena zade zaxelelana: Bapi abefundisi; abeza kusifundisa ukuti:—Ndilundwendwe emhlabeni; Ndihambela Ezulwini: Ndilangazelela kakulu: Iyerusalem pezulu: Kanti bateta ukuti Balundwendwe nje Pesheya: Bahambela e Afrika: Balangazelela kakulu: Leyo ndyebo yezwe apo: Wazivuma ke Afrika nawe ezingoma: Waziqalekisa nsokwako pambi ko Yehova: Namhlanje ayakupa zimpahla, ulima usuhga: Kuba kaloku ulundwendwe Emhlabeni; azi—uyakufika ninina Ezulwini?—Yabonani madodana! Ndiyapuma egusheni:—Imimiselo ye zizwe! Iwugqwetile lomhlaba ka Palo: Taru! Afrika! Zwe lo mbango—mbuso; ngawu nxakame ngelidala netole: Sikala ngakona siti "mawubuye"—Uvuse Inimba yakumako wetu: Saqala ngokuhomba kanti sisekulwini: Imvaba Igantuntu ladla liyihlukuhla: Namhlanje ama siko abhange ade ehla nondonci: Awezizwe ke awugqweta lomhlaba ka Palo: Andikupinda nditshilo nje nditshilo:—Nantso Inyikima ikujamele ngenduku ezimdaka: Nantso kwanendlala! Iramncwa eli mazinyo azinxonxo: Nandzo kwanezifo! Zibikwa nakwi Ntlango ze Kalahari: Nandzo nenkumbi! Isibeto sika Faro e Jipete: Yintonina engekoyo? Azi ukuya Cebisana nabani ke; ungenalo nje nasiko omise umzi ngalo: Gqob' empandeni! Mdaka ongeva sepa: Nalo Izwe loyihlo lusisivivinya sayo Imishologu: Namhlanje namaxego azula nedolupu; into eyayingaziwa ku maxesha andulo: Kumbula apo wawa uvela kona; ufune osiyazi bahlabe ezintloko: Latsho! Ibhadi eline bhula elizivutulula zimise Inkowane: Hawu hule!!

21 *Namwanje ayakupa zimpahla*

Africa laments the havoc wreaked by the whites: white deception, the dispossession of blacks and the vicious eradication of their sacred way of life.

37   Africa's wailings

Oh the homestead standing alone
with easy access through its gates,
whose people once had plenty,
now a sign of oppression.

The African continent's put to the test,   5
the next generation will gaze slack-jawed,
passers-by will shake their heads
at this home without hospitality.

Its enemies plundered the pots,
the knives and sacred vessels,   10
all the gourds and little trowels
passed down through generations.
         Wailings, indeed!

They clapped shackles on you, Africa,
hurled you down with bible and musket;   15
the homestead of Africa raises a cry.
Christians, where are your bibles today?

Now their fiery breath
scorches those who received them.
What does the prophet Isaiah say?   20
When you've done trampling, you'll be trampled.

This land of Africa's ours,
here we leapt in dance with our fathers;
the stranger from overseas knew very well
that we also had our heroes.   25

We're still here, sleeping with one eye shut;
when news comes, we'll watch with the other.
We never took part in all those prayers,
so particularly pitted against the black,

37   Izililo! Ze Afrika!!

Hai: Ukuhlala kwawo wodwa Umzi
Nokungenwa kwamasango alomzi
Obantu babenikwe Intsikelelo
Namhla simanga ngumzi wembandezelo.

Lux'akax'iwe upondo lwe Afrika   5
Nabalandelayo bobeta besotuka
Baqwab' izandla nabadlula ngendlela
Lomzi ungenayo nendawo yokudlela.

Intshaba zawo zatabata nembiza
Kwanezitshetshe nezitya zokutshiza   10
Nenkamba zonke kwanemihlakulwana
Yezizukulwana—kwizizukulwana
        Izililo! Bo!

Zay' konxa i Afrika ngamakamandela
Nange Bhaibhile, mipu, zayikahlela   15
Ukonyizililo Umzi we Afrika
Zipi i Bhaibhile namhla Magqob'oka.

Namhlanje ifute lomlilo wazo
Ngati lidla indiza kwabeza nazo
Utini u Mprofeti u Yesaya?   20
Wakugqiba ukub'uqa, uyakub'uqwa—

Lomhlaba i Afrika ngumhlaba wetu
Besiduda six'entsa nobawo betu
Angakohliseki noze nge Nqanawe
Kaloku ahleli nawetu amaq'awe   25

Siko sisahleli silele ngasonye
Sakuziv' indaba sogada ngelinye
Kulomitandazo yonk' asibangako
Echit' Abantsundu ngohlobo lungako.

snapping wires and shattering cliffs 30
from Tugela to the Winterberg.
Wailings! So then, my people,
take heart! Keep our country in mind.

Our homes and our kingdoms all plundered,
Reds and Christians need passes to travel; 35
when we saw you Christians no better off
we in Ngqikaland wanted to quit.

Our fathers bore the yoke together,
together they snapped the traces,
in the forest they slew the lion, 40
dealt with the preying wolf.

Why can't you see what I've seen for so long?
Didn't Ntsikana tell you?
Bear our report to the One on High,
burn your firstborn son as sacrifice. 45

Even sucklings swore by our fathers,
in courtyards princes cavorted.
Wailings! So then, my people,
take heart! Remember our countrry.

   Wailings, indeed! Awu!! 50

Ejaca nengcingo, eqekeza mawa
Esuke Tukela ime nge Wukuwa
Izililo! Xa ndilapo makowetu
Ningetuki! Nganicinge ngezwe letu.   30

Kwahlutwa makaya kunye no Bukosi
Yaqaba, gqob'oka, bahamba ngepasi   35
Safun' ukuncama tina mzi ka Ngqika
Ngobume nikubo nina magqob'oka.

Obawo idyokwe bayapula kunye
Baza nezitropu baziqaula kunye
Ingonyama bay' bulala ehlatini   40
Bay' dlavula nenc'uka yasemzini.

Baza amehlo kade ndandibona
Akakuxelelanga na u Ntsikana
Yinyuse ingxelo! Iye ko Pezulu
Utshise nedini ngonyana omkulu.   45

Obawo babefungwa nangosebeleni
Agqushe Amatshawe adlobe enkundleni
Izililo! Xa ndilapo makowetu
Ningetuki! Nganicinge ngezwe letu.

        Izililo! Bo! Awu!!   50

12 *Yezizukululwana*

Mgqwetho laments the eradication of tradition, especially marriage custom, and urges a return to past practices under God.

38   Back to age-old ways!

Ah, the grief that grips your land, Nontsizi,
all the things that bring us grief,
recalling our old Mgqwetho kin
wrapped in blankets of skin.

Begone with yesterday's gods,   5
their ways rip out our hearts,
and so we don't know who we are
and our great men all sit mum.

Today hosts of black people
have long abandoned their customs: 10
they drove them from their homes
in the heat of the summer sun.

Turn your face to the mountains
and prophesy from them. You too, boy.
You too, son of the vast plains of Africa,   15
Kindling they fear to gather.

Africa, wail in a mountain cave,
proclaim our condition and rouse the nation.
Even a fox nurses its whelps:
what of yours? In a queue? While you watch?   20

Jehovah, recall what's befallen us.
Weep on your feet, wayward Africa:
persecution hovers above your head,
you're shattered, wingless buzzard.

You cast aside kingship, polygyny too,   25
ochre and custom in every village.
What must we make of modern marriage?
Wed then split: where do we get this?

38   Emva! Kumasiko Andulo!!

Hai usizi! Kwizwe lenu Nontsizi
Ezinto wena zisibanga intsizi,
Zisikumbuza imihla yemigqwet'o
Eyaya mbatwa ngo bawo o Mgqwet'o

Mazibhange izitixo zezolo   5
Amasiko azo akupa umx'elo,
Ngenxa yawo asizazi nenqu zetu
Nezikulu zetu zonke zati qutu.

Namhlanje ubuninzi babantsundu
Bahlukana namasiko kwamzuzu   10
Bagalele mzini atshona awabo
Mhla kwakushushu Ilanga lehlobo.

Bhekisa ubuso bako Ezintabeni
Uprofetele kuzo nawe kwedini
Sikuni abasiteza besoyika   15
Mfondini wotutu lwakud' e Afrika.

Lila Afrika! Ekumbini lentaba
Ushukume umzi zihambe indaba
Nempungutye yanyisa amatole ayo
Abake? Bate dwe? Ubabonayo?   20

Kukumbule Yehova okusihleleyo
Lila umi! Afrika etyeshileyo
Intshutshiso ipezu kwentamo yako
Wakhumeka! Ngqangi engenampiko.

Walahla ubuk'osi walahl' izitembu   25
Imbola nesiko kanye kuba Tembu
Lemitshato ngoku iyeyamanina
Imanywa, iqaulwa kwakumlambo pina

We sit on the fence, won't take a stand,
the walking dead unfamiliar to God.   30
It may well be true that the Xhosa like joking,
but I have no intention of joking with you.

Jehovah, replenish our days on earth,
as you did in the time of our fathers.
Is it possible that you've snubbed us,   35
Great Place that sees to the weaning of children?

Today we stand idly by
as brother marries sister:
what's become of the ties of blood?
We share descent with all black nations.   40

Wailings! So then, my people,
take heart! Remember our countrry.
With all your knowledge, did you stray off and vanish,
with all your accomplishments, just disappear?

Act like a man! Bellow your cry!   45
After you've fallen get to your knees
and return to the days you wail for
when you'll hear Ntsikana's words
            in the end!

Singab' onxazonke abangena cala
No Tixo akasazi sife namacala   30
Mna andifuni ukunikohlisa
Kanene ama Xosa niti ayakohlisa.

Hlaziya Yehova imihla yetu
Nje ngokwamandulo ko bawo betu
Ingaba usicekise mpela na?   35
Kayakulu lilumlela abantwana.

Naku siyabona sesingamanqina
Xa ngaba kunjalo kup' ukwalamana
Konyana nentombi zetu siluhlanga
Lwezizw' Ezintsundu ngapantsi kwe langa.   40

Izililo! Xa ndilapo makowetu
Ningetuki nganicinge ngezwe letu
Ekwazini nabhangana nati shwaka
Kwa nemisebenzi yonke kwati shwaka

Yenza nje ngendoda "Konya Izililo"   45
Uvuke usiwa guqa nangedolo
Uye kwezo mini ulilela zona
Ukuba ngazo ke watin' u Ntsikana
        Wod'uve!!

Mgqwetho strikes back at a slur on women's prayer unions, encouraging the efforts of women and criticising the men who denigrate them.

39   Women of the Prayer Unions. Listen!

Editor, thanks for the poets' column, we can't sit silent, the country's rotten: if I exposed the state of the country the Christians' jaws would drop. Listen! You're going to hear!!

I read in the paper *Umteteli wa Bantu* of the 16th of the month, this year, that a brother, Mr Tyelinzima Gatyeni, posed this question and ended up answering it himself: "What has stunted the growth of Christianity?" And the brother goes on to say that he is sixty years old, and that from childhood he had been led to believe that the Word of God was preached during church services by the ministers and their evangelists alone. And that was just the way things should be. I, Nontsizi, would not wish to live that long, if after all those years I could come up with nothing logical or sensible.

Listen! The brother goes on to say that today the homes stand empty. "Where's your mother?" The child answers: "She's gone to the women's prayer meeting. She's been away since last night." Note reader, the child does not say that the mother has gone to church, a place where only ministers and their evangelists preach. The child says, "Mother has gone to the women's prayer meeting," a place fit for her, where she can preach her fill, slamming her head on the pillars and pews of the church, praying to her heart's content.

To be brief: in other words, one should leave women of the Mothers' Unions alone, feeble creatures, to bear the heavy burden of the world's Eves, Esthers, Ruths, Deborahs, Miriams and others; the burden of the entire collapse of the world which God created; the burden of a world forgiven and redeemed through Jesus, he too, born of a woman, Mary, another woman who put her trust in prayer. With her were Elizabeth, Martha, Salome and others, all good friends of Jesus, the first to go to the grave long before daybreak, the first to know that Jesus had risen from the dead.

What is the person saying? What is he asking? Shut your trap till your dying day! Because of a woman the world was lost and through a woman it was redeemed. Moses and others you tell us about were there. I'm sorry I don't have sufficient space in this paper, otherwise I'd preach to you until you'd had enough: then I'd find space for the role of the ministers and evangelists of those days. Listen! In response to your view that women have neglected their sacred talent, namely to examine their daughters: you're a little late, brother. Listen, the young women of your land are now being examined by white doctors from other countries, an extraordinary thing, never before encountered under the sun.

39   Abafazi! Bomtandazo!! Pulapula!!!

Taru! Mhleli, ngesituba sezi mbongi: Asinakutula, umhlaba ubolile. Xa ndikubonisa ubume bomhlaba, angabhekabheka onke amagqobhoka: Pulapula! Uzakuva!—Ndibone kwipepa "Umteteli wa Bantu," lomhla weshumi elinesitandatu kwemiyo; yalo nyaka siwubambe ngemikala: Omnye umzalwana u Mnumzana Tyelinzima Gatyeni—ebuza, equkumbela kwayedwa esiti;— Yintonina encipisa ubugqoboka? Umzalwana lo kwayena uti; uneminyaka engamashumi amatandatu ezelwe: Kwaye ekufumaneni kwake ingqondo; Ilizwi lika Tixo belishunyayelwa ngabe Fundisi, naba Vangeli babo kupela Ezinkonzweni: Kwalungake kwafaneleka apo: Andiyinqweneli ke mna Nontsizi, nalominyaka ingako: Xa ingenanto iyipeteyo eyiyo, neqiqayo: Pulapula! Umzalwana lo kwayena uti, namhlanje ungafika Izindlu zize;—upi unyoko mntanam? Umntana ukupendula ati uye entlanganisweni yomtandazo wabafazi, akalalanga apa kwapezolo: Paula ke mlesi! Umntana akatsho ukuti unina uye Ecaweni, kwindawo ekumelwe ukushumayela abafundisi nabavangeli babo kupela: Umntana uti umama uye emtandazweni wabafazi, indawo ke leyo emfaneleyo; namelwe ukushumayela kuyo, azintlite nangentloko, ezintsikeni zalo ndlu, nasezitulweni zayo etandaza: Ngamafutshane ke, nangapaya koko, umntu makayekane nabafazi bomtandazo; izidalwa ezibutataka: Ezitwele idyokwe enzima kangaka yo Eva no Esther, no Ruti, Debora, Miriam nabanye: Yokuwa kwe Hlabati lonke lipela eladalwa ngu Tixo: Kwanokuxolelwa noku vulwa kwalo ngu "Yesu"—Obeko naye kwange Nkazana engu "Maria" umfazi womtandazo ke nalowo. Kunye no Elisabete, Marta, Salomi, kwanabanye, ababezizilingane ezikulu zika "Yesu": Nabona bantu bokuqala abaya Engcwabeni, lingekapumi ne Langa; bakubona ukuvuka kuka "Yesu" Ekufeni Uteta ntoni ke umntu; ebuza ntoni? Tuluzufe! Izwe lawa nge Nkazana: Lavuswa kwa ngayo: Bekona o Moses abo osixelela ngabo: Inene—ndiswele indawo nje "Epepeni"—bendizakukushumayeza wanele: Ke ndiyi tate indawo yaba Fundisi naba Vangeli babo nam ngokwelo xesha: Pulapula! Kwinto oti wena, abafazi bayeke eyona Talente Ingcwele yokukangela Intombi zabo: Utsho pantsi mzalwana: Pulapula! Intombi zezwe lakowenu; ziza kuhlolwa ngo Gqira abamhlope bezinye Izizwe, isimanga sento ke eso, esingazange sibonwe ngapantsi kwe Langa: Memeza! Umanyano!—Kupela wena, qwaba ke: Ulwe nalo mteto: Nantso ke kuno kuba sigxekane, sinyelisana, simonelana, sihlebana, singcatshana, situta nendaba, sixabanisa, sixoka, awu! Yeboke! Ezona zinto ke ezo, ezincipisa ubugqoboka ububuzayo; Ingengabo abafazi Bokutandaza: Napakade!! Utini u "Yesu Krestu?" Kwi Vangeli ngokubhaliweyo ngu "Yohane"

Call out "Union," that's all you have to do, and applaud. Oppose this attitude. That's it, rather than criticising each other, running each other down, envying, gossiping about and betraying each other, passing on information, setting one against the other, lying. Dear oh dear! Those are the things that have stunted an enquiring Christianity and not the women of the Prayer Unions. Never!!

In the book of John, chapter 14, verses 1 and 2, Jesus Christ says this: "Let not your hearts be troubled. Believe in God and believe also in me. In my Father's house are many places to sit. If it were not so, I would have told you." That message is intended for you, son of Gatyeni. Trust in your ministers and their evangelists; but trust in me too, a woman of the Prayer Union. That is what the Evangelist says. "In my Father's house are many places to sit. If it were not so, I would have told you." Again, that's intended for you, son of Gatyeni. There are many places for ministers to preach; there are many places for their evangelists to preach; there are many places for the women of the Prayer Unions to preach. And there are many more places for our sons and daughters to prophesy.

So listen, Mr. Tyelinzima Gatyeni. The rocks on this hill we're scaling are heavy. But we're determined, sitting on them, resting, and then tackling them again. So listen, women of the Prayer Union. When a rock is heavy, shove it aside. So says Nontsizi, the wing of Africa, which shelters the chicks from being carried off by other birds who prey on them. Peace to you, women of the Prayer Unions, wherever you are under the sun in the four corners of the world. Let those with ears to hear, hear!

Abafazi! Bomtandazo!! Pulapula!!!

Isahluko seshumi elinesine, iversi yokuqala neyesibini;—Mazingakatazeki Izintliziyo zenu: Kolwani ku Tixo! Nikolwe nakum: Endlwini ka Bawo zininzi Indawo zokuhlala; ukuba bekungenjalo ngenda nixelelayo: Litsho kuwe mfo ka Gatyeni elo Lizwi: Kolwa ku Bafundisi abo—naba Vangeli babo: Ukolwe nakum mna mfazi wokutandaza: Itsho lo Vangeli: Endlwini ka Bawo zininzi Indawo zokuhlala: Ukuba bekungenjalo ngendanixelelayo: Litsho kuwe kwakona nelo mfo ka Gatyeni: Zininzi indawo ezimele Abafundisi: Zininzi indawo ezimele naba Vangeli babo; Zininzi nendawo ezimele Abafazi Bomtandazo: Zininzi nendawo ezisalindele Onyana Nentombi,—ukuba Baprofete. Yiva ke Mnumzana Tyelinzima Gatyeni: Anzima lamatye ale nduli siyinyukayo: Kodwa ke sizimisele ukuhlala pezu kwawo sipumle; sandule ke ukuwagatya; Yivake! Bafazi Bomtandazo—Xa Ityelinzima li Gatyeni: Watsho! Nontsizi piko le Afrika; Elikusela amatole aze engemnki; emnke nezinye intaka eziwadlayo: Camaguni Bafazi Bomtandazo: Bendawo—ngendawo: Kumagumbi Omane Omhlaba—ngapantsi kwe Langa: Lowo onendlebe zokuva makeve?!

Black people distracted by internal dissension and preoccupied with petty powermongering will stand accused of doing nothing to stop the exploitation of Africa. The leaders compete with one another for popular support, contrasting their achievements.

40   Our efforts stone us!

Look! I want you to understand
our misfortune today, compatriot:
we're amazed they compare achievements!
Won't you stop vying for status?

May the dumb speak in Africa!   5
The dumb spoke in Decapolis,
the eyes of the blind were opened in Jericho:
may our blind regain their sight today.

May leaders emerge in Africa,
stop living on bones and scraps   10
and cry out here at the prospect
of Africa's children arrayed in rank.

My people, there's pain in the truth:
this regime controls our lives today.
It thrashed us through trust in the scriptures,   15
saying "Lay your blankets aside!"

See all those killers and thieves:
what I exposed knocked you flat.
You were stoned by strangers
who splash in the Jordan without crossing over.   20

The truth must be treated fairly,
the truth must be heard by both sides:
the truth is there in the scriptures
and also within our blankets.

May our leaders see eye to eye,   25
stop putting each other down:
efforts not weapons win battles.
Tell me, fellow, what you are doing.

40   Saxulutywa!—Ngamatye Omsebenzi!!

Bona ke! Namhlanje ndifun' uqondile
Mfondini wakowetu nantso intlekele
Balwa ngomsebenzi, sisate manga
Nawe ke namhlanje ngaw' yeka amawonga.

Nezidenge e Africa mazitete!—   5
E Dekapolis izidenge zateta
E Jeriko zakangela nemfama
Mazibone namhla nezetu imfama.

Nenkokeli mazivuke e Afrika
Zingapili ngamatambo naludaka   10
Zenze isikalo apa zikumbule
Lenzala ye Afrika ite rerelele.

Makowetu! Ibuhlungu lenyaniso
Namhlanje yezimini zalo mbuso
Waduda unetemba lezi Bhalo   15
Wati lahlani eyenu imibhalo.

Nandzo—izigebenga! Nango—namasela
Ndakuvumbulula mna ndonosela
Naxulutywa ngamatye ngabapambukeli
Abadla e Jordani bengaliweli.   20

Inyaniso masipatwe ngananinye
Inyaniso kungaviwa bantu banye
Nantso ke! Inyaniso yezi Bhalo
Napantsi ke, kweyetu imibhalo.

Inkokeli mazilale ngemihlana   25
Ziyeke lento yokube ziqulana
Kuliwa ngomsebenzi akungazintonga
Ipi? Ke eyenu? Ngawuxele ke ntanga

The Nation's Bounty

Day after day you ask for donations.
To what end? Please tell me, fellow.   30
Our silver-tongued speeches droned on and on,
dulled our senses, set us snoring.

While Jehovah opens his arms to us,
while Jehovah beckons us close to him!
This is the point: you were made by the word,   35
so we'll learn of your efforts on judgement day.
        Peace!

Efforts not weapons win battles:
stop vying for status today.
Aren't you afraid that you stripped the nation,   40
left it naked with only its hands for cover?

Unity's our only strength,
it alone can nourish us:
all enemies will be crushed by it,
and the pillars of heaven shattered.   45

How long must we keep on repeating:
the dumb spoke in Decapolis,
the eyes of the blind were opened in Jericho:
may our blind regain their sight today.

        Peace to you! Heavens!   50

Nabiza! Imali isinga nesinga
Yenzeni ke namhla? Ngaw' xele ke ntanga 30
Sacikoza nje sada sagqitisa
Yalala—ingqondo yokuzipilisa.

U Yehova Esimema ngako konke
U Yehova Esibiza ngama Conke
Ukutsho ke nditi kule yomsebenzi 35
Sakude—Sifunde! Udalwe nge Lizwi
    Camagu!

Balwa ngomsebenzi, akungazintonga
Namhla nje ke nawe ngaw' yeka 'mawonga
Anikoyikina? Ukuzek' ityala 40
Nayeka Izizwe sambete izandla?

Umanyano nje kupela lungamandla
Kuba lulo lodwa olunokusondla
Zonk' intshaba zakoyiswa ngenxa yalo
Nentsika ze Zulu zakwapulwa ngalo. 45

Kunini kodwa sigqora ukuteta
E Dekapolis nezidenge zateta
E Jeriko zakangela nemfama
Mazibone! Namhla nezetu imfama

    Camaguni! Mazulu!! 50

199 *nemfana*

Mgqwetho applies Daniel's interpretation of the writing on the wall to the situation of South Africa's blacks, who have adopted the dissolute ways of whites to their peril.

41   Mene! Mene! Tekel! Parsin!!
Daniel 5: 25

    That, my people, is the writing on the walls of the nation. It is written in Hebrew. The translation reads: "God has made a complete accounting of your kingdom. You have been weighed on the scale and found wanting. Your kingdom is therefore confiscated and handed to the nations on your borders." Now this seems to refer to you and to me. Take the fourth verse in the same chapter. It reads: "We drank wine and praised foreign gods of gold and silver, brass and iron, wood and stone." Isn't that true? Look at the great variety of fripperies in this country. Reader, take note! Would that same hand that wrote on those walls over there not write today on the walls of Africa? Take again verse 23 in the same chapter. It reads: "We exalted ourselves above God in heaven." Today we considered our customs Red, thus making God a Red, He who holds in His hands our breath and our every path. Peace!

Mene! Mene! Tekel! Parsin!!
Awu! I blundered in going to whites!
I felt bound by the chains of the ways
of the world, of the Ancient Tempter.

Like that they lived their lives in pleasure,   5
like that the fingers wrote on walls;
like that the king sat thunderstruck,
naked old men screened themselves with their hands.

The nation blissfully paced in its cage,
everyone sinking up to the ears,   10
Satan busting a gut singing praises
to you Christians and to us Reds.

"We exalted ourselves above God."
The walls spoke for even frogs to hear
in Belshazzar's ancient city   15
of brass and silver idols.

41   **Mene! Mene! Tekele! Ufarsin!!**
               U-Daniel 5: 25

   Ngumbhalo lowo makowetu! Ezi ndongeni Zezwe: Ubhalwe ngesi Hebere: Inguqulo yawo iti—u Tixo ububalile ubukumkani bako wabufeza: Ulinganisiwe, ke ngoko eskalini; wafunyanwa ulula. Ubukumkani bako buhlutiwe, banikwa Izizwe ezingqonge Izwe lako: Ngati wawusi tsho kum nawe ndikangele nje; Tata i versi yesine kwakweso Sahluko: Iti—sasela i wayini, sabancoma otixo base mzini; begolide nesilivere nabo b'edu, nabesinyiti, nabemiti, nabamatye: Akunjalo ke? Ngawukangele ke nawe ubunewunewu belilizwe bentlobo zonke: Oleseshayo makaqiqe! Ukuba lominwe, eyabhala apo Eludongeni, ayimelwena ukuba namhla nje ayingeze ibhalena? Ezindongeni ze Afrika: Tata kwakona! Iversi yamashumi amabini anantatu kwa kweso Sahluko—iti: Sazipakamisa ngapezu ko Tixo Wezulu: Sati namasiko esasivele nawo, sawabona namhlanje ukuba ngawamaqaba; Sisenza u Tixo ke ngoko iqaba: Oyena kuse Sandleni Sake ukupefumla kwetu: Onazo zonke kwanendlela zetu: Camagu!!

Mene! Mene! Tekele! Ufarsin!!
Awu! Ndak'ubeka ndibheka emlungwini
Ndeva sendibanjwa ngamakamandela
Obomi bomhlaba umhendi omdala.

Latsho! Ezindongen' latsho kusakiwe   5
Latsho bonwabile laveza iminwe
Latsho u Kumkani wasi nkwabalala
Lashiya maxego ambete izandla.

Kwaye kuyolile umzi ugongqile
Wonke wonk' upela uvele ngonwele   10
U Satan ebonga kutshone nenkaba
Nini magqob'oka kwanati maqaba.

Sazipakamisa ngapezu ko Tixo
Latsho Ezindongen' kweva namaxoxo
Kwimiz' emidala yo Beletshatsare   15
Yo tixo bobhedu nabe silivere.

"You've been weighed and found to be wanting."
The Ancient Creator's voice struck home.
The fingers' inscription proclaims
your kingdom's been taken, handed to others. 20

Stop raising doubts: it's speaking to you,
who stab your king and stab your country,
so your customs joined the whites,
because we exalted foreign gods.

Who are you questioning at this stage? 25
There's the writing on the walls.
Don't we indulge in slander
while saying "Africans, come back"?

Mene! Mene! Tekel! Parsin!!
Where's the Xhosa authority, 30
for all the black nations under the sun,
for our sons and daughters assembled as one?

"You've been weighed on the scales and found wanting."
There's the writing today: don't doze off!
"We drank the wine of foreign gods": 35
we took separate paths to the cells.

Mene! Mene! Tekel! Parsin!!
Africa, leave the forest today
and come read this writing on the wall:
cast out all these heathen gods. 40

      Peace!

Ulinganiswe wabonwa ulula
Latsho kabuhlungu Elomdal' Omdala
Ubukosi bako ngoko buhlutiwe
Banikwa Izizwe ngombhalo womnwe.   20

Kauyek' ukubuza nawe utsho kuwe
Uhlaba inkosi uhlaba ne Sizwe
Emka amasiko aye silungwini
Kuba sabancom' otixo base mzini

Nibuza kubani? Kuyiyo lemini   25
Nango ke nombhalo ume Zindongeni
Asinini aba? Nidla ngokugxeka
Xa siti "buyani" nina be Afrika.

Mene! Mene! Tekele! Ufarsin
Upina umbuso wasema Xoseni   30
Wezizwe Zintsundu ngapantsi kwe Langa.
Wonyana nentombi zetu siluhlanga.

Ulinganisiwe eskalini walula
Nango ke Umbhalo namhla sukulala
Sasela iwayin zotixo base mzini   35
Sahlukana sedwa say' ezinkonxeni.

Mene! Mene! Tekele! Ufarsin
Namhlanje Afrika puma ehlatin
Ufunde lombhalo use Ludongeni
Ukupe no tixo base buginweni.   40

        Camagu!!

5   *Ezindondgen'*

Mgqwetho promotes mutual aid as an antidote to present troubles.

42   What's this? Let's build for each other!

Induce birth pangs in your people,
as in Ngubengcuka's time;
speak as of old in Hintsa's voice.
(The names of kings confuse me.)

Halahoyi! Africans, something stinks   5
like the river snake, fouling the air.
Compatriots, we must be sown
so a nation's reaped when we sprout.

You see, my people, we're old,
truth threw us long ago;   10
our land has clods that gash our soles,
I swear by my shades, and my father who sired me.

Let's build for each other! Nitpicking poets
ignore the grain that pecks the chicken.
What's this nation we lose our sleep over?   15
The whole nation rots in hovels.

Let's build for each other! We've been barking for ages,
confronting those who pick us clean.
What nation is this whose milk
lacks strength to reach the milksack?   20

Peace, Africa, strife-torn land!
There's little indeed we can take for the truth.
This "Let's build for each other" on earth
is a clarion call to the people.

Africa, you even judge your friends,   25
Nursemaid slain by your sucklings.
And so, nitpicking poets
ignore the grain that pecks the chicken.

Peace, Africa, Army whose warriors stab one another!
They rip each other but reassemble.   30

42   "Masizake"!! Yin' nale!!!

Vusa! Inimba yakumakowenu
Yakulo Ngubenc'uka kwezakowenu
Utete ngelidala ngelika Hintsa
Amagama enkosi ayandipazamisa.

Halahoyi! Ma Afrika nalo ke ivumba   5
Linukisa okwenyoka yomlambo
Makowetu—sisamelwe kukutyalwa
'Ze kuvele ubuhlanga sakulinywa.

Yabonani makowetu sibadala
Nenyaniso yasiposa kwakudala   10
Izwe letu limagade ahlabayo
Ndifung' ok'ok'o nobawo ndizalayo.

"Masizake"! Lento imbongi zinoc'uku
Kunokuyeka, ukozo lungadli nkuku
Sizwe sini esi singehlisi butongo   15
Sigqibe Izwe lonke ngamax'obongo.

"Masizake"! Kudala bo sikonkota
Sipikisa abantu besiqongqota
Sizwe sini sona esi silubisi
Lungasafikiyo nase zimvabeni.   20

Taru! Afrika zwe lombango mbuso
Zincinane indaba eziyinyaniso
U "Masizake" lo ngapantsi kwelanga
Lilizwi—libukali limemeza Hlanga.

Wena Afrika ugweba nezihlobo   25
Mondli ebulawa ngaba kowabo
Xa ndilapo imbongi ke zinoc'uku
Kunokuyeka, ukozo lungadli nkuku.

Taru! Afrika mpi ziyabinzana
Zimane ziqauka zibuye zihlangana   30

How much longer? Countrymen, build for each other!!
Do the whites on the mountaintops bother you?

Peace, Africa, Army whose warriors stab one another!
They rip each other but reassemble.
Pulling in different directions,   35
these spans will smash their legs. Mercy!

It's "Here, hold this! Go there!" What's this?
You herders of Sandile's cattle,
mimosa trees which twisted in falling.
That rising sun made me think of Shaka.   40

Let's build for each other so strangers don't strip us:
it won't go well if it's each for himself.
The fulfilment of what was written approaches,
I swear by my shades, and my father who sired me.

When that time comes, we'll rise to our feet,   45
misunderstanding will have no place.
I say you'll be one, however reluctant,
despite your screaming and kicking.

       Peace!!

These are the words of one who fights with lightning though clubs are at hand.

Kode kube nini? Makowetu "Zakeni"!—
Baninqabelena? Ngokume Zintabeni?

Taru! Afrika mpi ziyabinzana
Zimane ziqauka zibuye zihlangana
Ezizipani ke ziyintluzentluze   35
Zihlalele ukwapuka imilenze. Taru!

Ngubamba ngapa, bamba ngapa. Yin' nale—
Kodwa belusi benkomo zo Sandile
Minga ete ukuwa yabhukuqeka
Lapum' Ilanga landicingis' u Tshaka.   40

"Masizake"! Sakudwatywa zezinye
Kuba sakuxakeka xa singebanye
Kuza ixesha lento eza Bhalwayo
Ndifungo k'ok'o nobawo ndizalayo.

Ngeloxesha ke sonke soma ngenyawo   45
Ukungevani kobe kunge nandawo
Uyakuba "Mnye" noba akusatandi
Ndisho usilwa, ubeta nangenqindi

       Camagu!!

Watsho—olwa ngezulu, induku zihleli: 50

Drawing on lines from Ntsikana's Great Hymn, Mgqwetho chides God for the level to which blacks have descended since the arrival of whites, a rape symbolised by the dropping of petticoats.

43   Africa's petticoat

Please speak, Ancient Greybeard of ours;
please speak, Doubter turned to faith,
please speak, tell us the story again,
please speak, of the days of our fathers and milksacks.

What were things like in those days, please speak,   5
when they cooked with pots of clay, let's hear?
What were things like in those days, please speak,
when women wore calfskin petticoats, let's hear?

When you kept to the path, please speak,
said, "Show us the witch," let's hear;   10
when you first saw the whites, please speak,
cleaving sea after sea, let's hear.

Let poets speak of the day of tears
for Africa's petticoat—please, Sir—
which restored the soul of the land   15
of every black nation under the sun.

Other nations grew stronger,
this home of ours stayed in the dark.
Truly, Africa's petticoat's dropped:
in Ngqika's house we were ready to quit.   20

Truly, Africa's petticoat's dropped!
The bible slips from our hands and slams shut;
in that world of white lords and masters
the bible speaks with forked tongue.

Let poets speak of the day of tears   25
for Africa's petticoat, please, Sir,
You, who created the blind by design,
shouldn't first have created us by design.

43   "Ub'inqo"! We-Afrika!!

Ngawutsho! Ngwevu yakade enguwe
Ngawutsho! Sidela sobuye sikolwe
Ngawutsho! Uzeke kwakona indaba
Ngawutsho! Zemihla yobawo nemvaba.

Kwakunjanina ngeloxa ngawutsho   5
Kupekwa ngembiza zodongwe kesive
Kwakunjanina ngeloxa ngawutsho
Kub'inqwi zikumba zenkomo masive.—

Namana nilanda nisiti ngawutsho
Bonisani otakatileyo kesive—   10
Xa nanibona abelungu ngawutsho
Becande ilwandle ngelwandle masive.—

Mazitete! Nembongi mhla kwaw' inyembezi
Zo "Mb'inqo" we Afrika sincede Mhlekazi
Owawupilisa umpefumlo wo Hlanga   15
Lwezizwe Zintsundu ngapantsi kwe Langa.

Ezinye Izizwe zihlel' ekucaceni
Owetu Umzi uhlel' ebumnyameni
Wawa ngenyani "Umb'inqo we Afrika
Safuna ukuncama tina mzi ka Ngqika.   20

Wawa! Ngenyani "Umb'inqo" we Afrika
Kwane Bhaibhile isongwa isomb'uluka
Apo zikon' inkosi zase mlungwini
Ezi ne bhaibhile ezingo mb'axa-mbini.

Mazitete! Nembongi mhla kwaw' inyembezi   25
Zo "Mb'inqo" we Afrika sincede Mhlekazi
Ungumenzi wemfama Uzenza ngabom
Ngowungaqalanga ngati ukwenza ngabom.

Hunting party hunting souls,
You set whites on ours and leave us panting. 30
You form one flock from diverse sheep,
form one flock from our diversity.

The trumpet sounded, calling us.
There, Africa's petticoat's dropped,
which was the blanket swathing us: 35
"You Great Blanket swathing us."

The shooting star informed us:
spurn strange gods on pain of death.
It was a guide to guide us.
You, Guide, who guides us! 40

You are the You who dwells on high,
cast out the heathen gods,
You're the Great God of heaven,
passing in front of the white man's cannon.

You are the You, the Shield of Truth, 45
with you, Shield of Truth, we'll guard ourselves.
You are the You, Fort of Truth,
Truth strengthens us in your fort.

Did we invite this mighty money?
Did we invite this nation of theirs? 50
Through them the black people's petticoat's dropped.
Mercy, Black Lophorn of blacks!

      Peace!!

Ulonq'ina izingela imipefumlo
Uyizingela ngabelung' asipefumli   30
Ulohlanganis' imihlamb' eyalanayo
Hlanganisa ke le yetu yalanayo.

Lateta Ixilongo lisibizile
Nanko! "Umbinqo" we Afrika uwile
Owawuyingubo esiyambata tina   35
Ulo Ngubo Nkulu siyambata tina.

Yabinza nenkwenkwezi isixelela
Ningakonzi izitixo notshabalala
Yayingu mkokeli ikokela tina
Ulo Mkokeli Usikokela tina.   40

Unguwena Wena Uhlel' Enyangweni
Kupani otixo basebuginweni
Ulo Tixo Mkulu ngose Zulwini
Odlula omb'aymb'ayi basesilungwini.

Unguwena Wena "Kaka" Lenyaniso   45
Sakupetela Ngawe "Kaka" Lenyaniso
Unguwena Wena Nqaba Yenyaniso
Kwi Nqaba Yako sonqaba ngenyaniso.

Lemali inkulu na sayibizana?
Lomzi wabo na? Sawubizana?   50
Uwile! Ngabo "Umb'inqo" wabamnyama
Taru! "X'aka" Elimnyama kwabamnyama.

      Camagu!!

Black people suffer now for turning their backs on their own traditional ways and attempting to adopt white religion and culture.

44   The stream of despair

Bring to mind the days of our fathers:
before the word came they wore grass skirts,
but you tended them on the slopes
like flocks on Mount Gilead.

We perish for lack of diviners   5
to ask about Africa's tracks,
so we took our sticks and set out
to find our far-famed home.

Long ago the whites brought the word;
we're confused that it bends with the wind: 10
over there it's with God, over here it flogs us.
I'm quite confused: I'd better scram.

There are tears today in African homes,
we're swept off bound in the stream of despair.
Christians, because of this schooling of ours   15
we're Christians by day, but hyenas by night.

Long ago God's word arrived
but recent events confuse us.
Return to your roots, black man of Africa:
we're swept away in the stream of despair.   20

It didn't seem much, but we're drowning;
we say we'll escape and regroup.
We pinned our hopes on a miracle:
some died with nothing to show for it.

We perish for lack of diviners   25
as if every home housed a witch.
We make a big thing of this schooling:
we're swept away in a stream—nothing's left.

44   Umfula! Wosizi!!

Senze sikumbule imihla yobawo
Ababeb'inqa inc'a ngokuswela Izwi
Kodwa ubanyusa nase matambekeni
Njengayo imihlambi yase Giliyadi.

Satshabalala ngokuswela igqira   5
Ke silibuze ngomkondo we Afrika
Side satata nentonga sabekelela
Sifuna lo Mzi wetu odumo ludala.

Izwi nabelungu kade lafikayo
Sixakiwe lilo kuba linxa zonke   10
Liko ngaku Tixo kuti ligalele—
Ndixakiwe konke nganindikwelele.

Namhla zinyembezi kwindlu ze Afrika
Nomfula "Wosizi" yintambo siyemnka
Ngenxa yalemfundo yetu magqob'oka   15
Sigqob'oke mini kuhlwe sizinc'uka.

Izwi lika Tixo kade lafikayo
Sixakwe yonanto makube kuyiyo
Q'uq'elezaleni mdaka we Afrika
Nomfula "Wosizi" ngenyani siyemka.   20

Kwanga kuncinane kanti siyatshona
Siti siyapuma sisinge kwakona
Sasiba kovela simanga saluto
Bafile abanye bengazuzanganto.

Sitshabalalake ngokuswel' igqira   25
Wanga wonke Umzi sowungamagqwira
Yiyo ke lemfundo sigwagwisa ngayo
Siyemnka nomfula, tu nto kwakuyiyo.

All this applies to us, my people:
we poured out our homestead and left it. 30
Our treasures are gone and we bear the blame:
we shunned our home for a flash in the pan.

Strangers to us, the shades depart
and we sink in the stream of despair;
we're not drowned yet, we bob up and down: 35
perhaps the shades will take up our case.

We're swept off in bowls of white people's liquor,
we're swept off by this schooling we valued:
today our voice, drowned in a whirlwind,
calls faintly from the skies. 40

Ntsikana brought the word long ago.
I lost the thread: who doesn't know?
We shunned our customs, blaming Africa,
and turned into long-tailed birds.

            Peace!! 45

Umfula! Wosizi!!

Sasukake nati bantu bakowetu
Sagalel' emzini salahla mawetu 30
Akuko ntwisento seyela ngakona
Salahl' umzi wetu ngomz' upoyiyana.

Yemnka ne Minyanya yati ayisazi
Santywila kunjalo kumfula "Wosizi."
Aside sitshone simane sintywila 35
Yode Iminyanya igwele ityala.

Semnka nesigubu sotywala bomlungu
Semnka nale mfundo sayenza igugu
Namhla izwi letu lisezaqwitini
Litsho kancinan' ezibhakabhakeni. 40

Izwi no Ntsikana kade lafikayo
Ndijike kufupi nguban' ongaziyo
Salahla masiko sagwebi Afrika
Saba nemisila saba njengentaka.

      Camagu!! 45

Nontsizi applies Isaiah's prophecy to the situation of oppressed blacks in South Africa, and appeals for black leaders to arise who will draw on their own established tradition and custom.

45   The prophecies about blacks have now come to pass! Listen!
Isaiah 19: 2, 4, 8-10, 15-16, 20

    Editor, thanks for the poets' column. We can't sit silent, the country's rotten. For the moment, please ignore the Hertzogs: study the Scriptures, Jehovah's hand—beating us. There! The prophet Isaiah informs us, Toughbreast from Gabriel's home. His prophecies are handsome, but not really stately: they don't appeal much from our point of view, like a lily in a damp river bank. The prophet Isaiah's not much help to himself either, because he is constrained by his domestic principles. Even heaven shatters boxwood in thundering "Let us come home" today, because we've satisfied our hearts' desires. The Prophet Isaiah says Jehovah's horse has gone past here wet with sweat. It dropped a rock that unsettled him: Look at those sods! To you black community: we will fight amongst ourselves alone, because it is written so. We will be encircled and ruled by hostile kings. Jobs will be wrenched from us. So it is written; exactly as it is now. Jehovah will make you shake and tremble with fear because you lack the resources Jehovah will send you to fight the enemy. Because of your oppressors, you will cry out to Jehovah for the first time and he will send you a Saviour. Tell the owners of rivers too, so they know the country has changed. If I as God had not been so amazed, every last one of you would have been dead. Peace! Oh! I have said that cattle, horses, sheep and goats will grow hostile. You have brought this on yourselves. I will even withhold the rain. Peace then, Lake with a bonnet on top; Elephant grazing the plains—if you sleep on the way, you'll be lost; Eye of a tadpole under water, yet it can see above the surface; Black ox with one horn looking up and the other pointing to the ground. For a long time the Prophets of Truth have been telling us. There it is today, Thunder-and-they-shudder; we can see you thundering. Peace! Stabber with heavenly prophecies, Watersnake living in a bottle. We consider you good, but also dangerous. The prophecies about blacks have come to pass: Take a look then: we've been telling you for a long time. Who will there be for you to take advice from? You do not even have one custom to sustain this house. Lend me your ears, earth! Will the blanket of Africa lie alone, lacking someone for it to cover? The country will be upended, and damaged! You will come back, like it or not—kicking and screaming, you will! The leaders we need now must come to us with wraps from Heaven and unravel problems which will obstruct us. They should not go about unravelling our cash in their pockets, and then

45   Ziyazaliseka—Ngoku! Izihlabo ko Ntsundu!! Pulapula!!!

U-Yesaya 19: 2, 4, 8-10, 15-16, 20

Taru! Mhleli ngesituba sezi mbongi; asinakutula, umhlaba ubolile: Ngani myeke no Tsalitoro okwangoku: Fundani Izibhalo—yena usisandla so Yehova—Esibeta tina: Nanko! Nomprofeti u Yesaya esixelela: Usifuba lugangato kulo Gabriyeli: Nangona, iziprofeto zake ziyinzwana azindembelele; kuba azizihle ngalondlela kuti, njenge nyibiba yejojoisemlanjeni: Engazenzi ke naye betu u Mprofeti u Yesaya kuba uqutywa zi ntsika zako wabo: Kwane Zulu lihlokoma umgala gala: Liti "Masibuye" namhlanje, kuba amabhongo entliziyo siwagqibile: Uti yena Umprofeti u Yesaya lidlule apa ihashe lika Yehova liyinto emanzi: Latoba Imbokotwe watsho wazula: Nango ke lomagade!—Kuwe ndlu Emnyama: Siya kulwa sodwa, kubhaliwe kwatshiwo: Sivingcelwe silaulwe ngo Kumkani abanencwangu: Ihlutwe kuti nemisebenzi: Kubhaliwe kwatshiwo; njengokuba kunjalo njeke nangoku: U Yehova anenze ninkwantye nigubé kuba kaloku aninazo nezixobo, eniyakolwa ngazo nentshaba, eziya kutunyelwa ngu Yehova kuni: Ngenxa ke yabaxinezeli benu, niyakwa ndula ke nikalele ku Yehova anitumelake u Msindisi. Xelelani nabanini milambo, bazi ukuba Ilizwe lipetukile: Sekummangele nja mna Tixo—senifile konke konke: Camagu! Awu! Ozinkomo namahashe, ozigusha nozibhokwe, senditshilo ziyatshaba: Nizonele ngokwenene—Mna nemvula ndoyibamba: Camagu ke! C'ibi Elinomnqwazi ngapezulu! Ndlovu Edla Ezindle—Ungalala Endleleni Ulahlekile: Liso Lesabonkolo elingapantsi kwa manzi kanti libona ngapezulu: "Xaka" Elimnyama: Opondo lujonge Pezulu, olunye lwabheka Emhlabeni: Kudala naba Profeti Benyaniso besixelela: Naku namhlanje Duma Barwaqele, sasi kubona ngokuduma: Camagu! Mhlabi ngezihlabo use Zulwini: Zilenzi elihlala Embodleleni: Siti ulungile nje, kanti ukwa Yingozi: Ziyazaliseka! Izihlabo ko Ntsundu: Kangelani ke kade sinixelela: Azi niyakucebisana Nabani ke; ningenalo nje nasiko nimise Umzi ngalo: Bekindlebe wena mhlaba! Ingubo ye Afrika? Yalala yodwa na? Ngokuswela umambati? Lizakuguqulwa lona Ilizwe lonakele:—Uyakubuya ke noba akusatandi!—Ndisho usilwa ubeta nangenqindi: Inkokeli esizifunayo ke ngoku: Mazifike namabhayi avela Ezulwini: Zicombulule amaqina azakusixaka: Zinga hambe zicombulula imali zetu ezingxoweni, ze ngayo ziyoku xaka abafazi bamanye amadoda, zixake kwanotywala yonke lento; Haikona! Asizifuni ne Nkokeli, eziti zakupelelwa kukutya ezindlwini zazo, zimeme umhlangano, zisenzela ukuba zipile ngetiki

with it obstruct other men's wives on one side, and liquor on the other. Not at all! We don't want leaders who, when food's running short in their huts, call a meeting, so they can live on the tickies raised at that gathering—Not at all! We don't want such leaders, and those who go about deliberately spilling the blood of the nation. Wars are instigated by God. Leaders are in reality God's leaders: when they see that things aren't right they seek the advice of God, who is Custom. The prophecies about blacks have now come to pass, they have commenced. And so we must pray! The prophets of truth who will carry us across this "Stream of Despair," those prophets we have amongst us. No one is going to rise from the grave to tell us. Never!!!

zalo mhlangano—Haikona! Ezinjalo asizifuni nezihamba zipalazisa igazi le Sizwe ngabom: Imfazwe zidalwa ngu Tixo: Inkokeli ke ezi zezika Tixo ngenyani: Ziti za' ubona ukuba konakele, zicebisane no Tixo Olisiko: Ziya zaliseka ke Izihlabo ko Ntsundu, seziqalile: Masitandazele ke! Abaprofeti benyaniso, abayakusiweza kulo "Mfula Wosizi" abaprofeti sinabo kwapakati kwetu: Akuko nakanye oyakuvuka Engcwabeni azo kusixelela—Napakade!!!

Black people have been victimised by whites, and have allowed themselves to be exploited, but there is still some fight left in them.

46   The lion of blackness still roars

Halahoyi, Africans! Something stinks
like the river snake, fouling the air.
It's the lovely river sylph
that knows the secrets of heaven.

The lion of blackness still roars,   5
speaks in a voice of thunder.
It says this will be a year of wonders
that will strike us between the eyes.

Celebration began before fighting ceased,
but there, ever eager to seize control,   10
sits the donkey driving the wagon,
I swear by my shades, and my father who sired me.

The lion of blackness still roars
from the midst of our black nations:
let's seek the truth from those above,   15
those long dead and the recent deceased.

It says "Let's come back" though we don't believe it,
luminous places terrify us:
we heard the roar of the word of God,
brought by mocking sorcerers.   20

In the land of our fathers and of our shades
they set us at odds with God, our own shade;
but those who came by ship shouldn't fool themselves:
the Prince of Heaven's wide awake.

For a long time, men, we occasionally see,   25
for a long time we hear reports of the slain.
Our people were seized and sent off to war,
with the word of God as their battle cry.
              What's this?

46   Ingonyama! Yobumnyama Isagquma!!

Halahoyi! ma Afrika nalo ke ivumba
Linukisa okwenyoka yomlambo
Yona yazi ubugqi base zulwini
Inzwana yento ehlala emlanjeni.

Ingonyama yobumnyama isagquma   5
Litsho ilizwi, litsho ngokududuma
Nonyaka nje ngunyaka wommangaliso
Liti liyakubeta napezu kweliso.

Saqala ngokuhomba sisekulweni
Kanti nanku ndlebende esenqweleni   10
Ubuk'os' obu abunamntu balayo
Ndifungo "Koko" nobaw' ondizalayo;

Ingonyama yobumnyama isagquma
Napakati kwetu zizwe ezimnyama
Masivumise ke nase zazulwini   15
Zabafa kudala nabafa kutsha.

Liti "Masibuye" noko singakolwayo
Zisoyisile indawo ezikanyayo
Seva umngqumo we Lizwi lika Tixo
Abatakati belizisa ngempoxo.   20

Kwizwe lobawo Elizweni lo "Koko"
Balixabanisa no Tixo okwakoko
Angakohliseki noze nge Nqanawe
Kaloku lihleli ele Zulu i Tshawe.

Kudala zinqoza sibona madoda   25
Kudala kufiwa sisiva ngendaba
Kuk'utshwa nabantu besiy' emfazweni
Nezwi lika Tixo likwa seluhlwini
         Yin'nale!!

"We're British: the Kaffirs can die!
We'll rip the candy from your mouths.
We didn't hurt you: we're British!
A baby baboon's no stranger to misery."
        Do you hear?

God is the toy of black behaviour,
paganism's rampant.
Alas, black home, the lid's on your pot,
your fathers' country rumbles and trembles.

Behold the wonders we witness!
All of you know just what I mean.
Now what do you say? The country's at war:
behold the afflictions, the death of our families.
        Peace! Awu!

We toyed with God while whites looked on:
today our country's affliction itself.
Wailings! So then, my people,
take heart! Remember our country.

Today Africa yields no milk.
Is there no one among the elders
to bear this report to the One on High,
to burn his firstborn son as sacrifice?

        Peace!

U-Kafile makafe singama Britani						30
Tina sonihluta intlaka emlonyeni
Asika nenzinto singama Britani
Itole lemfene likula esizini
        Niyabeva!

Kudlalwa ngo Tixo ngendlela emnyama					35
Ubuhedeni ngenyani busahluma
Wagutyungelwa yeha ndlu emnyama
Izwe loyihlo ligquma zi Nyikima.

Nandzo nezimanga esizibonayo
Nani niyayazi into ekuyiyo						40
Namhla nitinina? Ilizwe lifile—
Nandzo nezibeto usapo lufile
        Camagu! Awu

Sadlala ngo Tixo wetu kube lungu
Namhla izwe letu yinqu yeshologu					45
Xa ndilapo "Izililo" mako wetu
Ningetuki nganicinge ngezwe letu.

Namhla i Afrika itshelwe sic'eko
Azi kwabadala yena akaseko?
Onyusa nengxelo iye ko Pezulu						50
Atshise nedini ngonyana omkulu?

        Camagu!

Mgqwetho criticises Christians for their unwarranted pride in despising traditionalists, who continue to wear their red blankets dyed in ochre.

47 Reds! Listen

Editor, thanks for the poets' column.
I'm still here, a young man and no poet;
I carry the milkpail to arm-ringed celebrities;
let all Christians glance behind them.

Editor, thanks for the poets' column.　　　　　　　　　　　　　　5
I'm here, still alive and no poet.
You'd better believe I'm still a Red:
tell your people I'm the one talking.

Christians call us heathens
but every home's unstable.　　　　　　　　　　　　　　　　　　10
When the Word appeared we were together,
but you chased the whites to join them.

Ngqika himself broke away,
cheeks chafed from his lies.
Christians, because of your school education　　　　　　　　　　15
you're Christians by day, hyenas by night.

Just like always, we Reds come together,
sitting here, swapping news.
We never enter your meetings,
where the mood is so hostile to Reds.　　　　　　　　　　　　　20

Here I sit, to be sure, just like always,
tell your people I'm the one talking.
I'm someone of consequence; I spoke at my birth:
in the courtyard princes stamped and frolicked.

We Reds have made a statement,　　　　　　　　　　　　　　　25
preferring charges against you;
today we've come, we'll do this for you,
for we were born at the setting sun.

47   Amaqaba! Pulapula

Taru Mhleli ngesituba sezi mbongi
Ndisahleli ndingumfana andimbongi
Ndingumpati tunga lezi Nxiba-Mxaka
Makabhekabheke onka magqob'oka.

Taru Mhleli ngesituba sezimbongi   5
Ndiko noko ndisahleli andimbongi
Ndililo iqaba eli lintyontyayo
Bikela mawenu uti ndim otshoyo.

Ati amogqob'oka singabahedeni
Kodwa wonke umzi usaya eweni   10
Naputum' umlungu zenibe babini
Kodwa lon' Ilizwi lifike sinani.

Zemnka zihlepuka kwanento zo Ngqika
Nezandundu zityabuke kukuxoka
Ngenxa yalemfundo yenu magqob'oka   15
Nigqob'ok' emini kuhlwe nizinc'uka.

Sinengqungqutela tina bomaqaba
Siko sisahleli sisaziv' indaba
Kwezontlanganiso zenu asibangako
Zicas' amaqaba ngohlobo lungako.   20

Ndiko ndisahleli ndim lowu ntyontyayo
Bikela mawenu uti ndim otshoyo
Ndiyinto ndateta kwasekuveleni
Agqusha ma Tshawe adlale nkundleni.

Zipambili ncwadi zetu bomaqaba   25
Sinimmangalele kotshona nenkaba
Namhla sifikile siza kunenzela
Kuba sazalwa ke ukumnka komhla.

I'll give you advice though I don't know much:
for a long time you claimed to know everything.　　　　30
Your milk's all dried up, you've none for your coffee,
that's my opinion, a Red among Reds.

Celebration began before fighting ceased:
the sun gasped in amazement.
When we Reds stood slackjawed,　　　　35
you didn't mark our threadbare blankets.

Today your voice is drowned in a whirlwind,
Christians, your learning's down in the dust,
all because of this pride of yours:
can a seasoned debater dispute this?　　　　40

You're past any help; you make us puke:
you use us as kindling to warm yourselves.
That's what we say, we girls who smear ochre;
we'd rather die than dispute you.

Does no one remind you, Christian,　　　　45
that you were made by the word?
While you're wasting time, Moses will come
to clear the path you still can't tread.

   Peace!!

Mna ndonityela kokwam ukwazi
Kuba kude kutiwa ninolwazi   30
Namhlanje napuse nolwasekofini
Nditsho ke mna qaba lasemaqabeni.

Naqala ngeratshi kungeko zimanga
Nenza ke Ilanga ngoko lati manga
Sada sanoyika tina bo maqaba   35
Ningajongani nomr'ajana weqaba.

Namhla izwi lenu lisezaqwitini
Nishiywe yimfundo iselutulini
Ngenxa yeliratshi lenu magqoboka
Makapike ke oqele ukupika.   40

Aninaluncedo kuti ninezote
Nisenza inkuni zokuba manote
Sitsho tina ntombi zama kota-mbola
Xa sipike nani singatshabalala.

Wena ke gqoboka udalwe nge Lizwi   45
Azi akunayenake Umkumbuzi
U Mushe wopuma kuti nilibele
Avule indlela isaninqabele.

       Camagu!!

Black leaders assemble to discuss the situation of their people, who are subject to deliberately oppressive white policy.

48   We're the topic of talk

They say they're here for a meeting,
Rubusana and Jabavu—
use peace to smoke out the bees for their honey—
we'd be happy to die while they're here.

"Are you well?" "Today we're the topic of talk."   5
The bible is with us there in the crowds.
You see, my people, we're old:
the whites wolfed us down long ago.

Raise dust till you're dirty, dark African,
like Moses quitting Egypt,   10
remember the one who sits on high
whatever pain it might cause.

We're the topic of talk in every nation,
they preach to each other across the land.
The whites laid us flat on our backs,   15
whipped out the knife to flay us.

This land of Africa's ours,
but we sank in pools through our folly:
spread the news to Cloud Cuckooland.
I'll stop praising when Ba arrives.   20

We really are the topic of talk:
the Mutton Gluttons burn midnight oil.
They open mines that belch up lumps.
What beasts are these abusing the Xhosa?

This land of Africa's ours,   25
we frolicked and danced with our fathers.
Those who came by ship shouldn't fool themselves:
the Prince of Heaven's wide awake.

48   Singu-Ndabamlonyeni!

Bati zilapa into zo Rubusana
Nezo Jabavu, zizo kuqubisana
Zitshiseni ngoxolo zidangale
Xa sifa bekona hai ke kulungile.

Kunjani namhla singu ndabamlonyeni   5
Ibhaibhil' ekoyo ikuti eziqwini
Yabonani mako wetu sibadala
Amagwangqa asiginya kwakudala.

Gquba kube mdaka Mdaka we Afrika
Njengo Moses epuma e Jiputa   10
Ungamlibali yena ose Nyangweni
Nakuba kodwa kubuhlungu emntwini.

Singu ndabamlonyeni kwezinye izizwe
Ziyashumayezana zigqib' ilizwe
Ngenene zasingxongxisa ezimhlope   15
Zayintsimbi edla tina ngokumhlope.

Lomhlaba i Afrika ngumhlaba wetu
Seyela kwisiziba ngobudenge betu
Bika ezondaba ziye e Bhakubha
Ndiyeke ukubonga avele oka Mbha.   20

Kuba ngenyani singu ndabamlonyeni
Amadlagusha akasalali ndlwini
Abhodla ngogadluma ayagayisa
Zilo zini ezi zituka ama-Xosa.

Lomhlaba i Afrika ngumhlaba wetu   25
Besiduda sixentsa nobawo betu
Angakohliseki noze nge Nqanawe
Kaloku lihleli ele Zulu i Tshawe.

If whites have a fit they can drop down and die
wherever they are in this world: Ncincilili!
Our oppression's your product. "Agreed!"
You saw and you conquered. "Agreed!"

The simple truth is they came to oppress,
they came to blaspheme with their bibles,
and all of us in Ngqika's House
failed to suspect their armbands of iron.

This is no hearsay, we actually saw it.
What do the far-sighted make of all this?
Our country's benighted, our heroes fall,
in the land of our fathers lie rough mounds today.

They danced with their faith in the scriptures:
"Discard your striped woollen blankets."
Today we resemble mutes.
In the land of our fathers the canons roar.

The day they arrived there was joy without measure.
We freely abandoned our majesty
on seeing the learning they brought,
I swear by Ndlambe and my father who sired me.

Mercy!!

Singu-Ndabamlonyeni!

Mabhubhe siduli obhubha siduli
Kwizwe lonke lipela Ncincilili! 30
Nantshutshiso yenziwayo Siyavuma
Niqwelile nibonanje Siyavuma.

Kanti nene nene beza kutshutshisa
Nge bhaibhile zabo beza kunyelisa
Safika sonke tina mzi ka Ngqika 35
Sangayiboni nalo ntsimbi yomxaka.

Asivi ngandaba sibona ngamehlo
Azi batini bona abanamehlo
Izwe selimfusa ayawa amag'ora
Izwe lobawo namhla lizingxondora. 40

Baduda benetemba lezi Bhalo
Lahlani pantsi eyenu imibhalo
Namhlanje sesifana nezimumu
Izwe lo bawo ligquma zinkanunu.

Mhla bafika kwakuyole de kwancama 45
Namawonga akowetu sawancama
Sakubona nalemfundo beze nayo
Ndifungu Ndlambe no bawo 'ndizalayo

      Taru!!

If blacks listen to their own prophets they will hear them announce the approach of a new day.

49   Take a look, dawn's breaking *Amos*: 3: 7, 8

From the stream came the song of the maidens
from the outposts and empty villages
of the land of the Sotho and Hlubi.
Come out, Amos, and explain it to us.

The sun of far-flung Africa rises,   5
rises to find you bereft of ornament.
The witches' huts should be clustered
and move in a group to Baboon Sack Land.

Take a look, Africa, dawn's breaking today.
The apostles also proclaim the dawn.   10
Their country makes them froth at the mouth.
Oh, no! they ground me as fine as flour.

These are not Nongqawuse's times,
who brought Xhosa mountains crashing down.
Find support in the Scriptures.   15
Ethiopia should get involved.

God offers no hope at all
that he'll ever, ever speak to us.
He'll be heard through the mouths of the prophets.
Mercy, Wild Beast with scaly feet!   20

Elephant they stab while entreating it.
Armed with lightning, work magic.
When we offer advice knowing little
they say He'll descend knowing all.

So take a look, Africa, dawn's breaking   25
even though you scorn the messengers.
God offers no hope at all
that He'll ever, ever speak to you.

49   Lunguza! Ku-ya-sa *U Amosi* 3: 7, 8

Zatsho ngentsholo nentombi Emlanjeni
Ezase matanga nase manxuweni
Ezakwa Mshweshwe no Langalibalele
Velani Amosi ke nisichazele.

Lapuma Ilanga lakude e Afrika   5
Lapuma ungenayo nentsimbi yomx'aka
Izindlu zamagqwira mazimelane
Zifuduke konke ziye kwa Ngxowemfene.

Namhla Afrika "Lunguza Kuyasa"
Nabapostile baxela "Intsasa"   10
Baxap' amagwebu ngenxa yezwe labo
Arha bo ndacoleka ndangumgubo.

Into zangoku azinguye Nongqause
Yena wadilizintaba zama Xosa
Funda Izibhalo usimelele   15
I Tiyopiya ike ifakelele.

U Tixo Uti akatembisi konke
Kuba angateta nati konke konke
Woviwa ngemilomo yaba Profete
Taru Ramnco Elinyawo Zinentsente.   20

Ndlovu Abayibinza Beyitandaza
Nto Elwa nge Zulu Yenz' Ukutakata
Siba ngabatyela kokwetu ukwazi
Bati wohla Ezulwini onolwazi.

Naku ke Afrika "Lunguza Kuyasa"   25
Nakuba ke abatunywa ubacekisa
U Tixo uti akatembisi konke
Ukuza kuteta nawe konke konke.

I've been talking all day giving witness.
There's Amos, now all could be right. 30
"Take a look, dawn's breaking."
You inspired some things that I said.

Go back to the books of the people of old,
and stop being stripped by the whites every day.
Jehovah roared and will prophesy: 35
they must stop besmirching your dignity.

Though we are nothing, just things to toy with,
dawn's breaking now, so stay on your watch.
Don't listen to no-account nations,
raise the dust till your ladies grow lean. 40

God offers no hope at all
that He'll ever, ever speak to you.
He'll be heard through the mouths of the prophets.
Every language has its prophets.

Take a look, Africa, dawn's breaking today. 45
The apostles also proclaim the dawn.
These are not Nongqawuse's times,
who brought Xhosa mountains crashing down.

                Peace indeed!

Kuntsuku ndisitsho ndisenz' iziqonga
Nanko no Amosi mhlaumbi ke kolunga 30
"Lunguza Kuyasa" undihlokohlile
Inxenye yendawo sendizifezile.

Bhek' Ezincwadini ze Nyange Lemihla
Unganqandwa ngabelung' yonke lemihla
U Yehova Eb'arule wo Profeta 35
Mabayekeke ukukudyob' inqata.

Nakuba asinto sinto zokudlala
Namhla ke kuyasa musa ukulala
Ungapulapul' indaba zemizana
Gquba ke abhitye namankazana. 40

U Tixo Uti Akatembisi konke
Ukuza kuteta nawe konke konke
Woviwa ngemilomo yaba Profete
Zonke ke Ilwimi zina ba Profete.

"Lunguza Afrika namhlanje Kuyasa" 45
Nababapostile baxela "Intsasa"
Into zangoku azinguye Nongqause
Yena wadilizintaba zama Xosa.

Camagu! Bo!

Nontsizi criticises black qualities that stand as an impediment to unity.

50   What's this lament?

Treachery, ill feeling,
oppression, blood feuding
before the Judge watching us:
what can He think?

I'll roar my basic position   5
like thunder over Umtata.
I'll even take a Khoi to wife,
useless as long-left ruins.

This nation rests on the law of the bible,
traitors must forfeit their lives.   10
Turncoats wound it, rip out its lifeblood:
our power wanes, and we're ripe for invasion.

My people, we're stabbing Africa,
we kill our own through betrayal:
we court celebrity status,   15
honours for killing Africa.

When we trade our own people to whites for profit
we inflict a deep wound on Africa.
I'm not one to shy from saying so:
your public behaviour bears eloquent witness.   20

So there's the lament, my people,
provoked by our every effort.
As we idly bicker we're left in the dust
and Africa slips through our fingers forever.

We split into factions, betray our own people,   25
Africa leaves as we claw at each other.
We'd be all at sea if we ruled ourselves:
our cry for self-rule is vapid!

50   Sesanina? Esisimb'onono?

Inkohliswano impatwano kubi
Imbandezelo izibulalano
Pambi ko Mgwebi ekangele tina
Koba njanina?

Ndizakuzongoma ndibuyelela   5
Ndixelise izulu lase Mtata
Ndode ndiqubule noba Lilaukazi
Kuba kakade alinxiwa laluto.

Lento Isisizwe ngomteto we Bhaibhile
Abangcatshi baso mabhubhe bapele   10
Bagqiba Isizwe bakupa nobuzwe
Bupel' Ubukosi singenwe zizizwe.

Siyay' binza i Afrika makowetu
Ngokuntamana sibulala amawetu
Seside sanxibake—nemix'aka   15
Yamawonga abulala i Afrika.

Elonxeba e Afrika libuhlungu
Sesicenga ngamawetu kobelungu
Xa ndilapo andinazintlon' ukutsho
Kwanemisebenzi nantso nayo itsho.   20

Naso ke Isimb'onono makowetu
Namigudu nantoni yakowetu
Siyashiywa silibele kukugxeka
Imke ke kupele yona i Afrika.

Ucalulo lukuti kwanokungcatshana   25
Iq'wesheke, i Afrika sisagxagxisana
Inene singabhanga sike sazipata
Tu nto nabhongo elo lokuzipata.

Zulu, Xhosa, Sotho, Mfengu,
all are the same despite distinctions.   30
On this earth all are one:
under this rule they suffer alike.

You scatter your own, assisting strangers,
currying praise and property:
through you they know our every secret.   35
Thus my question: "How much longer?"

Africa, what's this lament,
Nursemaid slain by your sucklings?
Nitpicking poets, I say,
ignore the grain that pecks the chicken.   40

How many Judases toyed in secret
with black people's lives, then died in the dark?
Men, please assemble and talk:
we can't endure this lament.

God bless Africa!   45
Smear all traitors with dripping mud,
lend them chameleon colours
to brand them, then we can unite.

                        Peace!!

Zulu! Mxosa! Msutu! Tye lase Mb'o!
Bonke bayafana akunandzwe zimb'o　　　　　　　　　　30
Emhlabeni kunjalonje bakwantonye
Enhalweni kwaye Sizwe bandawonye.

Nichit' amawenu nincedis' Izizwe
Kuba nje nifuna ubongwa nilizwe
Zonk' imfihlo zetu bazaziswa nini　　　　　　　　　　35
Umbuzo manditi kode kube nini.

Sesanina Afrika Esisimb'onono
Mondli ebulawa ngabakowabo
Xa ndilapo Imbongi ke zinoc'uku
Kunokuyeka ukozo lungadli nkuku.　　　　　　　　　40

Bangapi o Judas abafe kumdaka
Bedlala ngebala layo le Midaka
Madoda nganifakane imilomo
Azi soba yinina seso "Simb'onono"

Nkosi—Sikelela i Afrika　　　　　　　　　　　　　　45
Beta o ntamnani ngezihlisa zodaka
Bavele amabala njengo Lovane
Ufake nopawu ukuze sivane.

　　　　　　　　　Camagu!!

Nontsizi laments the destruction of black integrity attendant on the acceptance of white values.

51 Something's rotten in Africa. Listen!

Isaiah it was who told us
to spurn strange gods on pain of death.
We toyed with God while whites looked on:
today our country's affliction itself.

Ah, the sorrow that siezes your land, Nontsizi, 5
all the things that bring us grief,
recalling our old Mgqwetho kin
wrapped in blankets of skin.

Begone with all their gods,
their ways rip out our hearts, 10
and so we don't know who we are,
and our great men all sit mum.

Oh the homestead standing alone
with easy access through its gates,
whose people once had plenty, 15
now a sign of oppression.

Something's rotten on African paths:
the next generation will gaze slack-jawed,
passers-by will shake their heads
at this home without hospitality. 20

Its enemies plundered the pots,
the knives and sacred vessels,
all the gourds and little trowels
passed down through generations.

They clapped shackles on you, Africa, 25
hurled you down with bible and musket.
There's something rotten in Africa now.
That rising sun made me think of Shaka.

51   Lityumtyum! E-Afrika!! Pulapula!!! *U Yesaya* 59: 1-15

Nanko u Yesaya esixelela
Masiyeke izitixo sotshabalala
Sadlala ngo Tixo wetu kubelungu
Namhla Izwe letu yinqu yeshologu.

Hayi usizi kwizwe lenu Nontsizi   5
Ezinto wena zisibanga intsizi
Zisikumbuza imihla yemigqweto
Eyayambatwa ngo bawo o Mgqweto.

Mazibhunge izitixo zezalo
Amasiko azo akupa umx'elo   10
Ngenxa yawo asizazi nenqu zetu
Nezikulu zetu zonke zati qutu.

Hayi ukuhlala kwawo wodwa nomzi
Nokungenwa kwamasango alomzi
Obantu babenikwe Intsikelelo   15
Namhla simanga ngu Mzi wembandezelo.

Lityumtyum ezindleleni ze Afrika
Nabalandelayo bobeta besotuka
Baqwab' izandla nabadlula ngendlela
Lomzi ungenayo nendawo yokudlela.   20

Intshaba zawo zatabata nembiza
Kwanezitshetshe nezitya zokutshiza
Nenkamba zonke kwanemihlakulwana
Yezizukulwana—kwizizukulwana.

Zay' konxa i Afrika ngamakamandela   25
Nange Bhaibhile, Mipu, zay' kahlela
Lityumtyum namhlanje e Afrika
Lapum' Ilanga landicingis' u Tshaka.

Find support in the Scriptures.
Ethiopia should get involved.   30
We met Isaiah on the way home.
Christians, where are your bibles today?

Now their fiery breath
scorches those who received them.
What does the prophet Isaiah say?   35
When you've done with trampling, you'll be trampled.

Why can't you see what I've seen for so long?
Didn't Ntsikana tell you?
Our homes and our kingdoms all plundered,
Reds and Christians need passes to travel.   40

May the dumb arise in Africa!
The dumb arose in Decapolis,
the eyes of the blind were opened in Jericho:
may our blind regain their sight today.

The shooting star informed us: 45
spurn strange gods on pain of death.
The trumpet sounded, calling us.
There, Africa's petticoat's dropped.

Jehovah opened his arms to us,
Jehovah called us with all His might.   50
Peace, Voracious, browsing the tops,
yours is the day, Thunderarmed.

                        Peace indeed!!

Funda Izibhalo usimelele
I Tiyopiya ike ifakelele 30
Sipambene no Yesaya egoduka
Zipi i Bhaibhile namhla magqob'oka.

Namhlanje ifute lomlilo wazo
Ngati lidla indiza kwabeza nazo
Utini u Mprofeti u Yesaya? 35
Wakugqiba ukubuqa uyakubuqwa.—

Baza amehlo kade ndandibona
Akakuxelelanga na u Ntsikana
Kwahlutwa makaya kunye no Bukosi
Yaqaba, gqob'oka bahamba ngepasi. 40

Nezidenge e Afrika mazivuke
E Dekapolis izidenge zavuka
E Jeriko zakangela nemfama
Mazibone namhla nezetu imfama.

Yabinza ne Nkwenkwezi Isixelela 45
Zeniyeke izitixo notshabalala
Lateta ne Xilongo lisibizile
Nanko "Umb'inqo" we Afrika uwile.

U Yehova Esimema ngako konke
U Yehova Esibiza ngamaconke 50
Taru Tshwangutshwangu Oludla Pezulu
Yeyako nemini Nto Elwa Ngezulu.

     Camagu! Bo!!

4 *yingu*

A recent earthquake should remind Nontsizi's readers of the destruction of Sodom and Gomorrah and serve as a warning to them to mend their ways: their licentious living in the city has destroyed black dignity.

52 Joburg earthquake: remember Sodom

Editor, thanks for the poets' column!
I'm still here, a young man and no poet;
I carry the milkpail across the Orange,
clubs are at hand but I fight with lightning.

The earthquake spoke, spoke in broad daylight,   5
it spoke while we played, revealing its hand,
it spoke and left the white people stunned,
it left the Coolies wringing their hands.

The earthquake spoke with an eerie wail
while people's pleasure raised a racket.   10
The world's given to pleasure, ancient temptress,
recalling the world in days gone by.

The errant city surrendered to pleasure,
everyone sapped until their eyes popped.
Satan sings praises till his guts bust   15
at you Christians and us Reds.

The world's given to pleasure, a puzzling problem,
astonishing things happen here in Johannesburg,
rampant booze-ups and live-in lovers:
I've never seen booze so abused!!   20

Locusts are spreading among our youngsters,
gangsters are spreading throughout our land.
Look to this learning we boast about
and this culture we eagerly hound.

I slap your face to provoke discussion;   25
I fight with lightning, working magic.
Nothing's left. The thieves are there:
my words will kill if I expose you.

52 Inyikima e Rautini! Gqala esase Sodom!!

Taru mhleli ngesituba sezi Mbongi
Ndiko noko ndingumfana andimbongi
Ndingu mpati tunga pesha kwe Gqili,
Into elwa ngombane induku zihleli.

"Yatsho Inyikima" yatsho kuhleliwe, 5
"Yatsho" sonwabile yaveza iminwe
"Yatsho" abelungu bazinkwabalala
"Yashiya" makula ambete izandla.

"Yatsho Inyikima" yenza Isijwili
Kwaye nokuyola kwenza isanzwili 10
Umhlab' uyolile uvuso kudala
Kobomi bomhlaba umhendi omdala.

Nene kuyolile umzi ugongqile,
Wonke wonk' upela uvele ngonwele
U Satana ubonga kutshone nenkaba 15
Nini magqob'oka kwanati maqaba.

Umhlab' uyolile yinkohla yinkinga
Kona e Rautini kwenzek' izimanga
Kuk'ule ushwesho, kuk'ule umnxilo
Andikawuboni nongaka umnxilo. 20

Zandile nengqola kule nzala yetu
Bandile no Laita kwizwe lakowetu
Yiyo ke lemfundo sigwagwisa ngayo
Kwanale mpucuko nisifunze ngayo

Ndipezu kwengxoxo ndiqaul' incebeta 25
Ndilwa mna ngombane ndenz' ukutakata
Tu nto sekuyiyo nango namasela
Ndakuvumbulula mna ndonosela

We live with God and Satan both:
which to take? The One Above. 30
We sit on the fence, won't take a stand,
the walking dead unfamiliar to God.

The dove of the marshes of Mara tells you:
today's like Sodom and Gomorrah again.
The mission stations of God lie waste, 35
abandoned by priests: we're bewitched.

You've been weighed and you're found wanting.
Look at the earthquake today. Stay awake!
All our customs were lost to the whites
when we turned our backs on the gods of our home. 40

Stop asking questions! Look at the earthquake!
Heathen habits are rampant.
Ah, black people, the land is sinking.
We're standing barren, bereft of dignity.

That being the case, my people, 45
let's return to our wonted ways
remembering Sodom and Gomorrah.
The dove of the marshes of Mara says so.

      Peace!!

Siko ngaku Tixo nase Sataneni
Abambe lipi ke? Yena Enyangweni 30
Singabo nxazonke abangenacala.
No Tixo 'kasazi sife namacala.

Kunje nge "Sodom" namhla ne "Gomora"
Litsho i "Vukutu" le "Ntili" zase Mara
Nemizi ka Tixo yaba ngamanxiwa 35
Kumnka be Fundisi, ngati saposelwa.

Ulinganisiwe wabonwa ulula
Nantso "Inyikima" namhla sukulala
Emnka namasiko aye silungwini
Kuba sabancam' otixo base mzini 40

Kauyek' ukubuza nantso "Inyikima"
Kwanobuhedeni nabo busahluma
Watshona "Umhlaba" yeha ndlu Emnyama
Kuba sipatshile sipel' isidima.

Ukuba kunjalo mabandl' ako wetu 45
Make sibuyele kwinto zakowetu
Sigqal' ese "Sodom" kunye ne Gomora
Litsho i "Vukutu" le "Ntili" zase Mara

      Camagu!!

A rallying call for the victimised and indifferent blacks.

53   Are you bundled for threshing, Africa?

Jehovah, replenish our days on earth,
as you did in the time of our fathers.
Did you forsake us forever,
Great Place for weaning children?

Now we're something the cook tosses out,   5
condemned for intermarriage;
to our sons and daughters we're all one nation
of black people under the sun.

Those are the wailings, my people!
Take heart! Consider our country,   10
speak as of old in Hintsa's voice.
(The names of kings confuse me.)

Are you gathered in bundles for threshing?
Your recklessness is rampant.
Induce birth pangs in your people   15
as in Ngubengcuka's time.

You see, my people, we're old,
truth threw us long ago;
the truth is found in scriptures
and also within our blankets.   20

The days of darkness are done,
the age of ignorance over:
let's formulate plans for our future,
or we'll struggle along one by one.

Are you gathered in bundles for threshing?   25
Your recklessness is rampant.
How do you live in constant strife,
in ignorance and conceit?

53   Wabutwana—Afrika? Njengezitungu—Zesanda?

Hlaziya Yehova imihla yetu
Njengo kwamandulo ko bawo betu
Ungaba usicekise mpela na?
Kayakulu Lilumlela abantwana.

Naku siyabona sesingamangqina   5
Xa ngaba kunjalo kup' ukwalamana
Konyana nentombi zetu siluhlanga
Lwezizwe zintsundu ngapantsi kwelanga

Izililo xa ndilapo makowetu
Ningetuki nganicinge ngezwe letu   10
Nitete ngelidala ngelika Hintsa
Amagama Enkosi ayandipazamisa.

Wabutwana njengezitungu ze Sanda
Nobutyakala kuwe buye busanda.
Vusa Inimba yakuma kowenu   15
Yakulo Ngubencuka kweza kowenu

Yabonani makowetu sibadala
Nenyaniso yasiposa kwakudala
Inyaniso iquletwe zizi Bhalo
Napantsi ke kweyako imibhalo.   20

Amaxesha obumnyama agqitile
Nezamini zobudenge zipelile
Masizake sakudwatywa zezinye
Kuba sakuxakeka xa singebanye.

Nabutwana njengezitungu ze Sanda   25
Nobutyakala kuni buye busanda
Entlalweni nembambano ninjani?
Namaratshi okungazi anjani?

Living like this, can you have a country?
Living like this, can you have a home?   30
As we idly bicker we're left in the dust
and Africa slips through our fingers forever.

The whites are united against the blacks,
the Coolies and Chinese against the blacks.
Are you gathered in bundles for threshing?   35
Your recklessness is rampant.

Unity's our only strength,
it alone can nourish us:
all enemies will be crushed by it,
and the pillars of heaven shattered.   40

We bark for you, my people,
confronting those who pick us clean.
What nation is this whose milk
lacks strength to reach the milksack?

Today Africa yields no milk.   45
Is there no one among the elders
to bear this report to the One on High,
to burn his first son as sacrifice?

                        Peace!

Ubuzwe ke xa kunjalo bubupina?
Ikaya ke xa kulapo lilipina? 30
Siyashiywa silibele kukugxeka
Imnke ke kupele yona i Afrika.

Amagwangqa amanyene ngabamnyama
Nama Kula nama Tshay'na ngokumnyama
Nabutwana njengezitungu ze Sanda 35
Nobutyakala kuni buye busanda.

Umanyano nje kupela lunga "Mandla"
Kuba lulo lodwa olunokusondla
Zonk' intshaba zakoyiswa ngenxa yalo
Nentsika ze Zulu zakwapulwa ngalo. 40

Kuninina makowetu sikonkota
Sipikisa abantu besiqongqota
Sizwe sini sona esi silubisi
Lungasafikiyo nase zimvabeni

Namhla i Afrika itshelwe sic'eko 45
Azi kwabadala yena akaseko
Onyusa ne "Ngxelo" iye ko Pezulu
Atshise ne "Dini" ngonyana omkulu

Camagu!

Nontsizi pours scorn on the leaders of a pass protest disrupted by police.

54   The tale of the wasps

You can't trust a leader who goes around saying he's not afraid of jail!!

    Mercy, Africa, Nursemaid slain by your sucklings! The way you speak defines you. Nitpicking poets, I say, ignore the grain that pecks the chicken! Thank you too, Editor, for the poets' column. We can't keep quiet: our children would fall prey to hyenas, for we leaders of today are hot-heads, we'd be ripped to shreds on the spot by dogs. The nation, too, must peer about before it moves on to avoid encountering hyenas on their way home.
    Listen! It sounds just like the tale of the wasps! I won't repeat myself: I've said it again and again. I'm left speechless at the leader who says he's not afraid of being jailed, but as soon as the tinpot cop appears on his horse, he stands aloof like a yellowwood immune to the axe.
    It's now six years and two months since I exploded on the scene as a poet singing praises to Africa, abandoned on the battlefield by our forefathers, left as a prey to hyenas. I've seen its present leaders; I heard reports of others but never saw them personally. In 1919, here in Johannesburg, a massive riot erupted over the mark of Cain (that is, the pass). A great number of people died. Now just listen. I'm going to tell you what I saw with my very own eyes, not what I heard from some passer-by. On 3 April 1919, we the leaders of the nation marched united with others to the Fort, where we were going to wait for "the dawn of Africa," the lifting of the burden of the pass from our shoulders. We had high hopes, truly believing that this burden would fall once we'd scaled the hill Difficulty. We got there and stood around, wondering what to do next. What did we see? Another hill Difficulty suddenly confronted us, scattering confusion. Tinpot cops on horseback charged us down, at full tilt, like bats out of hell. Our leaders took to their heels before those horses reached the Fort. They made no bones about their fear, saying they'd been pounded by the Tinpots at Fordsburg the day before. They just left us there in the mess they'd invited us to. I tell you truly, my people, it's only through the power on high that we were sprung from that mess. Without a doubt, we stood at the gates of death! And then our other leaders in jail begged to be sprung in case their chronic complaints returned if they continued to sleep on cement. And now those who are free are reluctant to meet with those inside for fear of being arrested themselves, in case their ailments return from eating prison pap. And that's how it goes with our leaders: they were speaking to me, then running from the Tinpots. If they deny the truth, I'll come right out and name them. I tell you, my people, it's the tale of the wasps: people puffing themselves up,

54 Yintsomi yo Nomeva!!

Inkokeli—Ehamba Isiti Ayikoyiki—Ukubanjwa Yona Kungatsha—Kucima!!!—

Taru! Afrika!—Inteto zizimbo: Mondli ebulawa ngaba kowabo: Xa ndilapo Imbongi ke zinocuku; kunokuyeka, ukozo lungadl' inkuku:

Taru! Nawe mhleli! ngesituba sezimbongi; asinakutula, abantwana babantu banga pela zincuka: Kuba tina nkokeli zangoku singontloko ziyavuta; apo sikona—ungatyiwa nazizinja: Nesizwe mosolule intamo xa sisukayo, singapambani nencuka zigoduka: Pulapula!!—Yintsomi—yo Nomeva!! Andikupinda; ndishilo nje nditshilo: Inkokeli eti ayikoyiki ukubanjwa: Zekuti lakuti—tu, lona ihashe lika Nongqai, umntu abe yinto epaya yo Mceya ongangeni zembe: Ndine minyaka emitandatu, namhlanje ene nyanga ezimbini ndibonga, ndenze isitonga sisinye; ndibongela le Afrika: Eyashiywa ngo bawo Entilini; yaza yaba sisisulu se ncuka: Ndizibona ke ne Nkokeli zayo zangoku; ezinye ndiziva ngendaba ndingazange ndizibone: Kute ngo 1919, kwehla "Isipitipiti" esikulu kakulu apa e Rautini: Sopawu luka Kayin: (Passport) Baza ke bafa nabantu kanobom: Pulapulani! ke!—Ndizakuteta endakubonayo ngamehlo; ingekuko endakuva ngo (Vazidlule)—Kute ngomhla wesitatu ku April 1919: Sanduluka tina Nkokeli ze Sizwe kunye ne Sizwe ngokubanzi saya Egantolo: apo sasiye kulinda kona ukupuma kwe "Kwezi le Afrika" Kwano kuwiswa komtwalo lo we Pasi usemagxeni: Esa sinetemba ke elikulu ngenyani, siqonda mhlope ukuba wona lomtwalo uyakuwa sakuba siyinyukile "Induli ka Xakeka": Kute siselapo, sisaqwalesele, eyona nto kode kube yiyo: Asibonanga—ngani: Kwati—tu nduli yimbi ka Xakeka, eyatsho saxakeka ngenyani: Amahashi o Nongqai esiza kuti kanye enga sapali etsiba izihogo—: Zabaleka Inkokeli zona engekafiki nokufika lomahashi apo e Gantolo: Zati ziyoyika ngokumhlope azafihla: Kuba ziluvile "Utyikityo olwenziwe ngo Nongqai e Fidasidolopu ngezolo: Zasishiya ke betu kololudaka zaziluxovile: Inene makowetu; sakutshwa kolodaka ngamandla Ezulu kupela: Amangcwaba wona sise Sangweni lawo ngapandle kwe ntandabuzo: Zaye ezinye Inkokeli zise ntolongweni, zimemeza ukuba mazizokukutshwa, kuba ziyakuvukwa zizifo zazo ezidala, azinakumelana ne Samente: Zaye ezinye zingafuni nokuhlangana nabantu ngoku; zisiti ziyoyika ukubanjwa, kuba zingavukwa ngamadliso, ke zaya kutya lapapa yase ntolongweni: Zaba njalo ke indaba zezo Nkokeli; Zaziteta kum, zibaleka no Nongqai pambi kwam: Ukuba ke zinokuyipika lonyaniso: Ndiyakwandula ke ndizibize ngamagama: Ukutsho ke makowetu! Yintsomi yo Nomeva!!—Ukuziqayisa, ati umntu, mna—kungatsha—kucime

saying "Where there's fire I'll douse it." Watch out for those who urge a return to the attack then duck back inside.

Daniel was thrown into the lion's den and seven times into a fiery furnace and emerged unscathed. Ten times Moses was thrown against the power of Pharaoh the Lion. He came back until he triumphed. But we scatter before the Tinpot's horse!! What happens when the canons roar? Daniel and Moses had their God indeed. And we want nothing to do with Godless leaders. This too we must teach ourselves: courage must be shown through actions, not words. If you want freedom, you must struggle to rise from a fall, even from down on your knees. Above all, gird yourself properly to engage in that terrible Battle of Battles, like the one Christian fought with Apollyon. Peace to you all!!

kwakuba kute: Balumkeleni abamemeza ingqina bengayi pumi: O Daniel babeposwa kwimingxuma ye ngonyama; namaziko avuta imililo ka sixenxe, bawamele: O Moses baposwa amaxesha alishumi, ku mandla Engonyama u Faro: Bawa bevuka bada bapumelela: Kodwa tina sisabaleka ne hashi eli lika Nongqai: Azi kunganjanina ke kwagquma ombayimbayi? Kanene o Daniel no Moses babeno Tixo wabo? Asiyifuni ke nati Inkokeli engena Tixo, konkena!! Masizifundise nalento ke:—Inkalipo mayenziwe ngezenzo kungabi ngamazwi: Ukuba umntu ufuna "Inkululeko" umelwe kukuvuka esiwa, ade aguqe nangedolo: Ngapaya koko azimisele nokulilindela i Dabikazi eloyikekayo kunene; elaliwa ngu Mkrestu no Apoliyoni: Camaguni!!

Nontsizi appeals for responsible leaders.

55   **If a man can't rule his own house,
how would he manage God's nation?**
1 *Timothy* 3: 5

"Once upon a time," say those who know.
Christians, because of the way you live
we Reds will suffer before we die:
you're Christians by day, hyenas by night.

Today we engaged; I'm not Nongqawuse   5
who brought Xhosa mountains crashing down.
Timothy says, "These are my words;
tell your people I'm the one talking."

Where are the leaders the likes of Hosea
who scolded the thundering skies,   10
whose prayer stopped the sun in its tracks
so it shone fullface on the mountains?

If leaders behave with dignity,
women and children will too.
Timothy says: "This is me speaking."   15
So says heaven on the day of wrath.

It's a shame, my people, a scandal,
a disgrace not to help your own,
with you still saying, "We're students:
who are others compared to us?"   20

Where are the leaders the likes of Joshua
who bore love and rose from a fall
to manage the nation of God
with poise beyond reproach?

"Today we engaged," says Timothy.   25
The tree's ripped out by its roots.
You distinguish yourselves through your lust for status:
even the animals stare in amazement.

55 Ukuba Umntu! Akakwazi!! Ukuyongamela Eyake-Indlu!!! Angatinina Ukupata Isizwe Sika Tixo?

Eyokuqala ka Timoti 3: 5

Kwati kekaloku batsho osivile
Tina bomaqaba sakufa sivile
Ngobume nikubo nina magqob'oka
Nigqob'ok' emini kuhlwe nizinc'uka.

Namhla sigagene andiye Nongqause   5
Yena wadiliz' intaba zama Xosa
Uti u Timoti ndim lowu tetayo
Bikela mawenu uti ndim otshoyo.

Zipina Inkokeli ezinje ngo Hosheha
Abangxolisi be Zulu liduduma   10
Ezazitandaza zimise ne Langa
Zikangelane nentabe zine Langa.

Inkokeli zimelwe kukundileka
Umfazi nabantwana bokundileka
Utsho u Timoti ndim low' utetayo   15
Lakutsho ne Zulu mhla nalo lilwayo.

Kulihlazo kulidano makowetu
Kulilishwa nokunganced' amawetu
Ube usiti wena usistyudeni
Obani aba konke kuwe abani.   20

Zipina Inkokeli ezinje ngo Yoshuwa
Ezazinotando zivuke zisiwa
Ezazipata Isizwe sika Tixo
Zindilekile zingenzi nangampoxo.

Namhla sigagene utsho u Timoti   25
Wanqikeka ke umti nengcambu zomti
Nitshatshele nje kupela ngamawonga
Nenza nezilo ngoko zati manga.

A leader's a shade-screened leopard
in all the Creator's sorrows as well,   30
a shade-screened leopard, dark-skinned, eternal,
watching with far-seeing eye.

Our leaders round on each other
while blacks are ringed by foes.
So where is this God we're toying with?   35
Your soul is in His hands.
        Pas op!!

He was there before the sun;
He was there before the moon;
His greatness has no beginning;   40
His greatness knows no end.
        Peace!!

Leaders must act with dignity:
there could be fear behind the house.
The shades say "We know you not" and depart   45
and we sink in the stream of despair.

The people will perish empty-handed
if a miracle doesn't come soon.
Today we locked horns. I'm not Nongqawuse
who brought Xhosa mountains crashing down.   50
        Read the scriptures!

Lento iyi Nkokeli yingwe yetunzi
Nasezintsizini zonke Zake u Menzi   30
Yingwe yetunzi Umfusa wapakade
Into ekangela ngeliso elikude.

Ezangoku zipatene ngobutshaba
Kodwa Bantsundu bangqongwe nazintshaba
Uhlalapi lo Tixo sidlala Ngaye?   35
Umpefumlo wako Usesandleni Kuye Basop!!

Ngobeko kade lingaziwa ne Langa
Ngobeko kade ingaziwa ne Nyanga
Ngowobukulu Bungaqalelangapi
Kwano Bukulu bungapelelangapi Camagu!!   40

Inkokeli zimelwe kukundileka
Kuba emva kwezindlu kungoyikeka
Imnke ne Minyanya Iti ayisazi
Sintywile kunjalo kumfula "Wosizi."

Bangafa nabantu bengazuzanganto   45
Xa ke kungaveli simanga saluto
Namhla sigagene andinguye Nongqause
Yena wadiliza Intaba zama Xosa. Funda! Izibhalo!

34 *nazintsnaba*

Nontsizi urges rejoicing at the birth of Christ, who will remove discrimination and the burdens blacks suffer.

56   Hosanna! Melchizedek!! (Xmas)

What now, Death, great python?
The One on High laid you low today;
through Adam we once were forsaken,
but today we're saved through Jesus.
        Peace!!   5

So all of you come, come today!
Don't be timid, we're all invited.
The feast of grace is laid for us,
so come, let's eat, and live.

All races invited, no one barred: 10
Hosanna means all are welcome,
men and women, children, all:
the Lord invites every nation.

Come, you crushed by the weight of sin,
you poor, you frail, you blind and lame,   15
come and rest, you aimless tramps,
come let Jesus care for you.

Today, today, don't hesitate
over the Lord's invitation.
Hosanna to Him, heaven-mellowed.   20
Roar, angels with feathers of gold.

Hell can hang its head in shame:
a star has risen in battledress.
It's Jesus: honour him joyfully,
laud him with heartfelt songs.   25
        Hosanna indeed!

Swell your hymns of praise,
thud your sounding drums,
see him with eyes of faith
and sink in awe to your knees.   30
        Hosanna!!

56   Hosanna!! Melkizedek!!! (Xmas)

Utinina namhla Kufa nambankulu
Namhla woyisiwe nguye Opezulu
Ngaye u Adamu sibe silahliwe
Kodwa ke ngo Yesu namhla sincediwe
        Camagu!!   5

Yizani ke namhla yizani kwa nonke
Musani kundweba simenywa kwa sonke
Isidlo Sofefe sise silungile
Yizani kaloku sisidle sipile.

Kumenywa Izizwe akuko walelwe   10
Uti u Hosanna ningeza namkelwe
Madoda, bafazi, bantwana kwa nonke
Simenywa yi Nkosi kwase Zweni lonke

Yizani bapulwa bunzima betyala
Mahlwempu, milwelwe zimfama ziqwala   15
Yizani nipumle badungudeleyo
Yizani nibukwe ngu Yesu okoyo.

Namhlanje namhlanje angabi sanqena
Nokade "Umemo" lwe Nkosi elona
"Hosanna" Kuye Owatshazwa li Zulu   20
Gqumani Ngelose Ntsiba Zilubhelu.

Isihogo masidane sipelele
Inkwenkwezi Ipumile Ix'obile
Engu Yesu mnoneleni mzukiseni
Ngentliziyo namaculo Mdumiseni   25
        "Hosanna!" Bo!

Nike nicule nengoma yokuncoma
Zihlokome nentamb'ula ziduduma
Nize nimbone ngamehlo nange Nkolo
Nimangaliswe niguqe nangedolo   30
        "Hosanna!!"

Rejoice today and sing in bliss,
heavenly messengers join in the chorus.
Rejoice, for Christ the Lord is born
to lift from us the load of the pass.   35

He's Melchizedek without beginning,
he's Melchizedek without end.
He mapped the country's corners
and he'll reign above all powers.

In September the wild beast bleated,   40
laid the corpses on the ground;
they departed for His home,
today our homes are filled with tears.
          Peace to you all!

Let our wishes cleave the heavens   45
to reach you, Elephant browsing the tops,
don't let their deaths raid our hope,
draw us to them filled with hope.
          Peace!

Who would know that greatness in you,   50
Maker of heaven and earth,
in you who made the stars and moon,
in you who made the sun and day?

In long ages past the earth was fashioned,
in long ages past were people created,   55
truly the maker of heaven and earth
existed for age upon age.

Today we should be terror-stricken
at all these horrors we encounter,
announcing the Creator's renown to men,   60
telling us always to keep God in mind.

          Hosanna!!

Hosanna!! Melkizedek!!! (Xmas)

Vuyani ke namhla nicule ngoyolo
Zivum' Izitunywa ze Zulu ngentsholo
Vuyani uzelwe u Krestu Inkosi
Ze ngaye sikutshwe kumtwalo we Pasi. 35

Ngu Melkizedek Ongaqalelangapi
Ngu Melkizedek Ongapelelangapi
Amacala Amazwe Wowavelela
Namakomkulu uzokuwangamela.

Iramncwa Elinxakame ngo Septemba 40
Lisandlalela ngezidumbu zabantu
Bemke kwapela baya kwe Yake Indlu
Namhla zinyembezi kwezetu izindlu
        Camaguni!!

Intando ke mayicande Amazulu 45
Iye Kuwe Ndlovu Edla Pezulu
Ukufa kwabo kungahluti Itemba
Sitsalele—kubo Ngawe sinetemba
        Camagu!!

Ngubani ofuna ukwaz' ubukulu 50
Bunawe nje Menzi wo Mhlaba ne Zulu
Bunawe owenz' Inkwenkwezi ne Nyanga
Bunawe owenza Imini ne Langa.

Kukade kakulu umhlab' udaliwe
Kukade kakulu nabantu benziwe 55
Inene kukade ngakumbi kakulu
Ehleli no Menzi womhlaba ne Zulu.

Ngesiba namahlanje singaboyikayo
Nazezizimanga esizibonayo
Zibika ku bantu Udumo lo Mdali 60
Zisiti u Tixo masingamlibali

        Hosanna!!!

30 *oiguqe*

Nontsizi laments the passage of another year of trial and tribulation.

57 They're stealing our cattle on misty plains! (1924-1925)

At the end of the old year we thank you,
Well of maternal love,
for holding us in times of peril
throughout the year.

They're stealing our cattle on misty plains—   5
it pains my heart to say so—
I hope none of us is lost in the gloom
for all our sins.

Part us from our foolishness,
and straighten out our paths,   10
ignore all our transgressions
of the past year.

Today won't you please bless Africa,
look on her paths with favour,
now restrain all teachings   15
leading us astray.

Oppression and injustices
as well as crimes committed
by cheating and killing each other:
please appear in a vision.   20

They're stealing our cattle on misty plains!
But you say the white man can see.
The Judge's eyes are watching us:
how will it appear?

The year has passed bearing news   25
of nothing but persecution,
confusion confounding our praise of God.
              Peace!!

Every earthly burden,
everything you did,   30

57 Zemk' Inkomo Zetafa! Zeza Nenkungu!! (1924-1925)

Umnyak' omdala ngoku uyapela
Nzulu zo Bubele Kuwe sibulela
Ezingozini Osigcine sonke
Umnyaka wonke.

Zemk' Inkomo zetafa zeza nenkungu 5
Xa ndilapo intliziyo ibuhlungu
Angadukiswa kuyo namnye wetu
Ngokona kwetu.

Sahlukanise nobudenge betu
Ukulungise nokuhamba kwetu 10
Uwalibale onke namatyala
Onyak' Omdala.

Namhl' i Afrika Ngawuyisikelele
Indlela zayo uzitamsanqele
Tintela ngoku yonke nemfundiso 15
Eyinkohliso.

Imbandezelo nempatwano kubi
Nezenziweyo into ke ezimbi
Kwinkohliswano nezibulalano
Ngauze ngo Mbono. 20

Zemk' Inkomo zetafa zeza nenkungu
Niti bayabona kodwa abelungu
Amehlo Omgwebi ekangele tina
Koba njanina?

Wadlula umnyaka wemnka unendaba 25
Ezentshutshiso zona zodwi 'ndaba
Impitimpiti nezipazamisa ukudumisa
    Camagu!!

Ezobunzima obuse mhlabeni
Izinto zonke zenziweyo nini 30

everybody's habits
have been recorded.

The year has passed, it's barely gone,
fireworks marked its passage,
raised voices welcomed the new, 35
coming in its fashion.

There's the trumpet calling us,
heavens and earth, the sea and the waves;
take that sweet gum, 1925,
and drizzle it over us. 40

They're stealing our cattle on misty plains!
Where's the star the white man brought,
describing the bounty of heaven
to us on earth?
        Think about it!! 45

They're stealing our cattle on misty plains!
The white man's bounty lies in Africa,
the cause of our tribulation.
And so we die.
        Mercy!! 50

The year has passed bearing news
of nothing but persecution,
confusion confounding
our praise of God.

        Peace!! 55

Zaba Ntu bonke kanye neze mikwa
Ziyokubikwa.

Wadlula unyaka sowusishiyile
Nandzo nezitonga ziti sowumkile
Nendanduluko yokubuka omtsha 35
Oza ngentwentsha.

Nalo ke Ixilongo liyasibiza
Izulu nomhlaba, ulwandle, namaza
Nantso intlaka yitabate 1925
Ngayo sifefe. 40

Zemk' Inkomo zetafa zeza nenkungu
Ipina la nkwenkwezi yeza nomlungu
Eyati Indyebo ise zulwini
Sise mhlabeni.
        Qiqa!! 45

Zemk' Inkomo zetafa zeza nenkungu
Ise Afrika indyebo yabelungu
Saba nenkatazeko ke ngenxa yayo
Sangabafayo
        Taru!! 50

Wadlula Unyaka wemnka unendaba
Zalontshutshiso zona zodwi ndaba
Impitimpiti ezipazamisa
Nokudumisa.

    Camagu!!! 55

Nontsizi urges her readers to break free of their lethargy and act in their own interests.

58   Will the years roll by while you mark time?

Where's human kindness? The sense of a nation?
A land of crane-feathered warriors?
Where is royalty? There's nothing of value:
all that we once had is gone!!

Will the years all roll by?   5
Will you mark time through this year too?
Your family's left you; your stock have left you:
they're now the stock of the Mutton Gluttons.

Maqoma said so, and they called him mad
for spurning the madness of surrender.   10
In the light of day you sold your kingdom
and went in search of a wife.

Christians, where are your bibles today?
I'd better stop: I get too angry.
Truly, these people from overseas   15
used them to rob us of house and home.

What they gave us to drink was bitter.
Africa, how have you sinned?
Drought laid us low, rivers dried up.
What do they say in the far northeast?   20

Maqoma said so, and they called him mad
for spurning the madness of surrender.
Now there's no one to trust:
we even spurned God, our only hope.

Will you mark time through this year too?   25
Now this year says what I've long said:
"Whatever your doubts, please come back,
those glittering baubles aren't for you."

What must we make of these marriages?
Wed and split in a day: where's this from?   30

58   Yaqengqelekana Iminyaka Umi Ndaweninye?

Bupina ubuntu, bupina ubuzwe
Upina umhlaba kwa nama Twalandwe
Bupi ubuk'osi akuko ntwisento
Akuko ntwisele tu nto kwakuyinto.

Yaqengqelekana yonke iminyaka   5
Woma ndaweninye nakuwo lo nyaka?
Washiywa lusapo, washiywa yimfuyo
Yeyama Dlagusha namhlanje imfuyo.

Watsho no Maqoma kwatiw' uyageza
Kub' engazingeni into zobugeza   10
Mhla nanitengisa emin' emaqanda
Ngobuk'osi benu nahamba nisenda.

Zipi i Bhaibhile namhla magqob'oka
Mandiyeke apo kuba ndobindeka.
Kuba ababantu nene bapesheya   15
Basihluta ngazo konke namakaya.

Irara ke lonto basiseza yona
Azi ke Afrika wona ngantonina
Latob' imbalela, kwatsha nemilambo
Azi atinina amabandla se Mbo   20

Watsho no Maqoma kwatiw' uyageza
Kub' engazingeni into zobugeza
Akako namhlanje nesitembe yena
Salahla no Tixo Olitemba Yena.

Woma ndaweninye nakuwo lo nyaka?   25
Kuntsuku ndisitsho, uti ke lo nyaka
Namhla nga "Wubuye" nok' ungakolwayo
Woyisiwe konke zintw' ezikanyayo.

Lemitshato yona iyeyamanina?
Imanywa, iqaulwa kwakumlambo pina   30

We sit on the fence, won't take a stand,
the walking dead unfamiliar to God.

Will all the years roll by?
This year says: "Prepare yourself
to seek the source of your situation,   35
why you're so and why you starve."

Go back to where you came from,
to Ntsikana's final words.
Don't bargain with the truth:
this cash led us astray.   40

Seek the seers to tell you straight
what the ancient of days divines
so you speak without fear in that knowledge:
a nation that fears is a nation of liars.

And so there's the pass in a nation of liars,   45
and so there's the raid in a nation of liars,
and scripture predicts even more,
by my shades and my father who sired me.
    You're coming back!!

Singabo nxazonke nabangenacala
No Tixo 'kasazi sife namacala.

Yaqengqelekana yonke le minyaka
Namhla ke zulunge utsho ke lo nyaka
Ufune nembangi eyakubangela 35
Ukuba nje kwako, nokufa yindlala.

Pindela kwasemva ap' uvela kona
Apo no Ntsikana wayolela kona
Ungacengi konke ngenxa yenyaniso
Kuba le yemali yeza nenkohliso. 40

Ngaw' fun' osiyazi bahlabe zintloko
Zenyange Lemihla Eliyona Ntloko
Uzutete ngalo utet' ungoyiki
Umz' owoyikayo ngumzi wamaxoki.

Nandzo ke ne "Pasi" kumzi wamaxoki 45
Nalo ke "Uhlolo" kumzi wamaxoki
Kuza nezinye into eza "Bhulwayo"
Ndifung' o "K'ok'o" no bawo ndizalayo.
   Uyakubuya!!

Nontsizi criticises the pass system afflicting blacks.

59   The mark of Cain (the pass) enflames the land

The days of darkness are done,
the times of ignorance over.
The brand of Cain enflames the land:
are you a killer like Cain?

From the stream came the song of the maidens,   5
from the outposts and empty villages
of the lands of the Sotho and Hlubi:
come out, leaders, explain it to us.

Halahoyi! Africans, something stinks
like the ground snake, fouling the air.   10
We were robbed of home and royalty.
Now our parents need a pass to travel.

Oh the homestead standing alone
with easy access through its gates,
whose people once had plenty,   15
now a sign of oppression.

Where are the leading women of Africa?
We've quit in despair in Ngqikaland.
Are you bound in shackles, Africa?
What do passers-by say?   20

Open your eyes; for a long time I've seen it.
Didn't Ntsikana tell you?
We toyed with God while whites looked on:
today our country's affliction itself.

The brand of Cain enflames the land: 25
are you a killer like Cain?
May the dumb arise in Africa!
The dumb arose in Decapolis.

Where are the leading women of Africa?
Will Africa slip off before your eyes?   30

59   Watsha Umzi! Lupawu Luka Kayini!! (Passport)

Amaxesha obumnyama agqitile
Nezamini zobudenge zipelile
Watsha umzi lupawu luka Kayin
Ungumbulalina wena njengo Kayin?

Zatsho ngentsholo Intombi emlanjeni   5
Ezasematanga nase manxuweni
Ezakwa Mshweshwe no Langalibalele
Velani Nkokeli ke nisichazele.

Halahoyi Ma Afrika nalo ke ivumba
Linukisa okwenyoka yomhlaba   10
Kwahlutw' amakaya kunye no Bukosi
Namhla o Nozala bahamba nge Pasi.

Hayi ukuhlala kwawo wodwa Umzi
Nokungenwa kwamasango alo mzi
Obantu babe nikwe Intsikelelo   15
Namhla simanga ngumzi wembandezelo,

Zipina Inkokelikazi ze Afrika
Sancama namhlanje tina mzi ka Ngqika
Wakonxwana Afrika ngamakamandela
Batini bona abadlula ngendlela?   20

Baza amehlo kade ndandibona
Akakuxelelangana u Ntsikana
Sadlala ngo Tixo wetu kubelungu
Namhla Izwe letu yinqu yeshologu.

Watsha Umzi lupawu luka Kayin   25
Ungumbulali na wena njengo Kayin
Nezidenge e Afrika mazivuke
E Dekapolis nezidenge zavuka.

Zipina Inkokelikazi ze Afrika
Yemnka kwapelana niko i Afrika?   30

Cain's mark's made our mother's peticoat
drop. Oh yes, it dropped!

The shooting star informed us:
spurn strange gods on pain of death.
Because of them we've lost ourselves,   35
and our leaders all sit mum.

The shooting star informed us:
spurn strange gods on pain of death.
That was a leader, leading us,
that Leader, leading us.   40

Celebration began before fighting ceased,
but there sits the donkey driving the wagon.
We heard the roar of the word of God,
brought by mocking sorcerers.

Now what do you say? The country's at war: 45
behold the pass, the death of our families.
We perish for lack of diviners
as if every home housed a witch.

Come, woman leader, child of Maxeke,
there are the women faffing about.   50
Today there's dishonour in African homes,
we sink today in a stream of dishonour.

We make a big thing of this schooling,
and this culture we eagerly hound.
We pinned our hopes on a miracle: 55
some died with nothing to show for it.

Unity's our only strength,
it alone can nourish us,
all enemies will be crushed by it,
and the pillars of heaven shattered.   60

      Peace!!

Nanko "Umbinqo" wo Nozala uwile
Lupawu luka Kayini? Ngenyani uwile

Yabinza ne Nkwenkwezi Isixelela
Zeniyeke izi tixo notshabalala
Namhlanje asizazi nenqu zetu   35
Nezikulu zetu zonke zati qutu.

Yabinza ne Nkwenkwezi Isixelela
Zeniyeke izi tixo notshabalala
Yayi ngumkokeli ikokela tina
Ulomkokeli wasikokela tina.   40

Saqala ngokuhomba sisekulwini
Kanti nanku ndlebende esenqweleni
Seva umgqumo we Lizwi lika Tixo
Abatakati belizisa ngempoxo.

Namhla nitinina Ilizwe lifile   45
Nandzo ke ne Pasi usapo luwile
Satshabalalake ngokuswela igqira
Wanga wonke Umzi sowungamagqwira

Vela Nkokelikazi Nto ka "Maxeke"
Nabo abafazi bazizinxekenxeke   50
Namhlanje lihlazo kwindlu ze Afrika
Nomfula 'wehlazo' namhlanje siyemka.

Yiyo ke lemfundo sigwagwisa ngayo
Kwanale mpucuko nisifunze ngayo
Sasiba kovela simanga saluto   55
Bafile nabanye bengazuzanganto.

Umanyano nje kupela lunga "Mandla"
Kuba lulo lodwa olwokusondla
Zonk' intshaba zakoyiswa ngenxa yalo
Nentsika ze Zulu zakwapulwa ngalo   60

    Camagu!!!

Despite black tribulations introduced by whites, Nontsizi holds out hope for future change.

60   The night is deep before the dawn

Editor, thanks for the poets' column!
I'm still here, a young man and no poet;
I carry the milkpail across the Orange,
clubs are at hand but I fight with lightning.

The night is deep before the dawn,   5
the roosters' racket heralds dawn.
I'll come to the point directly, my people,
speak like a man about our condition,

confirm the truth, concealing nothing,
so we wield the shield of truth.   10
To discover the way things work
start at the begininng.

The night is deep before the dawn,
we chafe at the yoke as dawn approaches.
I've lost my thread—forget it.   15
The Sage declares it. Who did you ask?

Those passes provide your evidence,
witnessed by women in early hours.
The system's still soft, not fully effective:
you can escape if you keep to the shadows.   20

If only you people shared with each other
what you see of life in this land:
we just shuffle about saying nothing.
I'll take a stand. Snap out of your trance.

I say to you, handsome African,   25
calf that declines leftovers:
the roosters' racket heralds dawn.
The apostles also spoke of the dawn.

60   Ubusuku—Bunzulu! Ekuzeni—Kokusa!!

Taru mhleli ngesituba sezi mbongi
Ndiko noko ndingumfana andimbongi
Ndingu mpati tunga pesheya kwe Gqili
Into elwa ngombane induku zihleli.

Ubusuku bunzulu xa kuza kusa   5
Zingaxokozela nenkuku kuyasa
Ndobekel' entloko mabandl' akowetu
Ndenze njengendoda kwi Nto zakowetu

Ndinganifihleli ndimis' inyaniso
Ze kubeko nje u "Kaka" Lenyaniso   10
Kangelani ke ukuqalwa kwezinto
Ukuze niqonde ukuba kukwinto

Ubusuku bunzulu xa kuza kusa
Irabaxa nempato ibika intsasa
Ndijike kufupi yipose emhlana   15
Watsho u Siyazi ubuza banina.

Nandzo ke ne Pasi ziyanibikela
Ezibonwe ngabafazi bepangela
Alikadumi noko liyarangaza
Kuba alikaviwa ngama nyangaza.   20

Xa ningabantu ngenivisan' indaba
Ezinibonisa ngobume bomhlaba
Kuba sihambanje sisebudengeni
Ndopum' egusheni vuk' ebutongweni.

Nditsho kuwe Nzwana yase Afrika   25
Tole elingadli lipate ngemvuka
Zingaxokozela inkuku kuyasa
Nababapostile baxela "Intsasa."

This isn't gossip: I saw it myself.
What do the witnesses have to say? 30
Today persecution's spread to women.
Knowing nothing I'll offer advice.

Those who came by ship shouldn't fool themselves:
the Prince of Heaven's wide awake.
Speak out, Africa, while you have life: 35
if whites have a fit, well then let them die.

You're shackled today because of your country,
handed to you in the act of creation.
When the white appeared, all was normal:
abnormality came with his bible. 40

There was nothing slack in his preaching:
we saw we were totally routed.
But when he washed the clay from our bodies
our old men despaired, took their blankets and left.

We witnessed the fall of our kings, our foundations, 45
heard them groan as they shook their heads.
Ngqika himself broke away,
Christians, because of your bible.

So take a look, Africa, dawn's breaking.
The night is deep before the dawn. 50
The morning star has climbed the sky
with you bewildered by the future.

      Agree!!

Asivi ngandaba sibona ngamehlo
Azi batini bona abanamehlo 30
Namhla intshutshiso iquka nomfazi
Mina ndobatyela kokwam ukwazi.

Angakohliseki noze nge Nqanawe
Kaloku lihleli ele Zulu i Tshawe
Tet' ungoyiki Afrika usahleli 35
Abhubhe siduli obhubha siduli.

Namhla ngezwe lako usezintanjeni
Owanikwa lona kwa sekuveleni
Wavela umlungu kungeko zimanga
Weza nge Bhaibhile ngoko sati manga 40

Akayishumayela wacambalala
Sabon' ukuti konke sotshabalala
Kanti kulapo basihlamb' imizimba
Ancama maxego abhinqa ahamba.

Ndabon' ukuwa kwembombo ye Nkosi 45
Ndeva incwina xa zipanda ekosi
Zahlepuka zemka kwanento zo Ngqika
Ngenxa ye bhaibhile zenu magqoboka.

Ngoko ke Afrika lunguza kuyasa
Ubusuku bunzima xa kuza kusa 50
Ikwezi lona kudala lapumayo
Nixakwe yonanto makube kuyiyo.

    Vumisani!!

Nontsizi decries the condition of women under white South African oppression.

61   Are you trampling your nation's girls to enslave them?
Nehemiah 5: 5

There's Nehemiah telling you:
with your eyes you'll stand on guard,
with your feet you'll run to him,
and with your hands you'll gather all.

Are you trampling your nation's girls   5
to enslave them in your land?
Open your eyes. I've long seen it coming:
here, today, we're facing ruin.

Why are African homes aflame?
The bible slips from our hands and slams shut,   10
every day a source of dissension.
Why are you treating God like this?

Your nation's girls are treasures,
their beauty a source of pride,
their sweet voices ring from the mountaintops.   15
The thought leaves me short of breath.

Speak out, Africa, while you have life:
if whites have a fit, well then let them die.
Those bibles they used to rein us in
stand as tall as I do down on my knees.   20

Today we don't even know what we scrap over,
lost as if at Vanity Fair.
As long as I live, I'll never forget it.
What have the Wesleyans got to say?

So do you see the god of the whites?   25
What did you want from the god of the whites?
He helped tie you down with the stone of ochre.
Never again mix soiled clothes with clean.

61 Wazinyatela na? Intombi Zezwe Lako Zibe Ngamakoboka?
U Nehemiah 5: 5

Nanko u Nehemiah ekuxelela
Umehlo ako okukubonisela
Unyawo zako zokukubalekela
Nezandla zako konke zokukwamkela.

Wazinyatelana Intombi zezwe lako 5
Zangamak'obokana Ezweni lako
Baza amehlo kade ndandibona
Kulapo namhla wotshabalala kona.

Zitsha nganina indlu zama Afrika
Ne Bhaibhile isongwa isombuluka 10
Ipikele amalanga engaka nje
Niti ngu Tixo na ke Lowo wenjiwanje?

Intombi zezwe lako sisivato sako
Ogudazilingeke Ezweni lako.
Zitsho kamnandi ekumbini lentaba 15
Ndingazicinga kuti gongqe nenkaba.

Tet' ungoyiki Afrika usahleli
Abhubhe siduli obhubha siduli
Eza bhaibhile zarola ngamadolo
Namhla zingangam ndigaqe ngedolo. 20

Namhla sibambene ngesingayaziyo.
Ngati sikumsito wakwa Lambatayo
Ndihlelinje andisoze ndilibale
Utini wona umzi wama Wesile.

Niyambonake u tixo wabelungu 25
Nanifunani ku tixo wabelungu
Kukona noyeka ukugxab'elela
Nina unib'inqisa ngelitye lemb'ola.

Are you trampling your nation's girls
to enslave them in your own land? 30
Spread that news to the ends of the earth;
though you look like you're drowsy, get going.

Ethiopia should get involved,
find support in the Scriptures 35
and stop running off to confession.
What remains after thorough chewing?

Now what can you say? The country's at war.
Oppression is rampant. Africa's fallen.
Bear the report to the One on High,
burn your first son as sacrifice. 40

Inspire the country with your words.
Was the country ever in such a state?
Are you trampling your nation's girls?
We're waiting for your reply.

What do the whites have to say of their daughters? 45
We've taken nothing from the whites:
this is the land of our fathers and forefathers,
given to us by God and our forefathers.

Note the movement of earth and sun
and that of the stars and the moon; 50
Remember Nebuchadnezer
with his idols of gold and silver,
          and come back!!

Wazinyatela na? Intombi Zezwe Lako Zibe Ngamakoboka?

Wazinyatelana Intombi zezwe lako
Zangamak'obokana Ezweni lako   30
Bika ezondaba zime nge Katala
Ux'akazele noko ngat' uyozela.

Itiyopiya make ifakelele
Ifunde Izibhalo isimelele
Nike niyeke nokuy' esiguqweni   35
Yintoni encotuka ezintlafunweni?

Namhla nitinina Ilizwe lifile
Nandzo nentshutshiso Afrika uwile
Yinyuse Ingxelo iye ko Pezulu
Utshise ne Dini ngo nyana omkulu.   40

Uwise namazwi akutaza umzi
Kona eludidini wake wanje umzi?
Wazinyatelana Intombi zezwe lako
Siko sisahleli silinde izwi lako.

Batini ngezabo intombi abelungu   45
Kuba tina asidlanga nto yamlungu
Sikwizwe lobawo Elizweni lo "Koko"
Esalinikwa ngu Tixo okwakoko.

Gqalani ihambo yomhlaba ne Langa
Gqalani kwane Yenkwenkwezi ne Nyanga   50
Nigqale kwaneyo Nebukadnetsare
Yo tixo bobhedu nabe silivere,
       Nibuye!!

49 *Gqalani*
50 *Yenkwenkwzi*

Nontsizi incites blacks over their suffering: Africa's wells have run dry.

62   Where's a well in Africa?

David in troubled times
spilt water from a well,
a libation to Jehovah:
Africa, weep till you shake.

Here we are, asleep with one eye.   5
We'll get the news: we'll watch with the other.
We never took part in those prayers of yours
so particularly pitted against the black,

which banished thought and cracked the cliffs
from Tugela up to Wukuwa.   10
We, the daughters of ochre smearers,
say this: we'd stake all against you.

Where's a water well in Africa?
I saw a baboon with dirty teeth.
The well of the Jews is there to this day.   15
In a word: our well is dry.

It's clear from the grazes on our face
as if we'd been hit with clods of mud.
You sit outside, reluctant to rise.
Fill Africa's wells with water.   20

Other nations are open to view,
our home is steeped in darkness.
Indeed, the African well's run dry.
I saw a baboon with dirty teeth!

The water well's a tearful hearth: 25
to speak is to burst into tears.
I roamed the land without a book.
What has David's book got to say?

Where's human kindness, softness and sweetness?
You'll come back, screaming and kicking.   30

62   Lipina Iqula Lamanzi e Afrika?

U Dafeti wati kwakonakala
Waka amanzi equla apalala
Pambi ko Yehova ecamagushela
Nawe ke Afrika lila ungcangcazela.

Siko sisahleli silele ngasonye,   5
Sakuziv' indaba sogada ngelinye
Kulo mitandazo yenu asibangako
Ecase aba ntsundu ngohlob' olungako.

Ejaca ne ngcingo eqekeza mawa
Esuke Tukela ime nge Wukuwa.   10
Sitsho tina ntombi zama kota mb'ola
Xa sipike nani singatshabalala.

Lipi "Iqula" lamanzi e Afrika
Nday' bona imfene emazinyo amdaka
Elama Juda nanamhla lisamile   15
Ndoteta libe linye eletu lomile.

Sibonakala ngobus' ukuk'utuka
Ngati sabetwa ngezisihla zodaka
Walalana pandle akwabi savuka
Yiza namanzi "Equla" le Afrika.   20

Ezinye izizwe zihlel' ekucaceni
Owetu umzi uhlel' ebumnyameni
Latsha ngenyani "Iqula" le Afrika
Nday' bona imfene emazinyo amdaka.

"Iqula" la manzi li Ziko le Nyembezi   25
Ap' uti wakuteta ziwe inyembezi
Ndalihamba ilizwe ndingena ncwadi
U Dafede utini kweziya ncwadi?

Bupina ubuntu bupina ubumnandi
Uyakubuya nako ungasatandi   30

The land is aflame and the Creator's not guilty.
Who doesn't weep in the face of oppression?

The world's nations tug at each other,
waste themselves for a bone of earth,
stockpiling weapons in their lust   35
for this long-renowned land of ours.

David in troubled times
spilt water from a well,
and did so time and again.
Sluggard, what do you say about time?   40

The well of the Jews is there to this day,
through hounding, sorrow and sword.
I say you'll come back, screaming and kicking,
whether you like it or not.

Let the waters of Africa bellow,   45
roar till they burst their banks,
raising even the sots in the Orange!
I charge you, with no holding back.

                        Peace!

Latsha! ilizwe lingatshiswa Mdali
Ngenxa yentshutshiso ngubani ongalili?

Izizwe zomhlaba nandzo zixwitana
Ngetambo lomhlaba ziyagxagxisana
Zide zatata nentonga zabekelela   35
Zifuna lomzi wetu odumo ludala.

U Dafeti wati kwakonakala
Waka amanzi "Equla" apalala
Waza wenjenjalo amaxa ngamaxa
Wena unyabile nje? Utini ngelixa?   40

Elama Juda nanamhla lisamile
Ekubulaweni zintsizi nalirele
Uyakubuya! Noba akusatandi
Nditsho usilwa ubeta nange nqindi.

Yenza "Amanzi" e Afrika ahlokome   45
Enze "Isijwili" nesikalo apupume
Apakamise! namanxila e Gqili
Ndiyakuyala ke! andikufihleli.

Camagu!!

14 *emaziyo*

The solution to black problems rests in their own hands.

63   There's the key to the lock on your land: take it!
Deuteronomy 30: 1-14

Halahoyi, Africans, something stinks
like the ground snake, fouling the air;
it's quite at home in orchards,
lovely at rest on the plains.

I want you to know so look, compatriot: 5
there you can see calamity.
Take this key and open this chapter:
in truth it will make your head spin.

You were locked in shackles, Africa,
because you had lost your way.   10
The late riser misses everything:
we weren't aware of our fathers groaning.

Our herds and our people engulfed in flame,
even God's word was up in arms.
"Our fathers no longer sleep at home: 15
the whites have erected forts of stone."

Celebration began before fighting ceased
but there's bullying right in the churches.
The old voice said, "You're dying, Africa."
The gainsayers countered: "How can she die?"   20

Deuteronomy's quite explicit:
It says, "Come back! You face destruction."
Hey you! You're called for all eternity.
Whoa! Wait up! The warnings are manifold.

Today our voice is drowned in a whirlwind,   25
we're left in the dust by learning.
It seemed it would ease our burdens,
instead it brought heavier burdens.

63   Tabata! Naso Isitshixo!! Esikinxe Izwe Lako!!!
I Duteronomi 30: 1-14.

Halahoyi ma Afrika nalo ke ivumba
Linukisa okwenyoka yomhlaba
Yona yazi ubugqi base Myezweni
Inzwana yento elale matafeni.

Bona ke namhlanje ndifun' uqondile   5
Mfo wakowetu nantso ke intlekele
Tabata naso Isitshixo uvule
Kweso sahluko nene sotsho uzule.

Watshixwa! Afrika ngamakamandela
Kuba kaloku uyiposil' indlela   10
Ovuke emini akabonanganto
Sekulila obawo singaziluto.

Kwatsha ezinkomeni nase bantwini
Kwane Zwi lika Tixo liseluhlwini
Wat' umntu obawo abasalali ndlwini   15
Nalo itye nentunja lasesilungwini.

Saqala ngokuhomba sise kulweni
Kanti nants' Intshutshiso ezicaweni
Latsho izwi kwanini Afrika uyafa
Bapika bapiki besiti unga—fa.   20

I Duteronomi iyanikanyisela
Iti "Buyani" senifile kwapela
Wenani ke! Inibiza ngamaxonke
Hom! Mazijike simenywa ngako konke.

Namhla izwi letu lisezaq'witini   25
Sishiywe yimfundo iselutulini
Yayingati ipungula imitwalo
Yeza nenzima ke kodwa imitwalo.

Let's assume our fathers' coats
in whatever land they were left: 30
we've crossed many lands in search of them
in times of famine and times of war.

Hear my words, Greybeard of ours,
those are the headings in our discussion.
And there's the key to the lock on our land, 35
we've searched many lands to get it.

And the rich, and expert students,
do me a favour and try this key.
There's no need to cross the oceans:
it's right here, not overseas. 40

It says you can't use it to get into heaven,
it's right here: you also have merit.
On that day the prophets will sift you,
for every nation has prophets.

We say "Please come back, though you lack faith, 45
those glittering baubles are not for you."
Return to the days you yearn for,
recall what Ntsikana said of them.

        Dawn's breaking!!

Masiputume ke "Idyasi" zo bawo
Kuwo amazwe ezashiyeka kuwo 30
Kudala sifuna sicande amazwe
Ngexesha lendlala nexesha lemfazwe.

Yiva ndikutyele ngwevu yakowetu
Nandzo ke intloko kulongxoxo yetu
Naso nesi "Tshixo" esikinxe Izwe 35
Kudala sifuna sigqibe amazwe.

Nezityebi namagcisa ez' tyudeni
Sesesisa esos' Tshixo silingeni
Siti yekani nokucanda Ilwandle
Sona silapa asiko le—Elwandle. 40

Siti akako noyakuhlala Pezulu
Sona silapa nani nizizik'ulu
Ngomhla wokuhluzwa kwaba Porofete
Zonke ke Ilwimi zina ba Profete.

Siti nga "Ubuye" noko ungakolwayo 45
Woyisiwe konke zinto ezikanyayo
Uye kwezomini ulilela zona
Ukuba ngazo ke watin' u Ntsikana.

      Kuyasa!!!

Nontsizi urges a return to traditional ways and values, offering this solution to affliction as if from a diviner consulted by troubled patients.

64   **"Agree!" "Agreed!"**
Joshua 24: 20

If you should ever turn your backs on Jehovah and worship another land's gods, He will wheel and harm you: Agreed!

There Joshua's telling us:
spurn strange gods on pain of death.
We toyed with God while whites looked on:
today our country's affliction itself.
        Agreed!   5

Ah, the sorrow that siezes your land, Nontsizi,
all the things that bring us grief,
recalling our old Mgqwetho kin
wrapped in blankets of skin.
        Agree!   10

Let yesterday's customs perish:
those gods ripped out our hearts,
and so we don't know who we are
and all our chiefs sit mum.
        Agreed!   15

Today droves of black people
have long abandoned their customs:
they banished them from their homes
in the heat of the summer sun.
        Agreed!   20

You see, my people, we're old,
truth threw us long ago;
my people, we need to be planted and watered
to bring forth the spirit of nationhood.
        Agreed!   25

Agree, herders of Sandile's cattle,
of Mshweshwe and Langalibalele,

64   **Vumani! Siyavuma!!**
           U-Yoshuwa 24: 20

Xa nite Namshiya u Yehova: nakonza otixo bolunye Uhlanga: Wojika, Anenzele okubi: Siyavuma:

Nanko u Yoshuwa esixelela
Masiyeke izitixo sotshabalala
Sadlala ngo Tixo wetu kube lungu
Namhla izwe letu yinqu yeshologu
      Siyavuma!   5

Hai usizi kwizwe lenu Nontsizi
Ezinto wena zisibanga intsizi
Zisikumbuza imihla yemigqweto
Eyayambatwa ngo bawo o Mgqweto
      Vumani!   10

Makabhange amasiko ezolo
Izitixo zawo zikupa umxelo
Ngenxa yawo asizazi nenqu zetu
Kwane nkosi zetu konke kwati qutu
      Siyavuma!   15

Namhlanje ubuninzi baba ntsundu
Bahlukana namasiko aba ntsundu
Bagalel' emzini atshona awabo
Mhla kwakushushu ilanga lehlobo
      Siyavuma!   20

Yabonani makowetu sibadala
Nenyaniso yasiposa kwakudala
Makowetu sisamelwe kukutyalwa
Ze kuvele ubu Hlanga sakulinywa
      Siyavuma!   25

Vumani belusi benkomo zo Sandile
Nezo Mshweshwe no Langalibalele

mimosas that twisted in falling!
That rising sun made me think of Shaka.

Peace, Africa, strife-torn land! 30
There's little indeed we can take for the truth.
Nitpicking poets, I say,
ignore the grain that pecks the chicken.

All of you know what's going on:
you're patently ringed by lies. 35
Let's seek the truth from those above,
who died both here and in the water.

There is Joshua telling us
to spurn strange gods on pain of death.
Where are the customs of our land, 40
transmitted to us through the ages?

Agree with me, men! Peace to you, ladies,
and let those who feel bad for you hang themselves.
Oh, we're covered with chaff from the threshing-floor!
We cast off our customs, went in search of a wife. 45

Let's remember the days of our fathers,
seal Tshiwo's deserted villages,
which sprawled up the hillside slopes
like the flocks on Mount Hermon.

So back, my people, and watch. 50
All creatures will come out to bask in the sun.
Agree with me! Yes, in truth we agree.
And You, who scolds the thundering skies.

        Agree indeed!

Minga ete ukuwa yabhukuqeka
Lapum' ilanga landicingis' u Tshaka.

Taru Afrika zwe lombango-mbuso   30
Zincinane nendaba eziyinyaniso
Xa ndilapo imbongi ke zinocuku
Kunokuyeka ukozo lungadl' inkuku.

Nani niyayazi into ekuyiyo
Nabo nobuxoki enibubonayo   35
Masivumise ke nasezazulwini.
Zabafa apa nabafel'emanzini.

Nanko no Yoshuwa esixelela
Masiyeke izitixo sotshabalala
Api amasiko ase luhlangeni   40
Sasivele nawo kwase mandulweni.

Vumani madoda! Taruni Zintombi
Makazix'ome ngani ova intwembi
Awu sagqutyelwa ngumququ we sanda
Salahla namasiko sahamba sisenda.   45

Make sikumbule imihla yo bawo
Siwabandeze lamanxiwa ka Tshiwo
Bona babenyuka nase matambekeni
Njengayo imihlambi yase Herimoni.

Emva ke makowetu sibonele   50
Zipum' izilo zonke zigcakamele
Vumani ewe ngenyani "Siyavuma"
Kuwe Mngxolisi we Zulu lididuma

      Vumani! Bo!

Nontsizi comes out in opposition to divorce, arguing for the primacy of God's law over civil law. Divorce runs counter to custom, and profits whites.

65   Cattle are lost in divorce

Editor, thanks for the poets' column. I'm still here, a young man, and no poet. I was born only yesterday across the Orange River. I look old with a beard, like Hili. Divorce? Whatever happened, my people? Why have things come to this? Listen.

    There's a ring known as Mizpah in Hebrew. Translated, this means: "May God watch over the two of us, even when one is apart from the other." If that happened, neither cattle nor marriage brokers would be wasted. Peace! The first woman to be given this ring was Rebecca, wife of Isaac; it was given to her by Abraham, her father-in-law. Abraham was the father of true believers. First he had prayed for that woman, Rebecca, asking Jehovah to show him a woman he could accept for his son, Isaac. And Jehovah did so. This became an established law among believers, that those whom God had joined together no one should put asunder: Peace!

    That's not what happens with us, where a man sees a girl with money and says to her "Let's go and get married." That's why things are as they are today. We roam the country, looking for *niks*; we carry satchels full of air; under our arms we have packets with half-jacks; we rent rooms in which we regularly fall pregnant and cut capers in New Clare. Our mothers are crying their porridge eyes out. They've been left by their children who've gone from their care and advice; they cry for those who can't hear them, their educated sons and daughters. There then is the voice speaking in thunder: those whom God has joined together, let no man put asunder. Are any ministers of religion present in the law courts, when these marriages are dissolved? Something joined by Jehovah's hand is just squashed into clay. There is absolutely no one on earth who can tear it apart; not even the angels would consider it unless they were sent to do so. Where then do we get the gall to lie to God in this way? And while we are busy with our lies, the cattle we used for *lobola* are lost in the divorce proceedings. All that money goes to the whites, and is not collected by God, who we are told is the only one who can dissolve marriages.

    No single law of God laid down by the church can then be repealed by a court of law. Never! A woman married under the laws of God is bound to her husband, until death do them part—*Romans* chapter 7, verse 2. Gentlemen, please cease this habit of constantly enriching the whites. What's wrong with your traditional law courts? A marriage can be dissolved because the wife has committed adultery. In such cases, the woman is sent back to her people since she is for the moment a danger to her husband. And yet, after a period of time,

65   Zapela Inkomo! Luqaulo Lwemitshato!!

Taru mhleli ngesituba sezi mbongi: Ndiko noko ndingu mfana andimbongi: ndizelwe izolo pesheya kwe Gqili; ndakula ke ngendevu ndaba nje ngo Hili: Uqaulo lwemitshato? Kuyiwa ngapina mzi wakowetu? Yintonina lento kusuke kwanje? Pulapulani! kukona umsesane, okutiwa ukubizwa kwawo yi Mizpah ngokwesi Hebere, inguqulo iti: u Tixo makabe ngu Mlindi pakati kwetu sobabini; xa omnye esasitele komnye; zingatsha ke apo inkomo nomazakuzaku Camagu! Lomsesane ke umntu wokuqala owangejwa ngawo yayingu Rebeka, umfazi ka Yisake; engejwa ngu yisezala u Abraham: Lo Abraham ke yayinguyise wendlu yo "Kolo" ngenyani: nalontombi ingu Rebeka wayitandazela kuqala; wacela u Yehova ukuba ambonisele intombi anokuyitatela unyana wake u Yisake: Waza ke u Yehova wenza ngokunjalo: yaba ngumteto ka mteto ke lowo kwindlu yo "Kolo" ukuba abo bamanyiweyo ngu Tixo ze bangahlulwa mntu: Camagu! Ingeyiyo le yetu into asuke ati umntu akubona inkazana inemali ati hamba siyo kutshata: Yiyo ke lento kusuke kwanje; sigqibe lomhlaba sifun' inikisi: Sixwaye ngxowana; zizele ngumoya, sinxule tasana, zino nondyuwana: siqeshe zindlwana siqub' ulwamityi sibeta onomtatsi kwa Tulandivile: Omama balila amehlo azidudu: kushiywa lusapo lumnka bekangele, beyala, belila bengenakuviwa; zintombi zemfundo nonyana bemfundo: Nalo ke ilizwi litsho ngokududuma! Abo bamanyiweyo ngu Tixo mabangahlulwa muntu; azi ke babakonana ababefundisi ezi Gantolo? Xa sekuqaulwa lemitshato: into emanywe sisandla so Yehova yabunjwa siso; ngenene akako ke namnye apa emhlabeni onokuyahlula; ndicho Ingilosi ngokwayo ayicingi, ngapandle kokuba itunyiwe ukuba iyo kwenjenjalo: sili tatapina ke tina igunya lokumane sixoka ngo Tixo sisenjenje? Kwaye ke kobu buxoki betu ziyapela ke inkomo zetu kukulobola ngazo, sibuye kwangazo siyo kuqaula kwalo mitshato: Itshonele kwakubelungu yonke lo mali ingatyiwanga ngula Tixo bekutiwe nguye oyakwahlula umtshato: Akuko mteto ka Tixo nakanye; onokumanywa yindlu ye Tyalike; uze uyo kuqaulwa yindlu yamatyala: Napakade! Umfazi owendileyo ngomteto ka Tixo ubotshiwe ngulomteto kwindoda yake bade bahlulwe kukufa: Isahluko sesixenxe kwabase Roma ivesi yesibini: Sanikusoloko natyebisa abelungu madoda: Anisenazo na nina ezako wenu Inkundla zamatyala: Indlu inokucitwa ngokurexeza komfazi ake agxotwe agoduke; kuba uyingozi endodeni yake ngokweloxesha: Unokuti ke lomfazi ugxotiweyo, emva kwexesha elikulu; ukuba usayitanda indoda yake abuye azokucela uxolo ngokuzitoba okukulu nokunyaniseka yandule ke indoda yake imxolele xa yayimtanda ngenyani: Kuba ke akako umntu onokuma

if she still loves her husband, such a woman can in all humility and sincerity return to beg her husband to forgive her. And if the husband really loves her, he will forgive her; for truly no one can stand in the way of two people who love each other. In heaven, love is of paramount importance.

No marriage need break up because the husband has committed adultery. A man may take an additional wife. But he must give equal respect to the women he marries, for only then will the home be harmonious. Divorce is nowhere mentioned in the Bible. Love can never be overcome by sin. Sin can be overcome by peace. How we wish things could be so, my people! Peace to you all!

pakati kotando lwabantu ababini: Utando lubalulekile Emazulwini ngapezu kwento zonke: Maungaciteki konke umzi ngokurexeza kwe ndoda, indoda ivumelekile ukutata izitembu, kodwa ke mayibahlonele abo bafazi ibatabatileyo ngokulinganayo: Ukuze izinto zihambe ngo lungelelaniso: Ukuqaulwa kwe mitshato kona akub'alwanga nase Bhayibhileni: Utando alunakoyiswa sisono: Sisono esinokoyiswa luxolo makube njalo ke mako wetu! Camaguni!

Nontsizi urges an end to the sectarianism and mutual animosity fostered by commemorations such as the annual Ntsikana Day and Mfengu Day.

66   Stop the divisive commemorations

We just don't have time to fumble in fog: consult *Isaiah* 19: 18.

On that day, five of the houses of the land of Egypt will speak in the Canaanite language and swear only by Jehovah of the hosts. And Canaan is the home of blacks everywhere. There is no Jehovah of Ntsikana alone or of the Mfengu alone. Oh, no! There is only the Jehovah of all the black nations under the sun, united, commemorating the same thing and crying as one: so clap your hands!

Editor, thanks for the poets' column,
I'm still here, a young man and no poet;
I was born yesterday over the Orange,
I look old with a beard, like Hili.

The truth is there in the scriptures   5
and also within our blankets.
How do you live in constant strife,
in ignorance and conceit?

We bark for you, my people,
confronting those who pick us clean.   10
Unity's our only strength,
it alone can nourish us.

Isaiah says: "Come all of you,"
all the blacks are invited,
Zulu, Xhosa, Suthu, Mfengu,   15
all are the same despite distinctions.

Jehovah is not Ntsikana's alone,
Jehovah is not the Mfengu's alone.
Why do we act like Hottentots,
snoring their heads off, arse in the air?   20

Let's stop the commemorations:
their rifts rip out our hearts.

66   Mazibhange! Izikumbuzo Ezingenalo u Manyano

Aliko konke ixesha lokufamla Enkungwini: Tyila ku *Yesaya* 19: 18.

   Ngalomini imizi emihlanu Ezweni lama Jiputa, iya kuteta inteto yelakwa Kanan: Ifunge kube kupela u Yehova wemikosi: U Kanan ke yindlu Emnyama jikelele—nengcambu zayo: Akuko ke u Yehova ka Ntsikana yedwa; engeko ke nowa Mamfengu odwa: Hay' kona! Okoyo u Yehova ngowe Zizwe zonke Ezintsundu ngapantsi kwe Langa; zidibene—zikumbule into ibe nye: Zilile kunye:—Qwaba ke.

Taru mhleli ngesituba sezimbongi
Ndiko noko ndingumfana andimbongi
Ndizelwe izolo pesheya kwe Gqili
Ndakula ke ngendevu ndaba njengo Hili.

Inyaniso iquletwe zizi Bhalo   5
Napantsi ke kweyetu imibhalo
Entlalweni nembambano ninjani
Namaratshi okungazi anjani?

Kuninina makowetu sikonkota
Sipikisa abantu besiqongqota   10
Umanyano nje kupela lunga Mandla
Kuba lulo lodwa olunokusondla.

Uti u Yesaya yizani kwa nonke
Bonke abantsundu bayamenywa bonke
Zulu, Mxosa, Msutu, nawe Tye lase Mb'o   15
Bonke bayafana akunandzwe zimb'o.

Akako oka Ntsikana u Yehova yedwa
Engeko nowa Mamfengu u Yehova yedwa
Yintoni ukungati singamaqeya
Alala equluselene amaqeya.   20

Mazibhange Izikumbuzo ezinjalo
Ucalulo lwazo lukupa umxelo

Inspire the country with your words.
Was ever her country in such a state?

Jehovah is not Ntsikana's alone,
Jehovah is not the Mfengu's alone.
We don't have time to fumble in fog.
Oh I blundered in going to whites!

This Unity's a shade-screened leopard
in all the Creator's sorrows as well,
all enemies will be crushed by it,
the mercies of heaven yield to it.

And so be one and sing one song
with your compatriot Die-As-One.
Isaiah says: "These are my words;
tell your people I'm the one talking."

We split into factions, betray our own people,
and Africa leaves as we claw at each other.
We'd be all at sea if we ruled ourselves:
our cry for self-rule is vapid!

Peace, Africa, Army whose warriors stab one another!
They rip each other but reassemble.
Pulling in different directions,
these spans will smash their legs.

Peace, Africa, Army whose warriors stab one another!
They rip each other but reassemble.
How much longer, my people? "Build for each other!"
Do the whites on the mountaintops bother you?

The fulfilment of what was written approaches,
I swear by Ndlambe and my father who sired me.
When that time comes we'll all rise to our feet
and there'll be no place for dispute.

       Peace!!

Mazibhange! Izikumbuzo Ezingenalo u Manyano

Nisipe amazwi akutaza umzi
Kona eludidini wake wanje umzi?

Akako u Yehova ka Ntsikana yedwa
Engeko no Yehova wama Mfengu odwa
Aliko ke nelokufamla enkungwini
Awu ndak'ubeka ndibheka emlungwini.

Lento ilu Manyano yingwe yetunzi
Nasezintsizini zonke zake u Menzi
Zonk' intshaba zakoyiswa ngenxa yalo
Nenceba zezulu zakutotywa ngalo.

Yiba mnye ke vuma ingom' ibenye
Nowakowenu yifela ndaweninye
Uti u Yesaya ndim low' utetayo
Bikela mawenu uti ndim otshoyo.

Ucalulo lukuti kwano kungcatshana
Iqwesheke i Afrika sisagxegxisana
Inene singabhanga sike sazipata
Tu—nto nabhongo elo lokuzipata.

Taru Afrika mpi ziyabinzana
Zimane ziqauka zibuye zihlangana
Ezizipani ke ziyintluzentluze
Zihlalele ukwapuka imilenze.

Taru Afrika mpi ziyabinzana
Zimane ziqauka zibuye zihlangana
Kode kube nini makowetu "Zakeni"
Baninqabelena ngokume zintabeni.

Kuza ixesha lento eza Bhalwayo
Ndifung' Ndlambe nobawo ndizalayo
Ngeloxesha ke sonke soma ngenyawo
Ukungevani kobe kungenandawo.

       Camagu!!

An appeal for action to confront dispossession.

67   Africa, are you trashed like a worthless plate?

   Gird yourself for the country of your birth! Africa is Canaan to you. Heaven is not yours, but for the angels:—

Jehovah, replenish our days on earth,
as you did in the time of our fathers.
Did you forsake us forever,
Elephant grazing the plains of Canaan?

I'll roar my basic position   5
like thunder over Umtata.
I'll even take a Khoi to wife,
useless as long-left ruins.

For long we've been calling, our voices are hoarse,
there, Africa's petticoat's dropped.   10
Africa, have you been trashed
like a plate of little worth?

"You've been weighed and found to be wanting."
The Ancient Creator's voice struck home.
The fingers' inscription proclaims   15
your country's been taken, handed to others.

But today, I want you to understand,
ask yourself if I'm telling the truth:
seek the source of your condition,
why you're so and why you starve.   20

Africa, have you been trashed
like a plate of little worth?
When we reached the white man's cities
we drank the brews of foreign gods.

Africa, have you been trashed   25
like a plate of little worth?
Our customs went off to the whites
while we admired foreign gods.

67   Wapulwana Afrika Njenge sitya Esingananziweyo?

B'inqela izwe lako! Lokuzalwa kwako: I-Afrika le iyi Kanana kuwe: Izulu asilolako lele Ngilose:—

Hlaziya Yehova imihla yetu
Nje ngokwamandulo ko bawo betu
Ungaba usicekise mpela na
Ndlovu edla ezindle zase Kanana.

Ndizakuzongoma ndibuyelela   5
Ndixelise izulu lase Mtata
Ndode ndiqubule noba Lilaukazi
Kuba kakade alinxiwa laluto.

Kade simemeza amazwi atshile
Nanko "Umb'inqo" we Afrika uwile   10
Wapulwe na Afrika njenge sitya
Esinga nandziweyo sona isitya.

Ulinganisiwe wabonwa ulula
Litsho kabuhlungu Elomdal' Omdala
Ubukosi bako ngoko buhlutiwe   15
Banikwa intlanga ngomb'alo womnwe.

Kodwa ke namhlanje ndifun' uqondile
Make uzibuze woz' undingqinele
Ufune nembangi eyakubangela
Ukuba nje kwako nokufa yindlala.   20

Wapulwana Afrika njenge sitya
Esinganandziweyo sona isitya
Naku site sakufika emlungwini.
Sasela nendywala zotixo basemzini,

Wapulwana Afrika njengesitya   25
Esinganandziweyo sona isitya
Emka namasiko aye silungwini
Kuba sabancom' otixo base mzini.

Birds devour you, Garden of Africa.
I saw a baboon with dirty teeth.   30
Our voices are hoarse from imploring you.
We criss-crossed the land calling to you.
        Peace!

I'll roar returning to where I began,
I came when they said I'd come,   35
babes at the breast even swear by me,
kings prance and stamp in the yards.
        Peace!

Africa, have you been trashed
like a plate of little worth?   40
Your family's left you; your stock have left you:
they're now the stock of the Mutton Gluttons.

Today you're ploughed by fiery wagons;
we don't plough, we bellow "Wailings".
There the Chinese have brought their malt.   45
Mercy, hills of a land of springs!
        Peace!

While your people die, strangers cart off your country.
Wake up! Death was put to sleep, you said!
There the Indians have brought their bananas,   50
and the kids of Manana still play with dolls.

Peace, plains of our motherland!
Induce birth pangs in your people.
Scale the mountain slopes like flocks
heading for snow-capped heights.   55

        Peace indeed!

Wadliwa zintaka Ntsimi ye Afrika
Ndayibona imfene emazinyo amdaka 30
Amazwi atshile kukuk'waza wena
Sigqibe lomhlaba simemeza wena
    Camagu!

Ndizakuzongoma ndibuyelela
Ndinguyawavela bati wavela 35
Into efungwa nango sebeleni
Zigqushe nenkosi zidlobe nkundleni.
    Camagu!

Uyapulwana Afrika njengesitya
Esingananziweyo sona isitya 40
Washiywa usapo washiywa yimfuyo
Yeyamadlagusha namhlanje imfuyo.

Namhla sewulinywa zinqwelo zomlilo
Asilimi tina sikony' "Izililo"
Nango nama Tshay'na eze ngemitombo 45
Taruni zinduli zezwe nemitombo.
    Camagu!

Bafabantu benu lemkizwe nezizwe
Maka vukeke nobesiti kuleliwe
Nango nama Kula eze ngo Banana 50
Wadlala ngo popi ke oka Manana.

Taruni matafa Ezwe lakowetu.
Vusani "Inimba" yakuma kowetu
Kenisinyuse nase matambekeni
Nje ngemihlambi ebhekis' engqeleni 55

    Camagu! Bo!

68   Agreed!

How could a person not consult diviners, when even dogs do? A person is close to God; I don't know how close a dog is. We are constantly arrested here, by Secret Police whose dogs have smelt us out. Let us stop calling our doctors heathens: whites have their doctors throughout the country, as well as dogs. So observe the motion of earth and sun, and the seasons of the year.—NONTSIZI.

Nontsizi claims that western education has not led to black progress, and urges a return to native custom and tradition.

69   Who said there's no need of divination?
And that your doctors are heathens?
1 *Samuel* 28: 8-20

Saul expelled from the country all those inspired by spirits, as well as sages. Then Jehovah was swollen with anger at him, and sent the fearsome armies of the Philistines to attack him. And when Saul saw them he trembled, and even his knees knocked in fear. Saul scoured the country in search of the sages he had expelled, to divine and raise his ancestor Samuel to speak to Jehovah. Samuel was long dead by this time. So then! God created things according to his own plan without consulting us about the creation.

Mercy, Africa, Nursemaid slain by your sucklings!
The way you speak defines you.
We perish for lack of diviners
as if every home housed a witch.

We entered the house of foreign custom;   5
turned on our kings and went to the whites,
scattered our stock to the winds,
emptied our bins. Nothing's left.

68 Siyavuma!!

Beku nokutini? Ukuba umntu anga vumisi, kanti kuvumisa nezinja nje? Kuba ke umntu yena ukufutshane Etixweni, andiyazi ke inja yona ukuba ikufutshane pina? Sipela nje apa kukubanjwa, ontamnani bavunyiselwa zizinja ukuze baye kusibamba: Masiyeke ke ukuti o Gqira betu ngaba Hedeni, kanti nakubelungu bakona o gqira bagqibe Ilizwe; kukona nabezinja: Gqalani ihambo ke Yomhlaba ne Langa, neya maxesha omnyaka:—Nontsizi.

69 Ngubani Oti Ukuvumisa Akufuneki?
Namagqira Etu Ngaba Hedeni?
Eyokuqala ka Samuel 28: 8-20.

U Saule wabagxota Ezweni bonke ababeneshologu no Siyazi: Waza ke u Yehova wamqumbela kakulu: Wamtumela ngemikosi eyoyikekayo kunene yama Filistiya—awati akuyibona u Saule wangcangcazela, namadolo abetana kukoyika: Wabhayiza u Saule Ezweni efuna o Siyazi abaya waye bagxotile, ukuba bazo kuvumisa, bamvusele u Samuel Umnyanya wakubo, utete no Yehova: U Samuel ke waseyefile ngeloxesha:—Naku ke! U Tixo izinto wazidala ngokuzazi: Engabuzanga kuti ke ukuzenza Kwake:—

Taru Afrika inteto zizimb'o
Mondli ebulawa ngabakowabo
Satshabalalake ngokuswel' igqira
Wanga wonke Umzi sowungamagqwira.

Masiko sangena kumzi wase mzini   5
Sacasa nenkosi seza emlungwini
Sachita nemfuyo konke kwapelela
Tu—nto isasele sipokopalala.

We called our doctors heathens,
making a heathen of God
who created all these things
and convinced Saul of that fact.

We're borne off by this schooling we valued,
we're borne off in ladles of white people's liquor,
though the whites turn their backs on yours.
Fault these points, Greybeard of ours.

We called our doctors heathens,
while our every village slides down the cliffs.
All our liars are in school,
all our witches are in school.

We gave up polygamy; today we take lovers.
We gave up ochre, but now we're all drunk.
It's all the fault of this learning we praise;
we slip downstream empty-handed.

Will the Reds ever be Christian?
We pose as just, so they waver.
Though lively we Christians will die:
we're Christians by day and hyenas by night.

And what then of our parents?
We just left them shut in their homes.
It's all the fault of this learning we praise
and this culture you ram down our throats.

We must come back! Schooling kicked us,
lugged us on its back like a tortoise.
All our thieves are in school—
and yet we say we're students?

The word of God's the very truth
but we've treated it inconsistently.
We lack the truth, we lack tradition.
"Track your traditions," say diviners.

      Agreed!!

Sati namagqira angaba hedeni
Sisenza u Tixo ngoko umhedeni 10
Yena owadala zonke ezizinto
Woyisa no Saule ngoko ngayo lonto.

Semnka nalemfundo sayenza igugu
Semnka nemicepe yotywala bomlungu
Abe yen' umlungu ecase obetu 15
Pikis' ezondawo ngwevu yakowetu.

Sati namagqira angaba hedeni
Kodwa wonke Umzi usaya eweni
Onke amaxoki asezikolweni
Onke namagqwira asezikolweni. 20

Sayek' izitembu namhla siyashwesha
Sayeka nemb'ola kodwa siyashusha
Yiyo ke lemfundo siq'ayisa ngayo
Siyemnka nomfula tu—nto kwakuyiyo.

Aze namaqaba abe sagqob'oka 25
Sisenz' amalunga awa ke evuka
Sakufa sivile tina magqob'oka
Sigqob'ok' emini kuhlwe sizinc'uka.

Abazali betu bona bayintoni
Sabashiya njalo sival' ezindlini 30
Yiyo ke lemfundo siqayisa ngayo
Kwanalempucuko nisifunze ngayo.

"Masibuye" siyakatywa yimfundo
Isibelekile yaba njengofudo
Onke namasela asezikolweni 35
Kanene—tina siti siziz' tyudini?

Izwi lika Tixo lona liyinene
Silipete kodwa ngobumenemene
Asihlali ntweni, akuko nasiko
Ziti Izanuse landan' amasiko. 40

      Siyavuma!!

Nontsizi attacks the prejudice blacks experience in the white world and the trap of aping white ways.

70   Snap this snare

    Has any African minister ever preached in a white church? Why not, when there is only one God of love? Pay attention to such things! For a long time other nations have been alert as a lizard on a rock. They have no desire to quarrel with their customary God by admitting foreign gods to preach among them.

Jehovah, remember what's happened to us.
Weep on your feet, apathetic Africa.
The yoke of oppression's on your neck.
You're shattered, wingless bakbakiri.

Oh the homestead standing alone   5
with easy access through its gates,
whose people once had plenty,
now a sign of oppression.

Snap these ways that snare you.
For a long time we've said so, criss-crossing the land.   10
Passers-by will shake their heads
at this home without hospitality.

Celebration began before fighting ceased
but there's bullying right in the churches.
Africa's horn's been cut right back.   15
The next generation will gaze slack-jawed.

Turn your face to the mountains
and prophesy from them. You too, boy.
Say we offer excuses for everything,
nothing but jokes and excuses.   20

Foreign ways are a snare to you.
In truth I say so; look for yourself.
Everything's gone that once was of value.
We've sunk deep, I swear by my people.

70 Tsheca-Lomgibe!!

Ukonana? Umfundisi omnyama oshumayela kwi cawe yabe lungu bodwa na? Ngani kaloku? U Tixo Emnye nje Elutandweni? Zigqaleni ke izinto: Ezinye Izizwe, kudala zati qwa—okwentulo etyeni: Azifuni kuxabana no Tixo wazo Olisiko: Zingenise Otixo base mzini bayokushumayela pakati kwazo:—

Kukumbule Yehova okusihleleyo
Lila umi Afrika etyeshileyo
Intshutshiso ipezu kwentamo yako
Wakhumeka ngqangi engenampiko.

Hai ukuhlala kwawo wodwa Umzi   5
Nokungenwa kwamasango alomzi
Obantu babenikwe Intsikelelo
Namhla simanga ngumzi wembandezelo.

Tsheca lamasiko angumgibe kuwe
Kudala sisitsho sigqibe amazwe   10
Baqwab' izandla nabadlula ngendlela
Lomzi ungenayo nendawo yokudlela.

Saqala ngokuhomba sisekulweni
Kanti nantsi ntshutshiso ezicaweni
Luxakaxiwe u "Pondo" lwe Afrika   15
Nabalandelayo bobeta besotuka.

Bhekisa ubuso bako Ezintabeni
Uprofetele kuzo nawe kwedini
Yiti yonke into yaba ngamampunge
Ento zokudlala odwa amampunge.   20

Amasiko entlanga angumgibe kuwe
Inene ke nditsho kangela ke nawe
Akuko ntwisento kwinto zakowetu
Seyele sazika ndifung' amawetu:

These ways drove a wedge between us and God: 25
those are the headings in our discussion.
They scattered us and mowed us down.
They hurled clods at our sons and daughters.

They plundered our homes and our kingship,
Reds and Christians need passes to travel. 30
The system's still soft, not fully effective:
you can escape if you keep to the shadows.

Our customs wear their dresses,
their trousers conceal deception.
Our girls no longer dance with bare breasts, 35
they cut fancy capers till their ribs break.

Snap these ways that snare you.
You didn't act, you were forced to act.
Bring out your spear and consult a diviner.
The Lovedale leopard slaughters our young. 40

When the white appeared, all was normal:
abnormality came with his bible.
Today we don't even know what we scrap over,
lost as if at Vanity Fair.

    Peace to you all! Indeed!! 45

Lamasiko asahlule no Tixo 25
Nandzo ke intloko kweyetu ingxoxo
Asichita konke asenz' izigede
Konyana nentombi apos' amagade.

Ahluta namakaya kanye no Bukosi
Yaqaba, gqob'oka bahamba ngepasi 30
Alikadumi noko liyarangaza
Kuba alikaviwa ngamanyangaza.

Amasiko etu anxitywa ilokwe
Inkohliso yodwa kanye neye blukwe
Nentombi azisagidi ngalubambo 35
Zikab' onomtatsi kwapuke nembambo.

Tsheca lamasiko angumgibe kuwe
Akuzenzanga kodwa noko wenziwe
Rola ke umkonto uye e Gqireni
Lwapel' usapo yingwe yase Dikeni. 40

Wavela umlungu kungeko zimanga
Weza nge Bhaibhile ngoko Sati Manga
Namhla sibambene ngesingayaziyo
Ngati siku Msito wakwa Lambatayo.

      Camaguni! Bo!! 45

Nontsizi attacks liars and gossips, especially those who bear false witness against their own people, for destroying the community from within.

71   Gossip! Listen!!

This gossip sets homes ablaze,
destroying peace in the villages.
It's always wiping dirt from its mouth
and leaving people amazed.

Listen, step back if you gossip,   5
because you've spurned the truth.
The gullible shouldn't be fooled:
it's a pack of scampering dogs.

This gossip sets people at odds,
it travels with strife, expels human kindness.   10
I won't pull punches: it diminishes dignity
like a river bulging with rain.

Nobody cares for a gossip,
whatever he may do,
as tall as I am down on my knees.   15
I won't repeat what I've often said.

A wagging tongue affords no rest.
However much it sounds its trumpet
it takes no part when people fight:
it's a pack of scampering dogs.   20

A wagging tongue's a murderer
lurking within the body.
A nation of gossips is a nation of liars
and Satan's the father of lies.

Never betray your own for gain.   25
May your joy in betrayal turn to despair
and roast in the fire on judgement day,
your power perish, leaving you nothing.

71   Ukuxoka! Pulapula!!

Lento ikukuxoka itshisa umzi
Ikwalubhubhisa noxolo lwemizi
Into ehlala izisula umlomo
Ishiye apo bete nka imilomo.

Pulapula xa ulixoki buy' umva   5
Kub' inyaniso liyinikela umva
Bangakolwa lilo abakolwayo
Kuba ngumhlambi onja zibalekayo.

Ukuxoka oku kulwisa abantu
Kuhamba nodushe kukupa nobuntu   10
Ndingakufihleli kupela nomkita
Unge ulodonga lusand' ukunetwa.

Lento ilixoki ayihoywa bani
Nditsho lingatini akubeti no wani
Liba ngangam ndigaqe ngamadolo   15
Andikupinda nditshilo nje nditshilo.

Lento ulwimi ayihlisi butongo
Naxa umninilo eze ngexilongo
Alubambi nahlelo mhla kuliwayo
Kuba ngumhlambi onja zibalekayo.   20

Lento ulwimi inene bafabantu
Ifumbalala eziqwini zabantu
Umzi oxokayo ngumzi wamaxoki
U Satana kanye noyise wobuxoki.

Ungamncetezi owakuni ngenzuzo   25
Ncama iziyolo omnceteza ngazo
Zakutsha ngumlilo ngomhlana wompeto
Bupel' ubukosi ube ungasento.

Don't bear false witness,
kill your own with a lie;   30
don't profit by him or ambush him:
if you do, you'll be destroyed.

The one who presents a false face
is a liar: abandon all trust in him.
He rolls the enemy's boulders down,   35
he lies till his navel collapses.

"Once upon a time," say those who know.
We gossips will come to grief:
when we tell the truth no one listens
for we hardly know what's true.   40

A liar is nothing human.
He has no roots. Let the killer die.
He lies while praying to God,
since people are God in effect.

A wagging tongue's a raging fire,   45
there is no greater danger;
it consumes all in its path.
What do the learned have to say?

        Awu! Oh yes indeed!!

Unganqini nobunqina bobuxoki
Ubulale owakuni ngobuxoki   30
Ungatyi ngaye umpumele ingqina
Kulapo nawe wotshabalala kona.

Ofumbalala eziqwini zabanye
Lixoki elo lahla netemba kunye
Yingungxula utob' amatye otshaba   35
Into exoka kuti gongqo nenkaba.

Kwati kekaloku batsho osivile
Tina ke maxoki sakufa sivile
Asisaziwa namhla size ngenyani
Kuba kaloku asiyazi inyani.   40

Akuko buntu bukumntu olixoki
Ongahlali ntweni? Safa ngu bo'siki
Uxoka kanye etandaza ku Tixo
Unokutini nabantu bangu Tixo.

Lungumlilo opeleleyo ulwimi   45
Akuko ngozi igqita eyolwimi
Lutshisa konke apo luhamba kona
Abantu bemfundo bona batinina?

    Awu! Yebo ke!!

An appeal to Jesus as both warrior and sacrificial victim to help Nontsizi's people endure their humiliation.

72   Behold the lamb set for shearing (Good Friday)

Enoch, Methusela, Elijah and Elisha alone scaled that hill without effort. This feat will never be repeated here on earth, in this present age, not until the final trumpet sounds. From Jesus down to suckling babes, a man must strain alone against the rope round his throat if he wants freedom for his land and country. Listen!!

Let us give thanks to the battle hero
who vanquished and humbled all foes,
crushed to death the ancient snake
to wipe us clean of sin.

You came for love of your people,   5
washed in water and the word of might,
a king of peace who carried peace,
bringing bliss to the hard of heart.

Reed that was crushed on the cross
for Adam's sins and his family's,   10
may we clasp hands in education
through your bones that rest in death.

Today, in the Book we read of you,
like a baby sheep led to slaughter,
not a word did you speak as you went,   15
like a lamb set for shearing.

Crush Satan, the ancient serpent,
let him die in his tracks, let hell grieve.
We make our appeal to You
for the hundreds of thousands killed in Africa.   20
         Peace!

Elephant striving for Africa,
for a long time we've lived on bones and mud;
you were sent as an angel from heaven
but here we stand in battle array.   25

72 Nantso-Igushakazi! Pantsi Kwabaguguli!! (Good-Friday)

Ngu Enoch, Metusellah, Elija, no Elisha kupela, abayinyukayo lula lo Nduli: Akusayikubuye kupinde ke, kubekona bambi ngapandle kwabo, kweli Pakade Likoyo: De kuhlokome Ixilongo lokugqibela: Ukususela ku Yesu ke, kuye ko sebeleni ngoku, indoda imelwe yintambo emqaleni kupela: Xa ifuna ukuba Isizwe sayo sikululeke ne Lizwe layo:—Pulapula!!

Make sibulele kwiroti lokulwa
Loyisa intshaba zonke ke zapulwa
Latyumza ukufa nenyoka endala
Ukuze sisinde kwawet' amatyala.

Weza ngokutanda Elake Ibandla   5
Etshizwe ngamanzi nelizwi lamandla
Lonkosi yoxolo yazisa "Uxolo"
Ukuze nengqola ipiwe uyolo.

Ngcongolo Etyunyuzwe lu "Betelo"
Lwezono ku Adam neyake Inzalo   10
Ngalo matambo alele ekufeni
Masibambane ngezandla emfundweni.

Namhlanje sikulesesha Emqulwini
Njengemvana isiya ekux'elweni
Wati, Cwaka umlomo xa uyayo   15
Njenge gushakazi kwabayigugulayo.

Tyumza inyoka endala u Satane
Abhubhe mutu nesihogo sidane
Namawakawaka abulawe Afrika
Siwabiza Kuwe lomawakawaka.   20
        Camagu!

Ndlovu Eza nemigudu e Afrika
Kade sipila ngamatambo nodaka
Wena watunyelwa wanje nge Ngilosi
Kodwa tina apa simi ngemikosi.   25

Crush Satan, the ancient serpent,
let your blood light our way,
through your bones that rest in death
show us the path to peace on earth.

Crush this land's vile habits, 30
embolden the youth of our nation,
Broadbreast, Foundation of Gabriel's house,
Maker of stars and the years.

Crush Satan, the ancient snake,
let him die in his tracks, let hell grieve, 35
lead us up the mountain slopes
like flocks led through frost.

Shoulders that bore the tree of shame,
help us to bear our children's shame;
Elephant that left after striving for Jericho, 40
unite these nations in repentance.

Dress our kings' subjects in wedding finery,
specially our hearts and habits,
so we rise with you as our guard
against smugness and barbs from the whites. 45

Let the waters of Africa bellow,
roaring here till they burst their banks,
raising even the sots in the Orange
so they see your presence, Emmanuel.

    Peace indeed!! 50

Tyumza inyoka endala u Satana
Igazi lako likanyisele tina
Ngalo matambo alele Ekufeni
Fundisa ngawo uxolo Emhlabeni.

Tyumza intlondi ezimbi zelilizwe 30
Ukalipe nomlisela wetu Sizwe
Sifuba lugangato kulo Gabriyela
Menzi wenkwenkwezi nozilimela.

Tyumza inyoka endala u Satane
Abhubhe mutu nesihogo sidane 35
Ze usinyuse nase matambekeni
Njengemihlambi ebhekis' engqeleni.

Magxa awatwala umti wezigxeko
Masitwale ezabetu izigxeko
Ndlovu Emnke ngemigudu e Jeriko 40
Dibanisa Ezizizwe ngenguquko.

Hlongoza abemi benkosi zetu
Kanye kwanentliziyo nemikwa yetu
Zesisipepe Ngawe sakupetela
Intolo Zabelungu nezo "Kwanela" 45

"Amanzi" e Afrika makahlokome
Enje Isijwili apa apupume
Apakamise namanxila e Gqili
Abubone ubuko Bako Immanueli.

        Camago! Bo!! 50

A hymn of praise to the risen Jesus, conqueror of death.

73   Roll back the stone! (Easter)

What now, great python, Death?
The One on High laid you low today;
through Adam we once were forsaken
but today we're saved through Jesus.

People, praise him today, he has risen,   5
he, who was dead, rolled back the stone.
Death, where then is your sting?
Your bow and arrows are broken.

Wake, cascade of praise in Africa,
incite Tanganyika wastelands,   10
spread the news of the Templars,
call out lest we forget.

Who are these soldiers arrayed in rank,
with swords at the ready watching that grave?
We took our sticks and joined the crowd   15
in search of this long-renowned Christ.

This Christ who shattered the tree of the cross,
crushed its head and made it a trophy,
called to those who took to the hills
to tell them the tale of these sources of mercy.   20

The dumb spoke in Decapolis,
the eyes of the blind were opened in Jericho.
He has risen and nations praise him;
through these triumphs, all strength to him.

Wake, Africa, join in the victory song: 25
through him you conquer your enemies.
He's completely restored your liberty:
honour this hero in song.

What now, great python, Death?
The One on High laid you low today.   30

73   Qengqa!-Elolitye!! (Easter)

Utinina namhla Kufa nambankulu
Namhla woyisiwe Nguye Opezulu
Ngaye u Adamu sibe silahliwe
Kodwa ke ngo Yesu namhla sincediwe.

Namhla mbongeni bantu Uvukile   5
Waqengqa Ilitye lowo Ubefile
Lupina ke Kufa ulwamvila lwako
Kwapuke nentolo nesapeta sako.

Vuka mpopoma yendumiso e Afrika
Uvuselele ntlango ze Tanganyika   10
Nisasaze ezondaba nge Tempile
Nenze Isijwili ngazo nikumbule.

Mkosi mnina lo ute r'er'elele
Ulinde Elongcwaba ngamar'ele
Side satata nentonga sabekelela   15
Sifuna lo Krestu odumo ludala.

Lo Krestu wapule Umti wo Mnqamlezo
Watyumza nentloko wenz' ixoba ngazo
Wababiza nabayame ngentaba
Ze Abenzele Ibali lezo Nceba.   20

Zidenge e Dekapolis zitetile
Kwanemfama e Jeriko zikangele
Uvukile uyabongwa ngama Bandla
Woyisile aba Kuye onka Mandla.

Vuka ke Afrika nawe wenz' umhobe   25
Ukuze Ngaye nentshaba uzitobe
Uyifezile kwa yonke ne "Nkululo"
Lidumiseni Eloroti nge Culo.

Utinina namhla Kufa nambankulu
Namhla woyisiwe Nguye Opezulu   30

There is Satan in shackles.
The ancient serpent's trampled.

He's risen and with him all life,
to put an end to all death.
Spread the news right up to Tugela: 35
here is this long-renowned Christ.

He's risen and Mary with him:
in the far Kalahari I heard the news.
Elephant browsing the tops, how you fought
for all the beauty of heaven and earth! 40

The world took fright when this judge arose,
the pillars of every grave shattered,
the stone was rolled back and laid down there
and the Jews were thrashed and scorched.

So he's calling, "Wake up, sinners, 45
cast off sin and the Slanderer's stubbornness.
There's no compassion, no absolution,
there is no mercy on the Day of Wrath.

      Wake up!!"

Qengqa!-Elolitye!! (Easter)

Nanko no Satana usele banjiwe
Inyoka endala isel' ityumziwe.

Uvukile kanye kwa nobomi bonke
Kupele tu kanye kwa nokufa konke
Bika ezondaba zime ngo Tukela 35
Nanku ke lo Krestu odumo ludala.

Uvukile kanye kwakunye no Mari.
Ndibave kwi Ntlango mna ze Kalahari
Bonke ke ubuhle bezwe namazulu
Oyi! Ubulwele Ndlovu Edla Pezulu. 40

Uvuke lo Mgwebi umhlaba wotuka
Nentsika ze Ngcwaba zonke ke zapuka
Ilitye laqengqwa kwalapo lawiswa
Namajuda onke abetwa atshiswa.

Kungoko Ebiza Vukani ke boni 45
Niyeke inkani zomtyali ningoni
Ayiko inceba aluko usindo
Ayiko ne Taru ngemini Yomsindo.

        Vukani!!

Though Africans seem defeated, they must rouse themselves for a heroic struggle.

74   My God! My God! Why have you forsaken me?

My people, when Jesus cried these words out loud the heavens were rent asunder, the earth cracked and every mercy was suppressed. At what time of day will we cry out loud, having been forsaken by God? Jesus called to his Father, when he saw that he was in difficulty. Note that he did not say Judas had created the burden of trouble for him. Oh no! Mark this, reader. He bore the yoke placed on him by his Father, struggled to his feet with it and stood forth. Our leaders must stop seeing each other as Judas, for this nation cannot tell which of them is Caiaphas and which is Pilate.

Halahoyi, Africans, something stinks
like the ground snake, fouling the air.
How do we live in constant strife,
in ignorance and conceit?

I'll roar returning to where I began,   5
I came when they said I'd come;
babes at the breast even swear by me,
kings prance and stamp in the yards.

For long we've been calling, our voices are hoarse
and the mercies of heaven have left us.   10
There are the signs crying out loud,
they whip those who know into terror.

My God! My God! Why have you forsaken me?
It was heard in Golgotha, in our ruined homes,
calling out lest you forget   15
Africa's children arrayed in rank.

African leaders must rouse themselves,
Jehovah opens his arms to them;
they must stop scoring points off each other.
How then, Dr. Rubusana?   20

You're locked in shackles, Africa,
you've lost the path completely.
Your family's left you; your stock have left you,
your homes have left you: there's nothing left.

74   Tixo wam! Tixo wam! Undishiyelanina?

Lilizwi elo makowetu! Awati akudanduluka ngalo u Yesu; Arazuka Amazulu: Wacandeka Umhlaba: Zatotywa kwa Nenceba: Azi ke tina siyakudanduluka xa lipina Ilanga; sishiywe kangaka nje ngu Tixo? U Yesu Yena wati akubona ukuba kunzima ngoku wak'alela ku Yise: Akatshongo Yena ukuti niyabona ke unzima nje lo Mtwalo ndenziwe ngu Judas lo: Hay' kona! Oleseshayo makaqiqe! Wasuka watwala lo Dyokwe wayeyibekwe ngu Yise wawa evuka nayo wada wapumelela: Inkokeli zetu ke maziyeke ukubonana zodwa ubu Judas; kuba ke Isizwe sona asiyazi nengu Kayafa singenakuyazi nengu Pilate:—

Halahoyi ma Afrika nalo ke ivumba
Linukisa okwenyoka yomhlaba
Entlalweni nembambano sinjani
Namaratshi okungazi anjani?

Ndizakuzongoma ndibuyelela   5
Ndinguyawavela bati wavela
Into efungwa nangosebeleni
Zigqushe ne Nkosi Zidlobe 'nkundleni.

Kade simemeza amazwi atshile
Kwane nceba zezulu zisishiyile   10
Nango namabala ati danduluka
Abaqondayo bobeta besotuka.

Tixo wam Tixo wam undishiyeleni
Latsho e Golgota nase manxuweni
Lenza isijwili lat' uzukumbule   15
Lenzala e Afrika ite r'er'elele.

Inkokeli e Afrika mazivuke
U Yehova uzimema ngako konke
Ziyeke lento yokuba ziqulana
Utini yena u Gqira Rubusana?   20

Watshixwa Afrika ngamakamandela
Kuba kaloku uyiposil' indlela
Washiywa lusapo washiywa yimfuyo
Washiywa li kaya tu-nto sekuyiyo.

Bear the report to the One on High,   25
scratch the earth like crows,
say we offer excuses for everything,
nothing but jokes and excuses.

Mercy, Africa, Garden of Africa,
hyenas ravage our princes.   30
Even a jackal suckles its whelps.
Are yours scattered? Can you see them?

So when will you cry out loud
"My God, why have you forsaken me?"
Act like a man, bellow "Wailings!"   35
when you fall get back to your knees.

This hill the black man scales is steep,
it nearly daunted Christian;
his mouth frothed with a sloven's foam,
his ears flared like a cobra.   40

Money's an obstacle up this hill,
envy's another obstacle:
and so we battle to scale it.
Can a seasoned debater dispute this?

The shooting star informed us: 45
spurn strange gods on pain of death.
It was a leader, leading us,
that Leader, leading us!

       Peace!!

Yinyuse Ingxelo iye ko Pezulu 25
Upande pantsi uxel' amahlungulu
Yiti yonke into yaba ngamampunge
Ento zokudlala odwa amampunge.

Taru Afrika Ntsimi ye Afrika
Abantwana be Nkosi bayapela zinc'uka 30
Nempungutye yanyisa amatole ayo
Aba ke? Bate dwe? Ubabonayo?

Ngoko wodanduluka ninina
Uti Tixo wam undishiyela nina
Yenza njengendoda konya "Izililo" 35
Uvuke usiwa guqa nangedolo.

Inzima le Nduli inyukwa ngu Ntu
Inzima yapantse yoyisa no Mkrestu
Wax'apa magwebu wasibhongob'iya
Wati nzwi nendlebe waxel' unobiya. 40

Yimali ilibhaxa kule Nduli
Ngu mona ulibhaxa kule Nduli
Ngoko ke sixakiwe ukuyinyuka
Makapike ke oqele ukupika.

Yabinza Inkwenkwezi Isixelela 45
Zeniyeke izitixo notshabalala
Yayingumkokeli ikokela tina
Ulo Mkokeli wasikokela tina.

      Camagu!!

The gospel introduced by whites to South Africa is hollow, since black people suffer contempt and dispossession at white hands.

75   Go forth and teach all nations
Matthew 28: 19-20

What have we learnt from whites? Because this Gospel of Matthew talks about the teaching of the Word and the fear of God. The teaching we have received and what we see of it in no way shows that we have knowledge of the Word of God, or that we fear Him:

Editor, thanks for the poets' column,
I'm still here, a young man and no poet.
I just like to be on top, Editor:
clubs are at hand but I fight with lightning.

Go forth and teach all nations!   5
What have we learnt beneath the sun?
While our people die, strangers cart off our country.
Wake up! Death was put to sleep, you said!

Maqoma said so, and they called him mad
for spurning the madness of surrender.   10
Are you trampling your nation's girls,
enslaving them in your land?

What have we learnt beneath the sun
from their bibles, please tell me, my friend?
They clapped shackles on Africa,   15
hurled her down with cannon and musket.

"We're British: the Kaffirs can die!
We'll rip the candy from your mouths."
Speak as of old in Hintsa's voice.
(The names of kings confuse me.)   20

What have we learnt beneath the sun
from their bibles, please tell me, my friend?
"We're British: the Kaffirs can die!
A baby baboon's no stranger to misery."

75 Hambani! Niyekuzenza Abafundi Zonke Intlanga!!
Mateyu 28: 19-20

Sifunde ntonina ke tina kube lungu? Kuba kule vangeli kaMateyu kutetwa ngemfundiso ye Lizwi; noko yika u Tixo: Kwaye ke, le sinayo tina imfundiso, nesiyibonayo, ayixeli konkena ukuba sinolwazi nge Lizwi lika Tixo, kwa nakoyika ngaye:

Taru mhleli ngesituba sezi mbongi
Ndiko noko ndingumfana andimbongi
Nditand' ukuhlala nje pezulu mhleli
Kuba ndilwa ngombane induku zihleli.

Hambani nifundise zonke intlanga   5
Sifunde ntoni ke ngapantsi kwe langa
Kufabantu betu lemkizwe nezizwe
Makavuke ke nobesiti kulelwe.

    Watsho no Maqoma kwatiw' uyageza
Kub'engazingeni into zobugeza   10
Nazinyatelana nentombi zezwe lenu
Zanga mak'obokana ezweni lenu

Sifunde ntonina ngapantsi kwelanga?
Nge bhaibhile zabo kauxele ke ntanga
Zay'konxa i Afrika ngamakamandela   15
Nango mbhay'mbhay' mipu, zayikahlela.

U kafile makafe singama Britani
Tina sonihluta intlaka emlonyeni
Ngaw'tete ngelidala ngelika Hintsa
Amagama enkosi ayandipazamisa.   20

Sifunde ntonina ngapantsi kwe langa?
Nge bhaibhile zabo ngaw 'xele ke ntanga
U kafile makafe singama Britani
Itole lemfene likula esizini.

God is the toy of black behaviour,
paganism's rampant.
Yeha, black home, the lid's on your pot,
the land of your fathers rumbles and trembles.
For a long time, men, they've claimed to know all,
for a long time, men, we hear news of death,
all we see is blood on the people.
Even the word of God is in peril.
        What's this?

Now what have we learnt from the whites?
Our joints crack under their bibles,
our country's in shadow, our heroes fall:
in the land of our fathers lie rough mounds today.

Our enemies plundered our pots,
our knives and sacred vessels,
all the gourds and little trowels
passed down through generations.
        Wailings indeed!

They danced with their faith in the scriptures:
"Discard your striped woollen blankets"
but today we're nothing but insects.
Cannon roars in the land of our fathers.
        Wailings indeed!

Mercy, Africa, strife-torn land!
There's little indeed we can take for the truth.
Let's remember the days of our fathers,
seal Tshiwo's deserted villages.

        Peace!

Sidlala ngo Tixo ngendlela emanyama 25
Nobu hede'ne ngenyani busahluma
Wagutyungelwa yeha ndlu emnyama
Izwe loyihlo ligquma zi nyikima.
Kudala zingoza sibona madoda
Kudala kufiwa sisiva madoda 30
Sibona kupela igaz' ebantwini
Nezwi lika Tixo likwa seluhlwini
    Yin'nale!

Sifunde ntonina ke ngoku kube lungu
Nge bhaibhile zabo sapuke amalungu 35
Izwe selimfusa ayawa amagor'a
Izwe lo bawo namhla lizingxondor'a

Intshaba zetu zatabata nembiza
Kwanezitshetshe nezitya zokutshiza
Nenkamba zonke kwanemihlakulwana 40
Yezizukulwana—kwizizukulwana
    Izililo bo!

Zaduda zinetemba lezi bhalo
Lahlani pantsi eyenu imibhalo
Kodwa nanamhla sengati sizinunu 45
Izwe lobawo ligquma zinkanunu
    Izililo bo!

Taru Afrika zwe lombango mbuso
Zincinane nendaba eziyinyaniso
Make sikumbule ke imihla yo bawo 50
Siwabandeze lamanxiwa o Tshiwo

    Camagu!

The black nation's glory has faded as a result of persecution, internal dissension and lax habits.

76   When will we gain ourselves glory?

Editor, thanks for the poets' column,
I'm still here, a young man and no poet,
I carry the milkpail to arm-ringed celebrities
and I have not one bead of an arm-ring.

When will we gain ourselves glory?   5
What animal won't choose kindness?
Our fathers bore the yoke together,
together they snapped the traces.

Jehovah, replenish our days on earth,
as you did in the time of our fathers.   10
Did you forsake us forever
in your anger against us?

Jehovah, replenish our days on earth,
as you did in the time of our fathers,
Beater of Sandile's drum,   15
Langalibalele's black cow.

Maqoma said so, and they called him mad
for spurning the madness of surrender.
In the light of day you sold your kingdom
and went in search of a wife.   20

When will we gain ourselves glory,
become a nation rooted in glory?
Please, my people, don't die to life,
at a loss while the nation still lives.

Your kings and their people without distinction   25
must gain glory for themselves.
Glory says "Sing in chorus
and die side by side with your own."

76   Siyakuzizekela Ninina Uzuko?

Taru mhleli ngesituba sezi mbongi
Ndiko noko ndisahleli andimbongi
Ndingumpati tunga lezinxiba mxaka
Ndibe ndingenayo nentsimbi yomxaka.

Siyakuzizekela ninina uzuko   5
Zilo zini ezi zingaketi zibuko
Obawo Idyokwe bayitwala kunye
Baza nezitropu baziqaula kunye.

Hlaziya Yehova imihla yetu
Njengokwamandulo kobawo betu   10
Ungaba usicekise mpela na
Wakwa noburalarume ngakuti na?

Hlaziya Yehova imihla yetu
Njengokwamandulo kobawo betu
Wena Mbeti wengqongqo ka Sandile   15
Mazi Emnyama ka Langalibalele.

Watsho no Maqoma kwatiw' uyageza
Kub' engazingeni into zobugeza
Mhla nanitengisa emin' emaqanda
Ngobukosi benu nahamba nisenda.   20

Siyakuzizekela ninina uzuko
Sibe njenge Sizwe simile ngozuko
Ncedani mawetu singafi sihleli
Kuxakwa yonanto Izizwe zihleli.

Inkosi zako zizekele uzuko   25
Nabantu bazo kungabiko mahluko
Luti uzuko vuma ingomibenye
Nowakowenu yifela ndaweninye.

This nation rests on the law of the bible,
traitors must forfeit their lives. 30
They rip out its glory, kill the nation:
our power wanes, and we're ripe for invasion.

Such a nation cannot stand,
with all its glory gone.
We sit on the fence, won't take a stand, 35
the walking dead sinking deeper.

Maqoma said so, and they called him mad
for spurning the madness of surrender.
We scattered our own to help other nations,
wanting them to take care of us. 40

The old voice said, "You're dying, Africa."
The gainsayers countered: "How can she die?"
Now what can you say? "The country's at war.
Bereft of glory Africa's fallen."

Locusts flourish among our youngsters, 45
gangsters flourish in our land.
Jehovah, replenish our days on earth,
as you did in the time of our fathers.

   We offer sacrifice!

Lento Isisizwe ngomteto we Bhaibhile
Abangcatshi baso mabhubhe bapele 30
Bakupa uzuko bagqiba Isizwe
Bapel' ubukosi singenwe zizizwe.

Asinakumake Isizwe esinjalo
Kupela uzuko ngalonto enjalo
Sibe ngonxazonke intw'engenacala 35
Seyele sizike sife namacala.

Watsho no Maqoma kwatiw' uyageza
Kub' engazingeni into zobugeza
Sachit' amawetu sancedis' Izizwe
Kuba nje sifuna ukongwa silizwe. 40

Latsho Izwi kwanini Afrika uyafa
Bapika bapiki besiti ungafa
Namhla nitinina Ilizwe lifile
Kupele nozuko Afrika uwile.

Zandile nengqola kulenzala yetu 45
Bandile no Laita kwizwe lakowetu
Hlaziya Yehova imihla yetu
Njengokwamandulo kobawo betu.

  Siyacamagusha!!

A Christmas poem, almost identical to that produced by Nontsizi at the end of 1924 (No. 56)

77   Hosanna, Lake with a bonnet on top (Xmas)

I'll roar returning to where I began,
I came when they said I'd come,
babes at the breast even swear by me,
kings prance and stamp in the yards.

What now, Death, great python?   5
The One on High laid you low today.
Through Adam we once were forsaken,
but today we're saved through Jesus.

Come today; come all of you,
don't be afraid; we're all welcome,   10
Zulu, Xhosa, Sotho, Mfengu,
all are the same despite distinctions.

Hosanna means all are welcome,
all are invited, no one barred.
The feast of the Babe is laid for us,   15
so come, let's eat, and live.

Come, you crushed by the weight of sin,
you poor, you frail, you blind and lame,
come and rest, you aimless tramps,
come let Jesus care for you.   20

Hell can hang its head in shame:
a star has risen in battledress.
It's Jesus: honour him joyfully,
laud him with heartfelt songs.

Swell your hymns of praise,   25
thud your sounding drums,
see him with eyes of faith
and sink in awe to your knees.

77   Hosanna! Cibi Elino Mnqwazi Ngapezulu!! (Xmas)

Ndiza kuzongoma ndibuyelela
Ndinguyawavela bati yavela
Into efungwa nangosebeleni
Zigqutshe ne Nkosi zidlob' enkundleni

Utinina namhla kufa namb' enkulu   5
Namhla woyisiwe Nguye Opezulu
Ngaye u Adamu sibe silahliwe
Kodwa ke ngo Yesu namhla sincediwe

Yizani ke namhla yizani kwa nonke
Musan' ukoyika simenywa kwa sonke   10
Zulu, Mxosa, Msutu nawe Tye lase Mb'o
Bonke bayafana akunandzwe zimb'o.

Uti u Hosanna ningeza namkelwe
Kumenywa izizwe akuko walelwe
Isidlo so Sana sise silungile   15
Yizani kaloku sisidle sipile.

Yizani bapulwa bunzima betyala
Mahlwempu, milwelwe, zimfama, ziqwala
Yizani nipumle badungudeleyo
Yizani nibukwe ngu Yesu okoyo.   20

Nesihogo masidane sipelele.
Inkwenkwezi ipumile ix'obile
Engu Yesu mnoneleni mzukiseni
Ngentliziyo namaculo mdumiseni.

Nike nicule nengoma yokuncoma   25
Zihlokome nentambula ziduduma
Nize nimbone ngamehlo nange nkolo
Nimangaliswe niguqe nangedolo.

Rejoice that Christ the king is born,
through him may our kings arise. 30
Hosanna to the One with a bonnet on top.
Roar, angels with feathers of gold.

In September the wild beast bleated,
laid the corpses on the ground;
they departed for His home, 35
today our homes are filled with tears.

Who would know that greatness in you,
Maker of heaven and earth,
in you who made the stars and moon,
in you who made the sun and day? 40

In long ages past the earth was fashioned,
in long ages past were people created,
truly the maker of heaven and earth
existed for age upon age.

Today we should be terror-stricken 45
at all these horrors we meet,
announcing the Creator's renown to men,
telling us always to keep God in mind.

       Hosanna!!!

Hosanna! Cibi Elino Mnqwazi Ngapezulu! (Xmas)

Vuyani uzelwe u Krestu Inkosi
Ze ngaye zivuke nezetu inkosi   30
Hosanna ko nomnqwazi ngapezulu
Gqumani Ngelose ntsiba zilubhelu.

Iramncwa elinxakame ngo Septemba
Lisandlalela ngezidumbu zabantu
Bemke kwapela baya kweyake indlu   35
Namhla zinyembezi kwezetu izindlu.

Ngubani ofuna ukwaz' ubukulu
Bunawe nje Menzi womhlaba nezulu
Bunawe owenz' inkwenkwezi nenyanga
Bunawe owenz' imini nelanga.   40

Kukade kakulu umhlab' udaliwe
Kukade kakulu nabantu benziwe
Inene kukade ngakumbi kakulu
Ehleli no Menzi womhlaba nezulu.

Ngesiba namhlanje singaboyikayo   45
N[a]z' ezizimanga esizi bonayo
Zibika kubantu udumo lo mdali
Ziti u Tixo masinga mlibali.

       Hosanna!!!

In varied order, this poem repeats stanzas from Nontsizi's poem on the new year in 1925 (57), with the exception of the standard opening stanza. The year has been one of continued oppression: Nontsizi looks to Mother Africa as saviour.

78   On the plains they're stealing our cattle!! 1925

Editor, thanks for the poets' column!
I'm still here, a young man and no poet.
I carry the milkpail to arm-ringed celebrities
and I have not one bead of an arm-ring.

At the end of the old year we thank you,   5
Well of maternal love,
for holding us in times of peril
throughout the year.

The year has passed, it's barely gone,
fireworks marked its passage,   10
raised voices welcomed the new,
coming in its fashion.

Part us from our foolishness,
and straighten out our paths,
ignore all our transgressions   15
of the past year.

Please, today, bless Africa,
look on her paths with favour,
now restrain all teachings
leading us astray.   20

They're stealing our cattle on misty plains—
it pains my heart to say so—
I hope none of us is lost in the gloom
for all our sins.

The year has passed bearing news   25
of nothing but persecution,
confusion confounding
our praise of God.

78   **Zemk' Inkomo Zetafa!! 1925**

Taru Mhleli ngesituba sezi mbongi,
Ndiko noko ndingumfana andimbongi
Ndingu mpati tunga lezi nxibamx'aka
Ndibe ndingenayo nentsimbi yomx'aka

Umnyak' omdala ngoku upelile   5
Nzulu zobubele kuwe sibulela
Ezingozini osigcine sonke
Unyaka wonke

Wadlula unyaka sowusishiyile
Nango namabala nawo seyemkile   10
Nendanduluko yokubuka omtsha
Oza ngentwe 'ntsha.

Sahlukanise nobudenge betu
Ukulungise nokuhamba kwetu
Uwalibale onke namatyala   15
Onyak' omdala

Namhl' i Afrika ngawuyi sikelele
Indlela zayo uzitamsanqele
Tintela ngoku yonke nemfundiso
Eyinkohliso.   20

Zemk' inkomo zetafa zeza nenkungu
Xa ndilapo intliziyo ibuhlungu
Angadukiswa kuyo namnye wetu
Ngokona kwetu

Wadlula unyaka wemnka unendaba   25
Eze ntshutshiso zona zodw' indaba
Impitimpiti ezipazamisa
Nokudumisa

Oppression and injustices
as well as crimes committed 30
by cheating and killing each other:
please appear in a vision.

Every earthly burden,
everything you did,
everybody's habits 35
have been recorded.

They're stealing our cattle on misty plains!
Where's the star the white man brought,
describing the bounty of heaven
to us on earth? Think about it!! 40

In the mist on the plains they're stealing our cattle!
The white man's bounty lies in Africa,
the cause of our tribulation.
And so we die.

The year has passed bearing news 45
of nothing but persecution
confusion confounding
our praise of God—Peace! Awu!!

Imbandezelo ne mpatwano kubi
Nezenziweyo into ke ezimbi 30
Kwi nkohliswano nezi bulalano
Ngauze ngo mbono

Ezobunzima obuse mhlabeni
Izinto zonke zenziweyo nini
Zabantu bonke kanye neze mikwa 35
Ziyokubikwa

Zemk' inkomo zetafa zeza nenkungu
Ipina la nkwenkwezi yeza nomlungu
Eyati indyebo ise zulwini
Sise mhlabeni—qiqa!! 40

Zemk' inkomo zetafa zeza nenkungu
Ise Afrika indyebo yabelungu
Saba nenkatazeko ke ngenxa yayo
Sangabafayo

Wadlula unyaka wemnka unendaba 45
Za[l]o ntshutshiso zona zodw' indaba
Impitimpiti ezipazamisa
Nokudumisa—Camagu! Awu!!

At the start of a new year, Nontsizi appeals to blacks to cast off their apathy in the face of their dispossession.

79 Will the years all roll by while you mark time? (1926)

Induce birth pangs in your people,
as in Ngubengcuka's time;
speak as of old in Hintsa's voice.
(The names of kings confuse me.)

Will all the years roll by? 5
Will you mark time through this year too?
Your family's left you; your stock have left you:
they're now the stock of the Mutton Gluttons.

Maqoma said so, and they called him mad
for spurning the madness of surrender. 10
In the light of day you sold your kingdom
and went in search of a wife.

Will all the years roll by?
Will you mark time through this year too?
Where is royalty? There's nothing of value: 15
all that we once had is gone.

The old voice said, "You're dying, Africa."
The gainsayers countered: "How can she die?"
Now what can you say? "The country's at war.
Punishment's rampant. Africa's fallen." 20

Ngqika himself broke away,
Christians, because of your bible.
I witnessed the fall of our kings, our foundations,
heard them groan as they shook their heads.

Will all the years roll by? 25
Will you mark time through this year too?
Please seek the source of your condition,
why you're so and why you starve.

Seek the seers to tell you straight
what the ancient of days divines. 30

79 Yaqengqelekana Yonke Iminyaka Umi ndaweninye? (1926)

Vusa inimba yakumakowenu
Yakulo Ngubenc'uka kwezakowenu
Utete ngelidala ngelika Hintsa
Amagama Enkosi ayandipazamisa

Yaqengqelekana yonke iminyaka 5
Woma ndaweninye nakuwo lonyaka
Washiywa lusapo washiywa yimfuyo
Yeya madlagusha namhlanje imfuyo.

Watsho no Maqoma kwatiw' uyageza
Kube ngazingeni into zobugeza 10
Mhla nani tengisa emin' emaqanda
Ngobukosi benu nahamba nisenda

Yaqengqelekana yonke iminyaka,
Woma ndaweninye nakuwo lonyaka
Bupi ubukosi akuko ntwisento 15
Akuko ntwisele tu nto kwakuyinto.

Latsh' izwi kwanini Afrika uyafa
Bapika bapiki besiti unga-fa
Namhla nitinina ilizwe lifile
Nandzo nezibeto Afrika uwile. 20

Zemka zahlepuka kwanento zo Ngqika
Ngenxa ye Bhaibhile zenu magqob'oka
Ndabon' ukuwa kwemibomb'o ye Nkosi
Ndeva zincwina xa zipanda ekosi

Yaqengqelekana yonke le minyaka 25
Woma ndaweninye nakuwo lonyaka
Ngaw'fune nembangi eyakubangela
Ukuba nje kwako nokufa yindlala

Ngaw'fune osiyazi bahlabe zintloko
Ze nyange le mihla eliyona ntloko 30

Fear nothing, armed with the truth:
this cash led us astray.

Will all the years roll by?
Will you mark time through this year too?
Drought struck; the rivers dried up.	35
What do they say in the far northeast?

The old voice said, "You're dying, Africa."
The gainsayers countered: "How can she die?"
Flames rise among cattle and people
and the word of God's caught in the coils.	40

Peace, Africa, mimosa of Africa,
tree that twisted in falling,
whatever your doubts, please come back today,
those glittering baubles aren't for you.

Maqoma said so, and they called him mad	45
for spurning the madness of surrender.
Come back this year, African moss.
That rising sun made me think of Shaka.

   Peace! Awu!!

Yaqengqelekana Yonke Iminyaka Umi ndaweninye?

Ungoyiki konke ngenxa yenyaniso
Kuba le ye mali yeza nenkohliso

Yaqengqelekana yonke le minyaka
Woma ndaweninye nakuwo lonyaka
Latob' imb'alela kwatsha nemilambo   35
Azi atinina amabandl' ase Mbo'

Latsh' izwi kwanini Afrika uyafa
Bapika bapiki besiti unga—fa
Kwatshe zinkomeni kwanasebantwini
Nezwi lika Tixo likwaseluhlwini.   40

Taru Afrika Mnga we Afrika
Owati ukuwa wabukuqeka
Namhla ngawubuye nok' ungakolwayo
Woyisiwe konke zint' ezikanyayo.

Watsho no Maqoma kwatiw' uyageza   45
Kub' engazingeni into zobugeza
Buya nonyaka Bulembu be Afrika
Lapum' ilanga landicingis' u Tshaka.

    Camagu! Awu!

Destructive social divisions introduced by foreign nations have made the country a racial patchwork.

80   The country will be patched like clothing!
                  Listen! Didn't Ntsikana tell you?

In that way the land has been cut into pieces—There's the Pass hanging over you and your children. If you cross a Mutton Glutton's boundary you're shot at—otherwise you're arrested and thrashed with a whip. We betray one another within our own community. We can't help it, we've been patched. Where's your own beer? Do you consume only foreign drink? Where are your own customs? You can't help it, you've been patched. Agree, Africa, whose kingship is like an ostrich with its head in the dust:—

Jehovah, replenish our days on earth,
as you did in the time of our fathers.
Did you forsake us forever,
Elephant grazing the plains of Canaan?

Jehovah, replenish our days on earth,   5
as you did in the time of our fathers,
Beater of Sandile's drum,
Langalibalele's black cow.

Africa's paths are quick to give way,
the next generation will gaze slack-jawed,   10
passers-by will shake their heads
at this home without hospitality.

Its enemies plundered the pots,
the knives and sacred vessels,
all the gourds and little trowels   15
passed down through generations.

They clapped shackles on you, Africa,
hurled you down with cannon and musket:
today, we've lost ourselves,
our leaders all sit mum.   20

You've also been patched, who always saw it.
Did Ntsikana not tell you as well?

80 Ilizwe-Liyakutungwa-Njengengubo!!
Pulapula!! Akakuxelelangana u Ntsikana?

   Nalo ucando lwemihlaba—Nandzo i Pasi pezu kwako nabantwana bako: Unyatele emideni yedlagusha uyadutyulwa—kungenjalo ubanjwe, utyatyulwe ngendziniya: Nako nokungcatshana pakati kwetu sodwa, asizenzi situngiwe: Bupi utywala bakowenu? Sowusela indywala zase mzini nje? Api wona amasiko ako wenu? Akuzenzi kuba utungiwe: Vuma ke Afrika obukosi bunje ngenciniba ipete ubukosi bayo elutulini:—

Hlaziya Yehova imihla yetu
Njengokwamandulo kobawo betu
Ungaba usicekise mpela na
Ndlovu Edla ezindle zase Kanana.

Hlaziya Yehova Imihla yetu   5
Njengokwamandulo kobawo betu
Wena Mbeti wengqongqo ka Sandile
Mazi Emnyama ka Langalibalele.

Lityumtyum ezindleleni ze Afrika
Nabalandelayo bobeta besotuka
Baqwab' izandla nabadlula ngendlela   10
Lomzi ungenayo nendawo yokudlela.

Intshaba zawo zatabata nembiza
Kwanezitshetshe nezitya zokutshiza
Nenkamba zonke kwanemihlakulwana   15
Yezizukulwana—kwizizukulwana.

Zay' konxa i Afrika ngamakamandela
Nango mbhayimbayi mipu zayikahlela
Namhlanje asizazi nenqu zetu
Nezikulu zetu konke kwati qutu.   20

Utungiwe nawe kudala ubona
Akakuxelelanga na no Ntsikana

You've been robbed of your drink along with your kingship,
both red and convert must carry a pass.

Ethiopia should get involved,   25
find support in the Scriptures,
seek the truth from those above,
who died here and in the water.

You've been patched, Garden of Africa.
I saw a baboon with dirty teeth.   30
Today you're ploughed up by steam locomotives:
we don't plough while we bellow "Wailings."

Mercy, plains of our country,
induce birth pangs in our people.
While our people die, strangers cart off our country.   35
Wake up! Death was put to sleep, you said!

Mercy, hills of our country,
mercy, streams of our country,
carry us up the mountain slope
like flocks driven out in the frost.   40

        Mercy!!

Wahlutwa nendywala kanye no Bukosi
Yaqaba, gqoboka bahamba nge pasi.

Itiyopiya make ifakelele 25
Ifunde Izibhalo isimelele
Ide ivumise nase zazulwini
Zabafa apa nabafel' emanzini.

Utungiwe kanye Ntsimi ye Afrika
Ndayibona imfene emazinyo amdaka 30
Namhla sowulinywa zinqwelo zomlilo
Asilimi tina sikony' "Izililo."

Taruni matafa ezwe lakowetu
Vusani Inimba yakuma kowetu
Bafa bantu benu lemkizwe nezizwe 35
Makavukeke nobesiti kulelwe.

Taruni zinduli zezwe lakowetu
Taruni zintlambo zakoma wetu
Kanisinyuse nase matambekeni
Njengemihlambi ebhekis' engqeleni. 40

       Taru!!

An appeal for unity and mutual support within the community

81   Unity, diverse sheep!!

Halahoyi! Africans, something stinks
like the ground snake, fouling the air.
How do we live in constant strife,
in ignorance and conceit?

Oh the homestead standing alone   5
with easy access through its gates,
whose people once had plenty,
now a sign of oppression.

We bark for you, my people,
confronting those who pick us clean.   10
Unity's our only strength,
it alone can nourish us.

Envy's an obstacle to this unity,
money's another obstacle:
and so we battle to scale the hill.   15
Can a seasoned debater dispute this?

This unity's a shade-screened leopard
in all the Creator's sorrows as well,
all enemies will be crushed by it,
and the pillars of heaven shattered.   20

And so be one and sing one song,
die side by side with your own.
Inspire the country with your words.
Was the country ever in such a state?

Where are the leaders the likes of Joshua   25
who had love and rose from a fall
to manage the nation of God
with poise beyond reproach?

It's a shame, my people, a scandal,
a disgrace not to help your own,   30

81   Umanyano! Mihlamb' Eyalanayo!!

Halahoyi ma Afrika nalo ke ivumba
Linukisa okwenyoka yomhlaba
Entlalweni nembambano sinjani
Namaratshi okungazi anjani?

Hai ukuhlala kwawo wodwa umzi   5
Nokungenwa kwamasango alo mzi
Obantu babenikwe Intsikelelo
Namhla simanga ngumzi wembandezele.

Kuninina makowetu sikonkota
Sipikisa abantu besiqongqota   10
Umanyano nje kupela lunga "Mandla"
Kuba lulo lodwa olunokusondla.

Ngu mona olibhaxa kolu "manyano"
Yi mali elibhaxa kolu manyano,
Ngoko ke sixakiwe kukulunyuka   15
Makapikeke oqele ukupika.

Lento ilu "manyano" yingwe yetunzi
Nasezintsizini zonke zake u Menzi
Zonk' intshaba zakoyiswa ngenxa yalo
Nentsika zezulu zakwapulwa ngalo.   20

Yiba mnye uvum' ingomibenye
Nowakowenu yifela ndaweninye
Uwise namazwi akutaza umzi
Kona eludidini wake wanje umzi.

Zipina Inkokeli ezinje ngo Yoshuwa   25
Ezazino tando zivuke zisiwa
Ezazipata Isizwe sika Tixo
Zindilekile zingenzi nangampoxo.

Kulihlazo kulidano makowetu
Kulilishwa nokunganceda mawetu   30

and you still saying, "We're students:
who are others compared to us?"

You see, my people, we're old,
truth threw us long ago;
unity's our only strength						35
for it alone can nourish us.

You form one flock from diverse sheep,
form one flock of us:
all nations unite against the blacks,
the Coolies and Chinese against the blacks.			40

Are you gathered in bundles for threshing?
Your recklessness is rampant.
Unity's our only strength
for it alone will nourish us.

Today Africa yields no milk.						45
Is there no one among the elders
to bear this report to the One on High,
to burn his first son as sacrifice?

    Listen then!!

Umanyano! Mihlamb' Eyalanayo!!

Ube usiti wetu usisityudeni
Obani aba konke kuwe abani.

Yabonani makowetu sibadala
Nenyaniso yasiposa kwakudala
Umanyano nje kupela lunga "mandla" 35
Kuba lulo lodwa olunokusondla.

Mhlanganisi wemihlamb' eyalanayo
Dibanisa le yetu yalanayo
Zonk' Izizwe zimanyene ngabamnyama
Nama Kula nama Tshayina ngokumnyama 40

Nabutwana njengezitungu zesanda
Nobutyakala kuni buye busanda
Umanyano nje kupela lunga mandla
Kuba lulo lodwa olunokusondla.

Namhla i Afrika itshelwe sic'eko 45
Azi kwabadala yena akaseko
Onyusa nengxelo iye ko Pezulu
Atshise nedini ngo nyana omkulu.

        Yiva! ke!!

40 *Tskayina*

A poem on Christ's suffering and triumph, drawing on the previous year's (poem 72) Good Friday.

82 Look at His blood-flecked body!! (Good Friday)

Oh, Jesus, what was your error?
In what trial were you tried?
What crimes did you commit
that you were lashed and loathed like this?

They left you trembling, crowned with thorns, 5
mocked you dripping with spit,
Elephant striving for Africa.
Christians, rain down your tears.

Call to mind the pain he suffered,
falling, at prayer in the garden, 10
the voice already saying "That's him,
see him, stabbed and speared."

Look at his blood-flecked body.
Our sins have caused his torment.
I see with eyes of truth 15
his love is boundless, past all knowing.

We must thank this battle hero
who vanquished and humbled all enemies,
crushed death and the ancient serpent
to wipe us clean of sin. 20

Reed that was crushed on the cross
for Adam's sins and his family's,
show us the way to peace on earth
through your bones that rest in death.

Today, in the Book we read of you, 25
like a little sheep led to slaughter,
not a word did you speak as you went,
like a lamb ready for shearing.

Crush Satan, the ancient serpent,
let him die in his tracks, let hell mourn. 30

82 Nalo Igazi! Lidyob' Umzimba Wake!! (Good Friday)

Au, Yesu uposise ngantonina
Sebegwetyiwe kungamgwebo mnina
Uwenze amatyala amanina
Ubetwa udeliwe kunganina.

Watwesw' ameva wantutunjelwa   5
Yarara lonto xa wawutshicelwa
Ndlovu enemigudu Isiza e Afrika
Mpompozani inyembezi magqob'oka.

Nikumbule xa waye sebuhlungwini
Esiwa Etandaza Emyezweni   10
Nalo ne Zwi selisiti Ubinzwe
Nguye Lowo mboneni Uhlatyiwe.

Nalo negazi lidyob' umzimba Wake
Lityala letu libang' Intlungu Zake
Utando Lwake lupezu kwemb'aliso   15
Ludlul' ukwazi ndibona ngenyaniso.

Make sibulele kwiroti lo kulwa
Loyisa Intshaba zonke ke zapulwa
Latyumza ukufa nenyoka endala
Ukuze sisinde kwawetu amatyala.   20

Ngcongolo Etyunyuzwe lu Betelo
Lwezono ku Adam neyake Inzalo
Ngalo matambo alele Ekufeni
Fundisa ngawo Uxolo Emhlabeni.

Namhlanje sikulesesha Emqulwini   25
Njengemvana Isiya ekuxelweni
Wati cwaka umlomo xa uyayo
Njengegushakazi kwaba yigugulayo.

Tyumza Inyoka endala u Satane
Abhubhe mntu nesihogo sidane   30

We make our appeal to you
for the hundreds of thousands killed in Africa.

You came for love of your people,
washed in water and the word of might,
a king of peace who carried peace, 35
bringing bliss to the hard of heart.

Crush this land's vile habits,
embolden the youth of our nation,
for when we reached the white man's cities
we drank the brews of foreign gods. 40

Crush this land's vile habits,
through your death our foes were humbled
for with love you descended from heaven
to unify heaven and earth.

Through you our tears were wiped away, 45
through you the sun shone down on us.
Through the blood of the Lord we are partners in heaven
and with it we smeared our doorposts.

       Mercy! Awu!!

Nalo Igazi! Lidyob' Umzimba Wake!! (Good Friday)

Namawakawak' abulewe Afrika
Siwabiza kuwe lo mawakawaka.

Weza ngokutanda Elako Ibandla
Utshizwe ngamanzi nelizwi la 'Mandla'
Nkosi ke yoxolo wazisa Uxolo 35
Ukuze nengqola ipiwe "Uyolo."

Tyumza Intlondi ezimbi zelilizwe
Ukalipe nomlisela wetu Sizwe
Naku site sakufika emlungwini
Sasela nendywala zotixo basemzini. 40

Tyumza Intlondi ezimbi zelilizwe
Ngokufa Kwako nentshaba zikahlelwe
Ngokuba Uhlile ngotando kwi Zulu
Kwamanyana Ngawe Umhlaba ne Zulu.

Zisulwe Ngawe kwanenyembezi zetu 45
Lipume Ngawe ne Langa pezu kwetu
Sabelwa kwane Zulu ngegazi le Nkosi
Waqaba kwa ngalo kwanemigubasi.

        Taru! Awu!!

A poem in praise of the triumphant Christ.

83   Agree! God in heaven's reconciled!! (Easter)

    Listen! If Jesus had not risen from death, we too would not rise above sin; sin would have had the power to overcome us so we descend to Hades. But today, through the resurrection of Christ, God has given you all the power to overcome sin through self-control. Beyond that, if Jesus had not risen, there would have been no resurrection of the dead from the grave at all. And so our preaching and our faith would have meant nothing. But Christ has risen from the dead and became the forerunner of those lying in death. Peace!!

What now, Death, great python?
The One on High laid you low today;
Submit to him. He has risen;
dead, he rolled back the stone.

Death, where then's your sting? 5
Grave, where then's your triumph?
Doubtless, you've been humbled:
Christ came at you like waves.

So the arrows of death have been shamed.
Praise him, Earth, you've been gladdened: 10
to redeem you from God in heaven
Christ endured scorn from his foes.

Wake, cascade of praise in Africa,
incite Tanganyika wastelands,
spread the news of the Templars, 15
call out lest we forget.

Who are these soldiers in battle array,
with swords at the ready watching that grave?
It's Gabriel, chief of the blessed,
come with his brigade. 20

The world took fright when he came,
the graveposts burst asunder,
the stone was rolled back and laid down there
and the Jews were thrashed and scorched.

83   Vuyani! Uxolile u Tixo Wezulu!! (Easter)

Pulapula!—Ukuba u Yesu ubengavukanga Ekufeni, nati besingenakuba nako ukuvuka ngakuso isono: Kuba isono besiya kuba namandla okusoyisa tina side sehle e Hadesi: Kodwa ke namhlanje; ngenxa yolu vuko luka Krestu; u Tixo Usinikile sonke amandla okusoyisa Isono ngokuzilaula:—Ngapaya koko xenikweni ebengavukanga u Yesu; belungena kubako konke na Emhlabeni uvuko lwabafileyo: Kube ke ngoko ukushumayela kwetu noku kolwa kwetu kulilize: Kodwa kaloku u Krestu uvukile kwabafileyo; waba sisandulelo sabo balele "Kukufa":—Camagu!!

Utinina namhla Kufa Nambankulu
Namhla woyisiwe Nguye Opezulu
Zinikele kanye Kuye uvukile
Waqengqa Ilitye Lowo Ubefile.

Lupina ke Kufa ulwamvila lwako   5
Lupina ke Ngcwaba uloyiso lwako
Noyisiwe kanye akuko kubuza
Unilwe u Krestu waxelis' amaza.

Intolo zokufa ke zihlazisiwe
Dumisa ngoko Mhlaba uvuyisiwe   10
U Krestu wapoxwa Zintshaba kakulu
Ehlaulela wena ku Tixo Wezulu.

Vuka mpompoma yendumiso e Afrika
Uvuselele ntlango ze Tanganyika
Nisasaze ezondaba nge Tempile   15
Nenze Isijwili ngazo nikumbule.

Mkosi mnina lo ute r'er'elele
Ulinde Elongcwaba ngamar'ele
Ngu Gabriyeli Induna yezi Ngcwele
Ofikileyo nezake Izihlwele.   20

Ufike kwa ngoko Umhlaba wotuka
Nentsika zengcwaba kwa zonke zapuka
Ilitye laqengqwa kwalapo lawiswa
Namajuda onke abetwa atshiswa.

What now, Death, great python?
The One on High laid you low today;
this Christ who shattered the tree of the cross,
crushed its head, made it a trophy.

Wake, cascade of praise in Africa,
leave the seasoned debater to sleep,
wake quickly, ready the lamp:
lightning's opened this grave.

This Christ has risen and Mary with him.
In the far Kalahari I heard the news.
He called to those who took to the hills
to tell them the tale of these sources of mercy.

We took our sticks and joined the crowd
in search of this long-renowned Christ.
He's completely restored your liberty:
honour this hero in song.

Who are these soldiers in battle array,
with swords at the ready watching that grave?
He also has at his bidding
armies of messengers, and of the blessed.

So he's calling, "Wake up, sinners,
fear heaven's strength and cast off sin.
And you too, Africa, take this to heart
for the bloodied hunter lives.

So says one who arrived when they said,
who'll roar her basic position:
babes at the breast even swear by her,
kings prance and stamp in the yards.

      Mercy! Awu!!

Utinina namhla Kufa Nambankulu 25
Namhla woyisiwe Nguye Opezulu
Lo Krestu wapule Umti Womnqamlezo
Watyumza nentloko wenz' ixoba ngazo.

Vuka mpompoma yendumiso e Afrika
Alaleke oqele ukupika 30
Vuka msinya ulungise Isibane
Kuba nelo Ngcwaba lavulwa Ngemibane.

Lo Kristu uvuke kwakunye no Mari
Ndibave kwintlango mna ze Kalahari
Wababiza nabayame nge Ntaba 35
Ze abenzele Ibali lezo Nceba.

Side satata nentonga sabekelela
Sifuna lo Krestu Odumo ludala
Uyifezile kwa yonke ne Nkululo
Lidumiseni elo Roti nge "Culo." 40

Mkosi mnina lo ute r'er'elele
Ulinde Elongcwaba ngamar'ele
Kwanemikosi yezitunywa unayo
Kwanabo bangcwele abamkolisayo.

Kungoko Ebiza vukani ke boni 45
Noyike Amandla Ezulu ningoni
Nawe ke Afrika uhlale usazi
Kaloku lihleli "Ingqina" le "Gazi."

Watsho uyawavela bati wavela
Oza kuzongoma ebuyelela 50
Into efungwa nango sebeleni
Zigqushe ne Nkosi Zidlob' enkundleni.

     Taru! Awu!!

Envy destroys the black community.

84   Envy! Listen!!

    A stone is heavy, and sand is beyond one's strength, but the trouble caused by envy is far heavier than both those two. Anger is cutting, wrath is a flowing stream, but who can keep his footing in the face of envy?

Editor, thanks for the poets' column,
I'm still here, a young man and no poet,
I carry the milkpail to arm-ringed celebrities
and I have not one bead of an arm-ring.

There's a voice that's quite explicit: 5
through envy you face destruction.
Envy appears when everything's normal:
abnormality comes with a fragmenting church.

Snap this envy that snares you.
For a long time we've said so criss-crossing the land.   10
Envy split us from God:
those are the headings in our discussion.

This envy appears when everything's normal:
abnormality comes with a fragmenting Word.
It scattered and mowed us down,   15
hurled clods at our sons and daughters.

God offers no hope at all,
he will never, never speak to us.
He says "Take up your fathers' coats
in whatever land they were left."   20

Africa, you were shackled
because you lost your way.
The late riser misses everything:
we weren't aware of our fathers groaning.

Our heroes fall, our country's dark,   25
just rough mounds because of envy,
and the torment we suffer—"Agreed!"
you can see derives from envy—"Agreed!"

84   Umona! Pulapula!!

    Ilitye linzima, nentlabati iyasinda, kodwa umona ingcapukiso yawo igqitisile ngokunzima ezonto zombini: Umsindo ububukali; noqumbo lungu msinga; kodwa ngubanina ongemayo pambi ko mona?

Taru Mhleli ngesituba sezi Mbongi,
Ndiko noko ndisahleli andimbongi;
Ndingu mpati-tunga lezi Nxibamxaka,
Ndibe ndingenayo nentsimbi yomxaka.

Nalo ilizwi liyasikanyisela,   5
Liti ngo mona sesifile kwapela;
Umona uvela kungeko zimanga,
Ucite ne cawa ngoko siti manga.

Tsheca umona ungumgibe kuwe,
Kudala sisitsho sigqibe amazwe;   10
Lo mona usahlule no Tixo,
Nandzo ke intloko kweyetu ingxoxo.

Lo mona uvela kungeko zimanga,
Ucite ne Lizwi ngoko siti manga;
Usicite konke usenz' izigede,   15
Konyana nentombi upos' amagade.

U Tixo akasitembisi konke,
Ukuza kuteta nati konke konke;
Uti putuma idyasi zo bawo,
Kuwo amazwe ezashiyeka kuwo.   20

Watshixwa Afrika ngama kamandela,
Kuba kaloku uyiposil' indlela;
Ovuke emini akabonanga nto,
Sekulila obawo singazi luto.

Izwe selimfusa ayawa namagora,   25
Ngenxa yomona namhla lizingxondora
Nantshutshiso yenziwayo "Siyavuma"
Ngu mona lo nibonanje "Siyavuma."

You see, my people, we're old,
truth threw us long ago;　　　　　　　　　　　　　　　　　　30
this land of Africa's ours,
but we sank in pools through our folly.

It's a shame, my people, a scandal,
a disgrace not to help your own,
and you still saying, "We're students:　　　　　　　　　　35
who are others compared to us?"

Through envy we round on each other
while blacks are ringed by foes.
The shades depart no longer knowing us
and we sink in a stream of despair.　　　　　　　　　　　40

Envy's an obstacle up this hill,
money's another obstacle:
so we battle to scale it.
Can a seasoned debater dispute this?

The fulfilment of what was written approaches,　　　　　45
I swear by Ndlambe and my father who sired me.
When that time comes we'll all rise to our feet
and there'll be no place for this envy.

    Mercy indeed!!

Umona! Pulapula!!

Yabonani makowetu sibadala,
Nenyaniso yasiposa kwakudala; 30
Lomhlaba i Afrika ngumhlaba wetu
Seyela kwiziziba ngobudenge betu.

Kulihlazo kulidano makowetu,
Kulilishwa nokunga nced' amawetu;
Ube usiti wena usistyudeni, 35
Obani aba konke kuwe abani.

Ngo mona sipetene ngobutshaba,
Kodwa Bantsundu bangqongwe nazintshaba;
Imnke ke ne minyanya iti ayisazi,
Sintywile kunjalo kumfula "wosizi,' 40

Ngu mona ulibhaxa kule nduli,
Yimali ilibhaxa kule nduli;
Ngoko ke sixakiwe ukuyinyuka,
Makapikeke oqele ukupika.

Kuza ixesha lento ezabhalwayo. 45
Ndifung' u Ndlambe nobawo ndizalayo
Ngeloxesha ke sonke soma ngenyawo;
Umona lowo wobe ungena ndawo.

      Taru! Bo!!

Black South Africans are dispossessed and disheartened.

85   Where do we stand?

    Listen, thinking man, and look all about you. Plumb your memory of days long gone; lean on your staff and train your ears. Stretch out your wings and focus on distant times. What was life like when food was cooked in clay pots? What was life like when cattle hides were worn? Keep on following the scent, saying "Show us the sorcerers: the day the white people arrived, having crossed sea after sea." The cliffs tinkled till a clear voice spoke that drove Nongqawuse into a frenzy. Ha-la-la! Where do we stand today? What wrought the destruction and occupation of this Africa of ours? Stay calm! Examine closely that bible they used to gain access, "God's identity." After you suffered agony, they crushed you with it. It approached you walking backwards, not so? Made to stab at your heart? Through it offer yourself as sacrifice for your sins and you will not be disappointed:

Induce birth pangs in your people,
as in Ngubengcuka's time;
speak as of old in Hintsa's voice.
(The names of kings confuse me.)

Tell me, where do we stand, my people?   5
On these ridges of our land?
Awu, nitpicking poets
ignore the grain that pecks the chicken.

Tell me, where do we stand, my people?
In these rivers of our land?   10
Spurn advice and you'll come a cropper,
crawl on your knees like a slow-spreading town.

The bible's been turned into gall:
does ancestral sacrifice follow that path?
We sturdy Reds will die;   15
your condition's declined till your guts bust.

Tell me, where do we stand, my people,
in this our country of plenty?
I stubbed my middle toe,
fell and rose with the councillors.   20

85   Simi pina?

   Ndoda ecingayo yivake; ubeke amehlo ngasemva: Biza inkumbulo ivuke; ixele intlalo endala: Yayama emsimelelweni, upulapulise indlebe: Yolula amapiko usinge—ngase maxesheni akude;—Kwa kunjanina ngeloxa kupekwa ngembiza zodongwe; Kwakunjanina ngeloxa kubinqwa izikumba zenkomo? Namana nilanda nisiti, bonisani otakatileyo; Mhla kwakufik' abelungu becande ilwandle—ngelwandle: Kunkentez' amawa zivel' intlokoma zipapatekis' u Nongqause: Ha-la-la! Simipina namhlanje? Yintonina eyakwenza ukuba le Afrika yetu itshabaleleyo imiwe? Ungoyiki! Qwalasela kwa la Bhaibhile bakungena ngayo, "Esisiqu sika Tixo:" Le bakutyumza ngaye, baza pezu kwayo bakuvisa ubuhlungu: Yayize ngomva nayo hi? Yalingisa okololo? Zenze ke wena ngayo, "Idini le Tyala," akusayi kudaniswa:—

Vusa Inimba yakumakowenu
Yakulo Ngubencuka kwezakowenu
Utete ngelidala ngelika Hintsa
Amagama Enkosi ayandipazamisa

Simi pina nganitsho makowetu   5
Kulemimango yelizwe lakowetu
Awu lento Imbongi zinocuku
Kuno kuyeka ukozo lungadl' inkuku.

Simipina nganitsho makowetu
Kulemilambo yelizwe lakowetu   10
Isala kutyelwa sabona ngelopu
Gaqa ke uhamba uxel' idolopu

I Bhaibhile iguqulwe yayinyongo
Yindlela leyo? Ezisa Imibingo?
Sakufa sivile tina bomaqaba   15
Ngobume nikubo nitshone nenka-ba

Simipina nganitsho makowetu.
Nakulendyebo yelizwe lakowetu
Ndak'ubeka ngozwane olupakati
Ndawa ndivuka kanye namapakati.   20

Where do we stand today, my people?
Even the stock in our country has gone.
Drought struck; the rivers dried up.
What do they say in the far northeast?

Along the ways, Africa's ravaged.   25
I tried to sleep but it left me alarmed.
Africa, have you been trashed
like a plate of little worth?

We've quit in despair in Ngqikaland.
The bible slips from our hands and slams shut.   30
It seemed it would ease our burdens,
instead it brought heavier burdens.

Where do we stand? There's no place to stand.
We're lost as if at Vanity Fair,
for we offer excuses for everything,   35
nothing but jokes and excuses.

Our girls no longer dance with bare breasts,
they cut fancy capers till their ribs break.
We walked away from home and dowry.
Let elephants come back to eat at home.   40

Wailings! So then, my people,
take heart! Remember our country.
So nitpicking poets
ignore the grain that pecks the chicken.

Turn Phalo's land on its head, Mgqwetho,   45
whack nations to disrupt their tapeworms.
You bay and the Bay's gullies hum
and old maids screen their bodies in bodices.

       Please hear!!

Simi pina?

Simipina namhlanje makowetu
Imnikile nemfuyo kwizwe lakowetu
Latob' imbalela kwatsha nemilambo
Azi atinina amabandla se Mbo.

Lityumtyum ezindleleni ze Afrika   25
Ndibe ngalala ndibete ndisotuka
Wapulwana Afrika njengesitya
Esinganandziweyo sona isitya

Sancama namhlanje tina mzi ka Ngqika
Ne Bhaibhile isongwa isombuluka   30
Yayingati ipungula imitwalo
Yeza nenzima ke kodwa imitwalo.

Simipi? Akuko ndawo simi kuyo.
Ngati sikumsito wakwa Lambatayo
Kuba yonke into yaba ngamampunge   35
Ento zokudlala odwa amampunge.

Nentombi azisagidi ngalubambo
Zikab'ono mtatsi kwapuke imbambo
Salahl' amakazi salahl' amakaya
Mazibuye ke Indlovu zidle ekaya.   40

Izililo xa ndilapo makowetu
Ningetuki nganicinge ngezwe letu
Xa ndilapo Imbongi ke zinocuku.
Kunokuyeka ukozo lungadl' inkuku.

Wugqwetele Mgqwetto lomhlaba ka Palo   45
Beta Izizwe zivuke amapalo.
Utsho zidume nendonga zase Bhayi
Nezishumane zambate amabhayi

      Ngawuve!!

2 *Yekulo*

A hymn to God, looking forward to happier times for black people, as in past times.

86   A godless nation perishes
Psalms 90: 1-3

Lord, you have been our home from generation to generation, even before the mountains were set in place, before you created the earth and the world; from the beginning of time to the end of time, you are God. When someone fails to return to you, you round on him with destruction.

Who would know that greatness in you,
Maker of heaven and earth,
in you who made the stars and moon,
in you who made the day and moon?

In long ages past the earth was fashioned,   5
in long ages past were people created,
today we should be terror-stricken
at all these horrors we encounter.

Halahoyi, Africans, something stinks
like the ground snake, fouling the air;   10
it's quite at home in orchards,
lovely at rest on the plains.

David in troubled times
spilt water from a well,
a libation to Jehovah: 15
Africa, weep till you shake.

Whatever your doubts, please come back,
those glittering baubles aren't for you.
David says, "These are my words;
tell your people I'm the one talking."   20

I say you'll come back, screaming and kicking,
whether you like it or not.
If you don't come back you'll surely die:
there's a voice that's quite explicit.

Ethiopia should get involved,   25
find support in the Scriptures,

86   **Isizwe Esingena Tixo Siyatshabalala**
Amaculo Xc 1-3

Nkosi ubulikaya letu, kwizizukulwana gezizukulwana: Okuya bezingeka zalwa Intaba. Ungekawudali nomhlaba ne Lizwe. Kwasemapakadeni, kuse kuwo amapakade wawukade wena ungu Tixo: Uyamguqulela ke ngoko entshabalalweni umntu xa engabuyeli Kuwe:—

Ngubani ofuna ukwaz' ubukulu
Bunawe nje Menzi womhlaba ne Zulu
Bunawe owenz' inkwenkwezi nenyanga
Bunawe owenza imini ne nyanga

Kukade kakulu umhlab' udaliwe   5
Kukade kakulu nabantu benziwe
Ngesiba namhlanje singaboyikayo
Nazezimanga esizibonayo

Halahoyi ma Afrika nalo ivumba
Linukisa okwenyoka yomhlaba   10
yona yazi ubugqi base Myezweni
Inzwana yento elale 'matafeni

U Dafedi wati kwakonakala
Waka amanzi equla apalala
Pambi ko Yehova ecamagushela   15
Nawe Afrika lila ungcangcazela

Namhla ngawubuye noko ungakolwayo
Woyisiwe konke zinto ezikanyayo
Uti u Dafedi ndim low' utetayo
Xelel' amawenu uti ndim otshoyo   20

Uyakubuya noba akusatandi
nditsho usilwa ubeta nangenqindi
Ungabuyanga sowufile kwapela
Nalo nelizwi liyakukanyisela

I Tiyopiya make ifakelele   25
Ifunde Izibhalo isimelele

seek the truth from those above,
who died here and in the water.

Lord, for long you've been our home:
this land of Africa's our land.   30
Those who came by ship shouldn't fool themselves:
the Prince of Heaven's wide awake.

Come back today, Greybeard of ours,
and rip out the tree by its roots,
so we watch the dark ones dance,   35
and creatures come out to bask in the sun.

Here we are, asleep with one eye.
We'll get the news: we'll watch with the other.
We never took part in those prayers of yours
so particularly pitted against the black.   40

Our fathers bore the yoke together,
together they snapped the traces,
in the forest they slew a lion,
dealt with the preying wolf.

Lord, bless Africa.   45
From the start of time you fell to rise,
you created this earth on which we live,
parted its nations by sea.

Who would know that greatness in you,
Maker of heaven and earth?   50
Agree! Yes, in truth, we agree with you,
who scold the thundering skies.

        Peace! Awu!!

Isizwe Esingena Tixo Siyatshabalala

Ide [i]vumise nasezazulwini
Zabafa apa nabafel' emanzini

Nkosi kakade ubulikaya letu
Lomhlaba i Afrika ngumhlaba wetu 30
Angakohliseki noze nge nqanawe
Kaloku lihleli ele zulu i Tshawe

Buya ke namhla wa Ngwevu yakuti
Unqikeke ke nomti nengcambu zomti;
Nidude ke midaka sibonele 35
Zipume ke nezilo zigcakamele.

Siko sisahleli silele ngasonye
Sakuziv' indaba sogada ngelinye
Kulomitand[a]zo yenu asibangako
Echita Bantsundu ngohlobo lungako 40

Obawo idyokwe bayitwala kunye
Baza nezitropu baziqaula kunye
Ingonyama bay' bulala, ehlatini
Bay' dlavula nengcuka yasemzini

Nkosi—Sikelel[a] i Afrika 45
Kwasemapakadeni wawa uvuka
Wadala wena lo mhlaba esikuwo
Wahlula ngelwandle Izizwe zikuwo

Ngubani ofuna ukwaz' ubukulu
Bunawe nje Menzi womhlaba nezulu 50
Vumani! Ewe ngenyani siyavuma
Kuwe Mngxolisi we Zulu lididuma

      Camagu! Awu!!

title *mAaculo*

The conduct of black people has alienated God.

87 Does Jehovah hear us?
Lamentations 3: 44-46

Jehovah has wrapped himself with a cloud, so that none of our prayers can pass through. He made us the sweepings to be discarded among other nations. All our enemies gaped at us with their mouths. Hear, then, the reason for it all.

Editor, thanks for the poets' column.
I'm here, still alive and no poet;
I carry the milkpail across the Orange;
I look old with a beard like Hili.

Thus the small voice of *Lamentations* 5
saying "Jehovah, can you hear?"
Jehovah says in response:
"I've been quiet for days, until yesterday.

You've been weighed and found to be wanting."
The Ancient Creator's voice struck home. 10
The fingers' inscription proclaims
your kingdom's been taken, handed to others.

Go back to where you came from,
to Ntsikana's final words.
Don't bargain with the truth: 15
this cash led us astray.

Christians, where are your bibles today?
I'd better stop, so I don't lose control.
Maqoma said so, and they called him mad
for spurning the madness of surrender. 20

What must we make of these marriages?
Wed and split in a day: where's this from?
We sit on the fence, won't take a stand,
the walking dead unfamiliar to God.

We make a big thing of this schooling: 25
and this culture we eagerly hound.

87 U-Yehova Uyasivana?
Izililo 3: 44-46.

 U-Yehova uzigubungele ngelifu, ukuze unga candi namnye umtandazo wetu: Usenzile sibe yinkunkuma, nento yokulahlwa pakati kwezizwe: Zonke Intshaba zetu ziyasakamela ngemilomo yazo: Pulapula ke! Isizatu esibangele oko konke:—

Taru Mhleli ngesituba sezi Mbongi
Ndiko noko ndisahleli andimbongi
Ndingu mpati tunga pesheya kwe Gqili
Ndakula nge ndevu ndaba njengo Hili

Nandzo Izililo zitsho amazwana   5
Ziti wa Yehova kodwa uyevana
Uti u Yehova Eyak' impendulo
Kuntsuku nditule kwade kwayizolo.

Ulinganisiwe wabonwa ulula—
Litsho kabuhlungu Elomdal' omdala   10
Ubukosi bako ngoko buhlutiwe
Banikwa Izizwe ngoko mb'alo womnwe.

Pindela kwasemva ap'uvela kona
Apo no Ntsikana wayolela kona
Ungacengi konke ngenxa yenyaniso   15
Kuba le yemali yeza nenkohliso.

Zipi ne Bhaibhile namhla magqob'oka
Mandiyeke apo kuba ndobindeka
Watsho no Maqoma kwatiw' uyageza
Kub' engazingeni into zobugeza.   20

Lemitshato yona iyeyamanina
Imanywa iqulwa kwakumlambo pina?
Singabo nxazonke abangenacala
No Tixo 'kasazi sife namacala.

Yiyo ke le mfundo sigwagwisa ngayo   25
Kwanalempucuko nisifunze ngayo

We pinned our hopes on a miracle:
some died with nothing to show for it.

We bear envy and blame one another;
God leaves as we claw at each other.   30
Today, we've lost ourselves,
our leaders all sit mum.

All our customs were lost to the whites,
we took separate paths to the cells.
The old voice said, "You're dying, Africa."   35
The gainsayers countered: "How can she die?"

All our thieves are in school,
all our witches in school,
all our liars in school:
which is the One on High to believe?   40

Will the Reds ever be Christian?
We pose as just, so they waver.
And what then of our parents?
We just left them shut in their homes.

We gave up polygamy; today we take lovers;   45
we gave up ochre, but now we're all drunk.
Hear what I say, Greybeard of ours,
those are the headings in our discussion.

The word of God's the very truth
but we've treated it inconsistently.   50
We perish for lack of diviners
as if every home housed a witch.

       Mercy!!

Sasiba kovela simanga saluto
Bafile nabanye bengazuzanganto

U mona ukuti kwano kungcatshana
Emnke ke no Tixo sisagxagxisana 30
Namhla asizazi kanye nenqu zetu
Nezikulu zetu konke kwati gutu

Emnka namasiko aye silungwini
Sehlukana sedwa saye zinkonxeni
Latshwizwi kwanini Afrika uyafa 35
Bapika bapiki besiti unga-fa

Onke namasela ase zikolweni
Onke namagqwira ase zikolweni
Onke namaxoki ase zikolweni
Abambe lipina ke Osemafini? 40

Aze namaqaba abesagqob'oka
Sizenz' amalunga awa ke evuka
Abazali betu bona bayintoni
Sabashiya njalo sivale zindlini

Sayek' izitembu namhla siyashwesha 45
Sayeka nemb'ola kodwa siyashusha
Yiva ndikutyele ngwevu yakowetu
Nandzo ke intloko kulo ngxoxo yetu

Izwi lika Tixo lona liyinene
Silipete kodwa ngobumenemene 50
Satshabalalake ngokuswel' igqira
Wanga wonke umzi sowungama gqwira

      Taru!!

A hymn to the Ascension, free of Nontsizi's customary references to the political realities of South Africa or its suffering citizens.

88   Today he roars in a whirlwind! (Ascension Day)

Editor, thanks for the poets' column. I'm here, still alive and no poet. I carry the milkpail across the Orange River. I look old with a beard like Hili. Listen!!

While he was on a visit to Bethany, they saw Jesus ascending in a cloud. With his hands, he blessed his disciples for the last time. Listen! The sun will rise in the courtyard, the witches' huts should be clustered and move in a group to Baboon Sack Land. Gabriel will stay in the heavens and heaven's thunder will shatter. The Veil of Shame is ascending, the bird who crosses the milkers' path. He will ascend as if bearing a roof, yet he's bearing the whole of the firmament. Angels that step on him will slip. Hoyi to him, the Son of David, the wild beast with red eyes, the leopard whose spots bring it food while we're dying! Ascend that hill of Calvary, bearing the cries of our nation to your father, until the voice of the black people is heard, dancing at the gates of Zion. Peace! Awu!! Will this judge return? Yes! He says he is going to prepare a place for us (*John* 14: 2; *Hebrews* 11: 16; *Galatians* 4: 26; *Hebrews* 11: 10). Who among the prophets bears witness for Jesus that he saw this place? John (*Revelations* 21: 2). Are we all permitted to go to that village? No! Why not? Aren't all of us who go to prayers every Sunday Christians? No! Only those who heed his instructions (*Revelations* 22: 14). Furthermore, those who do will see God face to face: consult *Revelations* 22: 2-4; *Matthew* 5: 8; *Hebrews* 12: 14; 1 *Corinthians* 13: 12. May he who prepared a place for us in heaven be praised: *Ephesians* 1: 3.

Sing a song to God Almighty,
glorify and praise him highly,
sing, all you old and young,
sing a new song now.

This great king will be praised,   5
while other gods are toppled.
May all invoke him widely,
this great Maker who made all.

For a long time many have lived their lives
recklessly, not knowing him,   10
the Son of God who has appeared
and with His life redeemed us.

88   Namhla Izwi Lake Lise Zaqwitini!! (Usuku loku Nyukela)

Taru! Mhleli, ngesituba sezi mbongi: Ndiko noko ndisahleli andimbongi: Ndingu mpati-tunga Pesha kwe Gqili: ndak'ula nge ndevu, ndaba nje ngo Hili: Pulapula!!

Kwati ehambele u Yesu e B'etani, baza bambonela enyuka elifini; Abakolwa B[a]ke wabatamsanqela, ngazo izandla Zake okokugqibela: Pulapula! Liza kupuma ilanga enkundleni, izindlu zamagqwira toro zezimelane, zifuduke konke ziye kwa ngxowemfene: Uzakuhlala u Gabriyeli esazulwini; kwane sulu lihlokome umgalagala: Uyenyuka u Gubungela mahlazo, intaka epambana nabas[e]ngayo; uz[a] kunyuka ange utwel' upahla, kanti utwele zonk' izib'akab'aka; zotyibilika ne Ngilose eziya kumnyatela: Hoyi! Kuye Unyana ka D[a]vide, Okwa liramncwa elimehlo abomvu; ingwe edla ngamabala xa sibhubhayo: Yinyuke ke londuli ye Kalvari, Utwele "Izikalo" ze sizwe sakowetu uzisa Kuye u Yise: Lide livakale nelizwi laba Ntsundu, lenze umngqungqo esangweni e Zion: C[a]magu! Awu! Lomgwebi wobuye abuye na? Ewe! Uti usaya kusilungiselela indawo: *Johane* 14: 2; ama *Hebere* 11: 16; *Galati* 4: 26; *Hebere* 11: 10. Ngubani kuba Profeti omngqinelayo naye u Yesu ukuba wayibona londawo? Ngu Yohane: *Izityilo* 21: 2. Sivumelekile sonke na ukuya kulomzi? H[a]yi! Ngani kaloku? singama kolwa nje sihamba nemitandazo yonke necawe? Hayi! Ngabo kupela ab[a]yenzayo imiyalelo Yake: *Izityilo* 22: 14. Kwaye kunjalo nje abo ke baya kumbona u Tixo ubuso ngobuso, tyila *Izityilo* 22: 3-4; *Mateyu* 5: 8; ama *Hebere* 12: 14; 1 *Korinte* 13: 12. Makabongwe ke lowo owasi lungiselela ezase zulwini indawo: ama *Efese* 1: 3.

Culani Ingoma ku Tixo Omkulu
Simnike uzuko simbong[e] kakulu
Culani ke nonke bakulu nabatsha
Culani kaloku Iculo elitsha.

Le Nkosi Inkulu iyakuzukiswa   5
Ke zonk' izitixo ziyakubujiswa
Mabati abantu bamnqule kwa bonke
Lomdali umkulu udal' into zonke.

Baninzi kakade ebasahleliyo
Ebutyakaleni abangamaziyo   10
U Nyana ka Tixo oselefikile
Ngobake ubomi usisindisile.

Seek the Maker of heaven and earth,
praise him who freely gave us his son.
May his voice reach steadily out, 15
may the nations on earth receive it.

Don't resist; you all are called.
Jesus Redeemer died for us all:
we're given grace but we will perish
if we err by not repenting. 20

Heavens rejoice, regions make merry,
oceans groan at this happy news:
the Judge is come to shape reform,
to judge the nations by his truth.

        Mercy!! 25

Umdali we Zulu no Mhlaba mfuneni
Owasibabala ngo Nyana mbongeni
Elake Ilizwi malihlontlotele 15
Izizwe zo Mhlaba make zilamkele.

Musani kunqena nibizwa kwa nonke
U Yesu Msindisi wafela kwa sonke
Samkele Ufefe: Ke sotshabalala—
Xa singaguqeki leletu ityala. 20

Vuyani Mazulu gcobani Mihlaba
Gumani Zilwandle zimnandi Indaba
Uyeza lo Mgwebi ngo Lwak' ulungiso
Kugweba Intlanga nge Yak' Inyaniso

        Taru!! 25

Blacks must unite in the face of oppression and dispossession.

89   **Africa's lament!!**
                         With what pen can I write?

    Open the door and let me in, fellow countryman, to speak about two or three things. I'm referring to you, Editor. Mercy, Africa, African moss, sipping gloom among the ripples, whose country's prosperity was extracted at the sound of a whistle, we wag our tails on seeing you. You stubbed your toe and felt the pain, a slip of the tongue and they stomped on you. Mercy, then, whose kingship is now like an ostrich, with its head in the dust confronted by your force. For a long time now we've been calling, Africa. Hear our wailing, then, Africa, Garden of Africa. Your crop was consumed and scattered by birds, but you stood firm and never left us. Our voices are hoarse from imploring you; we criss-crossed the land calling for you; we came back there without tongues. We raised wailings calling to you, cheeks chafed from crying. All the earth's nations profit from you, they come from the north, they come from the south, from the east and from the west. Quiet! Quiet, poet of ours, stop stretching your legs out. Let me interrupt you before you're finished extracting the bile. Africa stayed still! She's nowhere else: look how the grass continues to sprout. Look at the springs still bubbling with water. Look everywhere, all's as it should be! Show me the mountain that packed up and walked. No! You're scratching your head—who are you to wail? *You* must come back. Because as I see it, you have all the signs that mark a person as dumb. Please seek the seers to tell you straight what the ancient of days divines (a whole volume!), lest rain fall some place else and plagues take your family. Raise dust then till you're dirty, dark one of Africa, like Moses quitting Egypt.

Bring to mind the days of our fathers:
they used grass skirts when they couldn't go out,
but you herded them like David
on the mountain slopes of Gilead.

A long time ago the word reached Ntsikana.   5
I lost the thread: who doesn't know?
We shunned our customs, accusing Africa,
and turned into long-tailed birds.
             Think about it!

Oh the homestead standing alone   10
with easy access through its gates,

89 Isimbonono se Afrika!!
Azi Ndingabhala Ngalupina Usiba?

Vula ucango ndingene mfo wakowetu ndoteta mabini matatu ndipete: Nditsho kuwe Mhleli: Taru Afrika Bulembu be Afrika, obuyepuzela pakati kwamaza ezitokotoko, obati ubuncwane bezwe lako bakutshwa ngentlokoma yomlozi, siyakubungezela: Wak'ubeka ngonyawo waviswa ubuhlungu, wahliza ngomlomo wawiselwa pantsi: Taru ke! Nto Ebukosi sebunje ngenciniba ipete ubukosi bayo elutulini:—Kudala simemeza, naso Isijwili sako ke Afrika Ntsimi ye Afrika, wadliwa zintaka ke wahlakazeka, umi kodwa wena ungazange umnke: Amazwi atshile kukuk'waza wena, sigqibe lamazwe simemeza wena; sibuye nalapo singena mlomo: Sikony' Izililo simemeza wena, zide nezandundu zatyabuka kuku lila: Izizwe zomhlaba zixwitana ngawe: Zipuma e Node, zipuma e Sude, kwase Mpumalanga nase Ntshonalanga:—Twize! Twize! Mbongi yakowetu ngawuyeke ukunaba. Make Ndikukaule ungek'azigqibi uzikupe inyongo: I Afrika ihleli, ayiyanga ndawo: Kangela enc'eni wofika isahluma: Kangela nemitombo yamanzi isatsitsa: Kangela yonke into imi ngendlela yayo: Ikona na noyaziyo na kwezintaba zimiyo eyake yafuduka? Hayi...wonwaya intloko ke—ulila ngabani? Makubuye wena! Kuba ndibona nje unempawu zonke osahamba ngazo zasebudengeni: Ngaufune no Siyazi bahlabe ezintloko ze Nyange le Mihla eliyona Ntloko (Umqulu!) Hleze zingatotywa kwa nemvula kuwe, hleze nezibeto zifise usapo: Gquba ke......kube mdaka, Mdaka we Afrika njengo Moses epuma e Jipute:—

Senze sikumbule "Imihla" yobawo
Bebinqa nenc'a ngokuswela inyawo
Kodwa Ubanyusa njengo Davedi
Ematambekeni ase Giliyadi.

Izwi no Ntsikana kade lafikayo   5
Ndijike kufupi nguban' ongaziyo
Salahl' amasiko sagweb' i Afrika
Saba nemisila saba njengentaka.
       Qiqa!

Hai ukuhlala kwawo wodwa Umzi   10
Nokungenwa kwamasango alo mzi

whose people once had plenty,
now a sign of oppression.

The horn of Africa's been twisted and turned:
the next generation will gaze slack-jawed,   15
passers-by will shake their heads
at this home without hospitality.

Its enemies plundered the pots,
the knives and sacred vessels,
all the gourds and little trowels   20
passed down through generations.

They clapped shackles on Africa,
hurled her down with bible and musket.
The shooting star informed us:
spurn strange gods on pain of death.   25

Where are the leaders of Africa?
Will Africa slip off before your eyes?
The eyes of the blind were opened in Jericho:
may our blind regain their sight today.

Unity's our only strength,   30
for it alone can nourish us.
While your people die, strangers cart off your country.
Wake up! Death was put to sleep, you said!

The fulfilment of what was written approaches,
I swear by Ndlambe and my father who sired me.   35
When that time comes we'll all rise to our feet
and there'll be no place for dispute.

    Hear then!!

Isimbonono se Afrika!!

Obantu babenikwe Intsikelelo
N[a]mhla simanga ngumzi wembandezelo.

Lux'akax'iwe u Pondo lwe Afrika
Nabalandelayo bobeta besotuka 15
B[a]qwab' izandla nabadlula ngendlela
Lomzi ungenayo nendawo yokudlela.

Intshaba zawo zatabata nembiza
Kwane zitshetshe nezitya zokutshiza
Nenkamba zonke kwanemihlakulwana 20
Yezizukulwana—Kwizizukulwana.

Zay' konxa i Afrika ngamakamandela
Nange Bhaibhile, Mipu, Zayikahlela
Yabinza—Inkwenkwezi Isixela
Zeniyeke izitixo notshabalala.— 25

Zipina Inkokeli ze Afrika
Yemnka kwapelana niko i Afrika
E Jeriko zakangela nemfama
Mazibone namhla nezetu imfama.

Umanyano nje kupela lunga "Mandla" 30
Kuba lulo lodwa olunokusondla
Baf' abantu benu lemnkizwe nezizwe
Makavuke ke nobesiti kulelwe.

Kuza ixesha lento eza Bhalwayo
Ndifung' u Xosa nobawo ndizalayo 35
Ngelo xesha ke sonke soma ngenyawo
Ukungevani kobe kungenandawo.

      Yiva ke!!

A paean to the power of love.

90   Love!!
1 Corinthians 18: 1-2

    Though I speak in the tongues of nations, and of the heavenly messengers, if I do not have love, I am nothing. Though I have the gift of prophecy, and understand all mysteries and all knowledge, yes, even though I may have sufficient faith to move mountains, if I do not have love, I am nothing. Look again at 1 *John* 4: 7-12 and look again at *Matthew* 5: 43-48.

    Hear someone speaking:—

Editor, thanks for the poets' column
I'm still here, a young man and no poet.
I just like to be on top, Editor:
clubs are at hand but I fight with lightning.

From the stream came the song of the maidens,   5
from the outposts and empty villages
of the lands of the Sotho and Hlubi:
come out, Scriptures, and explain it to us.

The truth is there in the scriptures
and also within our blankets.   10
Without this love we're nothing,
there's no faith, nothing of worth.

Look now, I want you to understand,
please ask yourself if I'm telling the truth.
What has power greater than love?   15
It banishes pride and brings understanding.

I was amazed and astonished,
that we would perish without it.
And Jesus rules heaven by love,
through him earth and heaven are joined.   20

What has power greater than love,
full of compassion, free of spite?

90   **Utando!!**
                         1 Ama *Korinte* 18: 1-2

    Ndingafanelana nditeta ngelwimi zabantu, nezezi Tunywa Zezulu: Intando ke ndingenayo andinto yanto: Ndingafanelana ndinaso nesipiwo soku profitesha ndiqonda nemfihlakalo zonke, nako konke ukwazi; ewe—nokuba ndinalo kwa lonke no Kolo...ngangokude ndisunduze Intaba...Intando ke ndingenayo andinto yanto:—Tyila kwakona! 1 *Johane* 4: 7-12. Utyile kwakona! *Mateyu* 5: 43-48.

    Uve into etetwayo:—

Taru Mhleli ngesituba sezi mbongi
Ndiko noko ndingumfana andimbongi
Nditand' ukuhlala nje pezulu Mhleli
Oyi ndilwa ngombane induku zihleli.

Zatsho ngentsholo nentombi Emlanjeni   5
Ezase matanga nase manxuweni
Ezakwa Mshoeshoe no Langalibalele
Velani Zibhalo ke nisichazele.

Inyaniso iquletwe zizi Bhalo
Napantsi ke kweyetu imibhalo   10
Ngapandle kolu Tando asinto yanto
Akuko kukolwa akuko ntwisento.

Bona ke namhlanje ndifun' uqondile
Make uzibuze woz' undigqinele
Yintoni emandla anga ngawo Tando   15
Lukupa neratshi luvelis' ingqondo.

Suke ndamangala ndasinkwabalala
Kuba lwalungeko nges[i]tshabalala
No Yesu uhleli ngotando kwi Zulu
Kwamanyana Ngaye Umhlaba ne Zulu.   20

Yintoni emandla anga ngawo Tando
Into Enobubele nengena Nzondo

It thatches a hut with less than ten bundles:
it's borrowed nothing from whites.

We soiled the word of God,   25
mixed our faith with pride.
We Reds prevailed against you,
consumed as you are by envy.

Without this love we're nothing,
our faith's worth nothing at all.   30
Mercy, Faith, witches' cave,
source of sweet and bitter waters.

Faith is gaunt, lean as a rake,
it comes in chameleon colours;
without love it is nothing at all,   35
it burns as on the day of judgement.

Even prophecies will end,
even speeches will stop,
without love all things will cease,
I swear by Ndlambe; you'll be amazed.   40

Celebration began before fighting ceased
but there's bullying right in the churches.
We heard the roar of the word of God,
brought by mocking sorcerers.

Where are the leaders the likes of Joshua   45
who had love, and rose from a fall,
whose prayer stopped the sun in its tracks
so it shone fullface on the mountains.

Make the waters roar with love,
wail and cry till they burst their banks,   50
raising even the sots in the Orange!
I charge you, with no holding back.

       You'll hear in the end!

Utando!!

Alufuleli ngashumi lazi tungu
Kuba aludlanganto yamlungu.

Izwi lika Tixo siligxabelele   25
Inkolo, neratshi, sidibanisile
Nati bomaqaba senisoyisile
Kuba ningabantu nabanamakwele.

Ngapandle kolu Tando asinto yanto
Na Kolo esinalo tu-nto yaluto   30
Taru ke Nkolo mqolomba wama gqwir'a
Opuma manz' amnandi namanz' ar'ar'a.

Inkolo ibitya ibeyintswenyane
Ivel' amabala ixel' ulovane
Ingenalo u Tando ayinto yanto   35
Itsha ngumlilo inge ngumhla wempeto

Nokuba ziziprofitesho zopela
Nakuba zinteto zotshabalala
Lungeko Utando zonke zobhanga
Ndifung' u Ndlambe nawe woti manga.   40

Saqala ngokuhomba sisekulweni
Kanti nantsi ntshutshiso ezi Caweni
Seva umgqumo we Lizwi lika Tixo
Abatakati belizisa ngempoxo.

Zipina Inkokeli ezinje ngo Yoshuwa   45
Ez[a]zinotando zivuke zisiwa
Ezazitandaza zimise ne Langa
Zikangelane nentabe zine Langa.

Yenza ngo Tando amanzi ahlokome
Enze "Isijwili" nesikalo apupume   50
Apakamise nama nxila e Gqili
Ndiyakuyala ke—andikufihleli.

  Woduve!!

Nontsizi urges mutual support between two women's movements.

91   Prayer Union and Die-As-One

    Listen! God united believers through the power of the church, so that those believers should support and promote each other in a way that facilitates their duties. Therefore the church on earth becomes a proper model of the church in heaven, a community united in spirit (one that "Dies together")! So, those who drive this law of God from their home by raising a barrier to place people on opposite sides and distinguish between them are encouraging a community of darkness, for those who serve God truly cannot drive God's work from their home, especially when there is no "Union" among believers. The country must be quite clear about this, that those people are in no way God's people, because when believers follow Christianity truly, they will all be as one without anyone teaching them to do so. Listen then!!

Halahoyi, Africans, something stinks
like the ground snake, fouling the air.
Zulu, Sotho, Thonga, Xhosa, Mfengu,
all are the same despite distinctions.

Here we are, asleep with one eye.   5
We'll get the news: we'll watch with the other.
We never took part in those prayers,
so particular in their prejudice.

This "Union"'s a shade-screened leopard
in all the Creator's sorrows as well,   10
all enemies will be crushed by it,
and the pillars of heaven shattered.

Be as one and sing one song
with your compatriot "Die-As-One".
We bark for you, my people,   15
confronting those who pick us clean.

You see, my people, we're old,
truth threw us long ago,
as we idly bicker we're left in the dust
and Africa slips through our fingers forever.   20

91   Umanyano Nomfela Ndawonye!

    Pulapula! U Tixo wawamanya amakolwa ngamandla [o]bu cawe, ukuze lawo makolwa abe nako ukomelezana, noku pumelelisana kwi ndlela ezilungele imfanelo zawo. Ke ngako le cawe yase mhlabeni ibe ifanelwe kukuba ngumfuziselo we cawe yase zulwini; ibe libandla lomoya omnye: (Umfela Ndawonye)! Ke abadungudelisa lomteto ka Tixo besenza umahlulo, ukucasana, nocalulwano; abo ke ngabo melezisi be bandla lobu mnyama; kuba abangaba ka Tixo ngenyani abanako ukuwu dungudelisa umsebenzi ka Tixo, ngapaya koko xa lungeko "Umanyano" pakati kwama kolwa. Ilizwe ke malaneliswe ngokumhlope yilento yokuba abo bantu banjalo asingabo konkena abantu baka Tixo; kuba xa amakolwa elandela ubu Krestu benyani, aya kuzi manya wona odwa—ngapandle kwo kufundiswa mntu ukuba make njenjalo: Yiva ke!

Halahoyi ma Afrika nalo ivumba
Linukisa okwenyoka yomhlaba
Zulu, Msutu, Mtonga, Mxosa, Mb'o
Bonke bayafana akunandzwe zimb'o.

Siko sisahleli silele ngasonye   5
Sakuziv' indaba sogada ngelinye
Kulo mitandazo ke asibangako
Ekwa nocalulo ngohlobo lungako

Lento ilu "Manyano" yingwe ye Tunzi
Nase zintsizini zonke zake u Menzi   10
Zonk' intshaba zakoyiswa ngenxa yalo
Nentsika zezulu zakwapulwa ngalo.

Yiba mnye vuma ingom' ibenye
Nowakowenu yifela ndaweninye
Kuninina makowetu sikonkota   15
Sipikisa abantu besiqongqota.

Yabonani makowetu sibadala
Nenyaniso yasiposa kwakudala
Siyashiywa silibele kukugxeka
Imnke ke kupele yona i Afrika.   20

There's "Union" in heaven, Home of Peace;
on earth we bicker in strife,
and Satan sings praises till his guts bust
seeing the nation at sixes and sevens.

It's a shame, my people, a scandal, 25
a disgrace not to help your own,
and you still saying, "We're students:
who are others compared to us?"

How many Judases toyed in secret
with black people's lives, then died in the dark? 30
I've travelled the land without a book:
what do scholars find in a book?

We split into factions, betray our own people,
and Africa leaves as we claw at each other.
So wake up and talk the same language, 35
I don't preach a rebirth of cattle.

Be as one and sing one song
with your compatriot "Die-As-One".
May leaders emerge in Africa:
we can't live on bones and scraps. 40

Jehovah, replenish our days on earth,
as you did in the time of our fathers.
Did you forsake us forever,
Elephant grazing the plains of Canaan?

Deeps of "Union", gush down the rivers, 45
stab with your spear till your ribs burst.
Let's seek the truth from those above,
who died both here and in the water.

        Mercy!!

Ezulwini kwa "Ntlalontle" lu "Manyano"
Emhlabeni sicasene zingxabano
Abonge u Satana kutshone nenkaba
Ebona isizwe siyi mpambampamba.

Kulihlazo kulidano makowetu   25
Kulilishwa nokunga nced' amawetu
Ube usiti wena usis' tyudeni
Obani aba konke kuwe abani.

Bangapi o Judas abafe kumdaka
Bedlala ngebala layo le Midaka   30
Ndalihamba ilizwe ndingena ncwadi
Abafundi batini kweziya "ncwadi."

Ucalulo lukuti kwano kungcatshana
Iq'wesheke i Afrika sisa gxagxisana
Vukani ke nifakane imilomo   35
Andishumayeli luvuko lwa nkomo.

Yiba mnye vuma ingom' ibenye
Nowakowenu yifela ndaweninye
Nenkokeli mazivuke e Afrika
Singapili ngamatambo naludaka.   40

Hlaziya Yehova "Imihla" yetu
Nje ngokwama ndulo ko bawo betu
Ungaba usicekise mpela na
Ndlovu edla ezindle zase Kanana.

Nzulu zo "Manyano" yihla ngemi lamb'o   45
Ubinza ngo mkonto kwapuke imb'amb'o
Ude uvumise nase zazulwini
Zabafe apa nabafel' emanzini.

      Taru!!

abantu baka Tixe

Blacks must preach to their own and interpret the bible for themselves.

92 Where does this teaching come from?
Matthew 28: 19-20

  Go and make disciples of all nations. Teach them in the name of the Father, the Son and the Holy Ghost, teach them to obey all those things I commanded you as law. What have we learnt from the whites? Which are the laws the Almighty commanded the whites to teach us to obey? Is it the teaching of Hertzog and the Caesars of this country? If that's the case, we just can't see the way to heaven. Oh no!

The night is deep before the dawn,
the roosters' racket heralds dawn.
Our rough treatment brings in the dawn.
So take a look, Africa, dawn's breaking now.
    Peace!   5

For a long time, men, we occasionally see,
for a long time, men, we hear of the slain.
Our people were seized and sent off to war,
with the word of God as a battle cry.
    What's this?   10

"We're British: the Kaffirs can die!
We'll rip the candy from your mouths.
We didn't touch you: we're British!
A baby baboon's no stranger to misery."
    Do you hear?   15

God is the toy of black behaviour,
paganism's rampant.
We toyed with God while whites looked on:
today our country's affliction itself.

Mercy, Africa, strife-torn land!   20
There's little indeed we can take for the truth.
Awu, we're covered with chaff from the threshing-floor!
We cast off God, went in search of a wife.
     Think about it!!

92   Yeyapina Lemfundiso?
Mateyu 28: 19-20

    Hambani! Niye kuzenza abafundi zonke intlanga: Nizifundise egameni lo Yise nelo Nyana nelo Moya Oyingcwele, nifundise ukuba bazigcine zonke izinto endiniwisele umteto ngazo. Sifunde ntonina ke tina kubelungu? Yiyipina ke lemiteto yawiselwa abelungu ngu Somandla, ukuba bayifundise tina ukuze siyigcine? Yile mfundiso yo Tsalitoro na o Kesare belilizwe? Asinakuyibona ke mos ne ndlela esinga ezulwini, ukuba ngaba kunjalo: Hayikona!

Ubusuku bunzulu xa kuza kusa
Zinga xokozela nenkuku kuyasa
Irabaxa nempato ibika "Intsasa"
Ngoko ke Afrika lunguza kuyasa
        Camagu!   5

Kudala zinqoza sibona madoda
Kudala kufiwa sisiva madoda
Kukutshwa nabantu besiye 'mfazweni
Nezwi lika Tixo likwa seluhlwini
        Yin' nale!   10

U-Kafile makafe singama Britani
Tina sonihluta intlaka emlonyeni
Asikanenzi nto singama Britani
Itole lemfene likula esizini
        Niyabeva!   15

Kudlalwa ngo Tixo ngendlela emnyama
Nobuhedeni ngenyani busahluma
Sadlala ngo Tixo wetu kubelungu
Namhla izwe letu yinqu yeshologu.

Taru Afrika zwe lembango-mbuso   20
Zincinane nendaba eziyi nyaniso
Awu sagqutyelwa ngumququ we sanda
Salahla no Tixo sahamba sisenda
        Qiqa!

The homestead of Africa raises a cry. 25
Christians, where are your bibles today?
Now their fiery breath
scorches those who received them.

The land is aflame and the Creator's not guilty.
Who doesn't weep in the face of oppression? 30
The nations on earth tug at each other,
waste themselves for a bone of earth.

This land of Africa's ours,
we frolicked and danced with our fathers.
But those who came by ship shouldn't fool themselves: 35
the Prince of Heaven's wide awake.

We're shackled today because of our country,
handed to you in the act of creation.
When the white appeared, all was normal:
abnormality came with his bible. 40

There was nothing slack in his preaching:
we saw we were totally routed.
But when he washed the clay from our bodies
our old men despaired, took their blankets and left.

That's a grievous wound in Africa 45
brought by the white man's bible.
Today, we don't know who we are
and our God has completely forsaken us.

Today, Africa yields no milk.
Is there no one among the elders 50
to bear this report to the One on High,
to burn his first son as sacrifice?

        Peace!!

Yeyapina Lemfundiso?

Ukony' "Izililo" umzi we Afrika 25
Zipi i Bhaibhile namhla magqob'oka
Namhlanje ifute lomlilo wazo
Ngati lidla indiza kwabeza nazo.

Latsha ilizwe linga tshiswa Mdali
Ngenxa yentshutshiso nguban' ongalili 30
Izizwe zomhlaba nandzo zixwitana
Ngetambo lomhlaba ziyagxagxisana.

Lomhlaba i Afrika ngumhlaba wetu
Besiduda six'entsa nobawo betu
Angakohliseki noze nge nqanawe 35
Kaloku lihleli ele zulu i "Tshawe."

Namhla ngezwe letu sisezintanjeni
Esanikwa lona kwase kuveleni
Wavela umlungu kungeko zimanga
Weza nge Bhaibhile ngoko sati manga. 40

Akayi shumayela wacambalala
Sabon' ukuti konke sotshabalala
Kanti kulapo basihlamb' imizimba
Ancama maxego abhinqa ahamba.

Elo nxeba e Afrika libuhlungu 45
Elafika ne Bhaibhile yabelungu
Namhlanje asizazi nenqu zetu
No Tixo wetu wasishiya mu tu.

Namhla i Afrika itshelwe sic'eko
Azi kwabadala yena akaseko 50
Onyusa nengxelo iye ko Pezulu
Atshise ne Dini ngonyana omkulu

      Camagu!!

Africa needs inspired leadership.

93   Do we remember the famine?
Genesis 41: 1-57

So let Africa seek leaders with wisdom and understanding, install them over the whole of Africa, lest we are assailed by famine beyond description in our continent. Listen then!!

Genesis makes this clear to you
so you can see with your eyes,
flee with your feet,
receive all with open arms.

Halahoyi, Africans, something stinks 5
like the ground snake, fouling the air.
The truth is there in the scriptures
and also within our blankets.

Will all the years roll by?
Will you mark time through this year too? 10
If only you people shared the news
of what you see of life in this land.

May our leaders see eye to eye,
stop putting each other down.
Day after day you ask for donations. 15
To what end? We're still amazed.

Genesis says so as fog descends:
where's this star brought by the whites
that said there was treasure in heaven
when the manna was here on earth? 20
        Think about it!

I confirm the truth, concealing nothing,
so we wield the shield of truth:
those bibles they used to rein us in
stand as tall as I do down on my knees. 25

Mercy, Africa, Garden of Africa!
I saw a baboon with dirty teeth.

93   Siyayikumbula Njena Indlala?
Genesise 41: 1-57

   Mayiti ngoko i Afrika ifune inkokeli ezinokuqonda, nezilumkileyo, izimise pezu kwalo lonke elase Afrika, hleze s[i]hlelwe yindlala eyakuba namandla elizweni letu: Yiva ke!

I Genesise iyakukanyisela
Amehlo ako okukubonisela
Unyawo zako zokukubalekela
Nozandla zako konke zokukwamkela

Halahoyi ma Afrika nalo ivumba   5
Linukisa okwenyoka yomhlaba
Nantso ke! Inyaniso yezi Bhalo
Napantsi ke kweyetu imibhalo.

Yaqengqelekana yonke "Iminyaka"
Woma ndaweni nye nakuwo lonyaka   10
Xa ningabantu ngenivisan' indaba
Esinibonisa ngobume bomhlaba.

Inkokeli mazilale ngemihlana
Ziyeke lento yokuba ziqulana
Nabiza imali isinga nesinga   15
Yenzeni ke namhla? Sisate manga.

Itsho i Genesise iza nenkungu
Ipina la nkwenkwezi yeza no mlungu
Eyati indyebo ise zulwini
Ibe yona i "Manna" ise mhlabeni   20
         Qiqa!

Ndinganifihleli ndimis' inyaniso
Zekubeko nje u "Kaka le Nyaniso"
Eza bhaibhile zarola ngamadolo
Namhla zingangam ndigaqe ngedolo.   25

Taru Afrika "Ntsimi" ye Afrika
Nday' bona imfene emazinyo amdaka

Even a jackal suckles its whelps:
do you see him standing in line?

Wailings! So then, my people, 30
take heart! Remember our country,
speak as of old in Hintsa's voice.
(The names of kings confuse me.)

Genesis says: "These are my words;
tell your people I'm the one talking." 35
You perish for lack of diviners
as if every home housed a witch.

Our fathers bore the yoke together,
together they snapped the traces,
in the forest they slew a lion, 40
dealt with the preying wolf.

Bring back to mind the days of our fathers:
they used grass skirts when they couldn't go out,
but you herded them like David
on the mountain slopes of Gilead. 45

This hill the black man scales is steep,
it nearly daunted Christian;
his mouth frothed with a sloven's foam,
his ears flared like a cobra.

Mercy, Voracious, eating above, 50
yours is the day, Thunderarmed.
Tell us the source of our condition,
why we're so and why we starve.

        Peace!!

Siyayikumbula Njena Indlala?

Nempungutye yanyisa amatole ayo
Abake? Bate dwe? Ubabonayo?

"Izililo" xa ndilapo makowetu   30
Ningetuki nganicinge ngezwe letu
Nitete ngelidala ngelika "Hintsa"
Amagama enkosi ayandipazamisa.

Iti i Genesis ndim low' utetayo
Bikela mawenu uti ndim otshoyo   35
Natshabalala ngokuswela i Gqira
Wanga wonke umzi sowungama gqwira

Obawo "Idyokwe" bayitwala kunye
B[a]za nezi tropu baziqaula kunye
Ingonyama bay' bulala ehlatini   40
Bay' dlavula nencuka yasemzini.

Senze sikumbule imihla yobawo
Beb'inqa nenca ngokuswela inyawo
Kodwa ubanyusa njengo Davedi
Ematambekeni ase Giliyadi.   45

Inzima le nduli inyukwa ngu Ntu
Inzima yapantse yoyisa nom Krestu
Waxap' amagwebu wasibhongob'iya
Wati nzwi nendlebe waxel' unobiya

Taru tshwangutshwangu oludla pezulu   50
Yeyako nemini nto elwa nge zulu
Sazise nembangi eyasibangela
Ukuba nje kwetu, nokufa yindlala.

    Camagu!!

Nontsizi urges on her readers compassion for their fellow sufferers.

94   **Sympathy! Listen!!**
John 3: 16-17

    This we take to be love, that Jesus laid down His life for you. It is also our duty to lay down our lives for our relatives. But as for someone who has means in this country and, seeing his relative in need, excludes him from his thoughts, how can the love of God reside in him? Listen! All of you above the mines, call to mind and feel sympathy for those in the mines; all of you who carry a pass, call to mind and feel sympathy for those who carry ten passes; all of you with feet to walk on and eyes to see, call to mind and feel sympathy for the lame and the blind; all of you in good health, call to mind and feel sympathy for the infirm; all of you who have been given your daily bread and clothes to wear, call to mind and feel sympathy for those in need, and in that way we will earn the love of God which will abide with you. Listen then!

Editor, thanks for the poets' column!
I'm still here, a young man and no poet.
I just like to be on top, Editor.
Oi! clubs are at hand but I fight with lightning.

Mercy, Africa, actions speak,   5
Nursemaid slain by your sucklings.
Thus the faint voice of John
saying "Africa, do you hear?"

Induce birth pangs in your people,
as in Ngubengcuka's time;   10
speak with sympathy in Hintsa's voice.
(The names of kings confuse me.)

This sympathy's a shade-screened leopard
in all the Creator's sorrows as well,
all enemies will be crushed by it,   15
the mercies of heaven yield to it.

And so be one and sing one song,
die side by side with your own.
For a long time we've said so criss-crossing the land
in times of famine and times of war.   20

94   Uvelwano! Pulapula!!
1 Johane 3: 16-17

Ngako oku siyaluqonda utando ukuba u Yesu wabeka pantsi ubomi Bake ngenxa yetu; nati ke sifanelwe kukubeka pantsi ubomi betu ngenxa yabo abazalwana: Kodwa yena esukuba enayo imfuyo yelilizwe, ati umzalwana wake ambone ese kusweleni amvalele umbilini wake, lungatinina utando luka Tixo ukuhlala kuye. Pulapula! Bakumbuleni, nibavele abase migodini, nonke nina ningapezu kwe migodi; bakumbuleni nibavele abatwala i Pasi ezilishumi, nonke nina batwala i Pasi nganye, zikumbuleni nizivele iziqwala nemfama, nonke nina nise nazo inyawo zokuhamba namehlo okubona: Yikumbuleni niyivele imilwelwe nonke nina basese mpilweni; bakumbuleni nibavele abasweleyo, nonke nina nisinikiweyo isonka senu semihla ngemihla nezinto zokwambata, ngokwe njenjalo ke siyakuluzuza utando luka Tixo ukuba luhlale kuti: Yivake!

Taru mhleli ngesituba sezi mbongi
Ndiko noko ndingu mfana andimbongi
Nditand' ukuhlala nje pezulu mhleli
Oyi! Ndilwa ngombane induku zihleli.

Taru Afrika inteto zizimb'o   5
Mondli ebulawa ngabakowabo
Nanko u Yohane utsho amazwana
Uti wa Afrika kodwa uyevana.

Vusa "Inimba" yakuma kowenu
Yakulo Ngubenc'uka kwezakowenu   10
Utete ngo velwano ngelika Hintsa
Amagama enkosi ayandipazamisa.

Lento ilu velwano yingwe ye "Tunzi"
Nase zintsizini zonke zake u Menzi
Zonk' intshaba zakoyiswa ngenxa yalo   15
Nenceba zezulu zakutotywa ngalo.

Yiba mnye vuma ingom' ibenye
Nowakowenu yifela ndaweninye
Kudala sitsho sigqibe amazwe
Ngexesha lendlala nexesha lemfazwe.   20

Fall and rise with your people
on these ridges of your land.
Spurn advice and you'll come a cropper,
crawl on your knees like a slow-spreading town.

And the rich, and expert students,
as a favour try this key:
sympathy's our only strength,
it alone can nourish us.

Other nations lie open to view,
our home is steeped in darkness.
Indeed, the African well's run dry.
I saw a baboon with dirty teeth!

Without sympathy we're nothing,
and our faith's worth nothing at all.
And the rich, and expert students,
that word's for you: try it.

How do we live in constant strife,
in ignorance and conceit?
Call out today lest you forget:
Africa's children are standing in line.

Sympathy says "You must understand,
gain me to see if I'm telling the truth
because we locked horns; I'm not Nongqawuse
who brought Xhosa mountains crashing down."

        Study the scriptures!!

Yiwa uvuka kunye nowakowenu
Kule mimmango yelizwe lakowenu
Isala kutyelwa sabona ngolopu
Gaqa ke uhamba uxel' idolopu.

Nezityebi namagcisa ez'tyudeni 25
Sesesisa esos' tshixo silingeni
Uvelwano nje kupela lunga "Mandla"
Kuba lulo lodwa olunokusondla.

Ezinye izizwe zihlel' ekucaceni
Owetu umzi uhlel' ebumnyameni 30
Latsha ngenyani "Iqula" le Afrika
Nday' bona imfene emazinyo amdaka.

Ngapandle ko "Velwano" asinto yanto
Na "Kolo" esinalo tu nto yaluto
Nezityebi namagcisa ez'tyudeni 35
Litsho kuni elo "Lizwi" lilingeni.

Entlalweni nemb'amb'ano sinjani
N[a]m[a]ratshi okungazi anjani
Yenza "Isijwili" namhla ukumbule
Le nzala e Afrika ite r'er'elele. 40

Luti u "Velwano" ndifun' uqondile
Make undifunde woz' undingqinele
Kuba sigagene andiye Nongqause
Yena wadiliz' intaba zama Xosa

      Funda! Izibhalo!! 45

A rousing appeal for everyone to become preachers.

95   A long lying-in, then the python uncoils and leaves (Ministers)

Open the door and let me in, fellow countryman, to speak about two or three things. I'm refering to you, Editor. Compatriots, this strange clinging burden of a baboon won't let me keep quiet, it urges me to speak out. I'm rather tired now of carrying it on my back. If only I had someone to make it go home. Listen! We hear and also read that when Jesus concluded his time with us, he left his twelve apostles behind to spread the gospel throughout all nations, so that when the Lamb returns to complete things with us he will arrive joyfully. Can these twelve apostles that Jesus left behind to teach be found among us? We would be very lucky indeed if they were here. Just twelve. Not many are needed; twelve is enough to cover the whole country. These twelve appointed by the holy spirit were raised to teach and talk about the kingdom of God, not go off only to wait for their father's net. Think about it! Can those twelve apostles be found among us? I hope they can be found, because our ministers stab Shaka and Matiwane. (Many of them) are fogbound and screened from the sun. Can those twelve be found among you? If they are there, let them consult the gospel of *Mark* 13: 34 and *Matthew* 25: 14-15.

Read these for yourselves. The bible's here. What's not here is space in the newspaper to print what's in the bible. It's enough that I've told you where to look in the bible. Don't be afraid to be ripped apart by lions, men, for selling the word of God, for it is written that God cannot be mocked, for what a man sows, so shall he reap: *Galatians* 6: 7. Don't be afraid if you were raised to teach, for a good shepherd will lay down his life for his sheep. Consult *John* 10: 11.

Just twelve, to feed God and all the people with these loaves—love, joy, peace, slowness to anger, kindness, goodness, trust, humility and self-control. Listen then! What the Word says becomes clear then, that Jesus can turn stones into bread. Think about it!! Bread to feed his Father, when we teachers of his word cannot feed him. Hear then! Are they here? The twelve? Anyone, whoever he or she may be, whom the spirit of God has pounced upon is an apostle according to the law of the bible, wherever he or she may preach—outside or in church, in a river and on the mountains, in thickets and in streams, it's all right! One can set up one's congregation on these ridges if truly inspired by the spirit of God to do so. Because God is present everywhere—above and beneath the sky, in unfathomable waters and the sounding seas. He is there. And so whoever is inspired by the spirit of God to become an apostle can pick a hut and preach there, like the apostle Paul (*Acts* 28: 30-31). Hear then! Are

95   Yacombuluka Inamba Ebisoloke Ifukamele Ukunduluka. (Abefundisi)

Vula ucango, ndingene mfo wakowetu, ndoteta mabini, matatu ndipete: Nditsho kuwe mhleli: Makowetu! Esisimanga semfene ndibelekene naso, esitsho ukuti manditule, siti manditete: Ndidaniwe noko ngoku, ukubelekana nayo, ukuba ndino mntu ngeyeyi godusa: Pulapula! Siyeva, sifunda kanjako, ukuba wati u Y[e]su ukulishiya kwake Elipakade sikulo, washiya Ishumi Elinambini laba "Fundi" Bake, ukuba lihambise Ivangeli y[a]ziwe kulo lonke elimiweyo: Iti Imvana ibuya isiza kup[e]ta, [i]fike ngovuyo: Lingafumanekana ke pakati kwetu elo shumi linambini laba "Fundi?" Elashiywa ngu Yesu ukuba lifundise? Siyakuba Sine "Tamsanqa" elikulu ke ukuba likona: Ishumi E[l]inambini nje toro, akufunwa ntwininzi lanele lona, limele Izwe lonke: Ishumi E[l]inambini, el[a]yalelwa ngo Moya Oyingcwele, lanyulwa ukuba lifundise: Litete, izinto ezingabo ubu Kumkani buka Tixo: Lingemnki! Koko lilinde "Isibambiso" soyise: Q[i]qa! Lingafumaneka n[a] ke pakati kwetu eloshumi linambini laba "Fundi?" Ndinetemba noko ukuba linokufumaneka, kuba abefundisi betu, bagwaza u Tshaka n[o] Matiwane. (Ubuninzi bab[o]) b[a]y[i] nkungu ipikisana ne Langa: Lingafumanekana ke, E[l]ishumi linambini pakati kwetu? Ukuba likona—mali tyile! Kwi vangeli ngokubhaliweyo ngu *Maraki* 13: 34, *Mateyu* 25: 14-15.

Zifundeleni ngokwenu zikona i Bhaibhile, into engekoyo, sisituba apa Epepeni, sokushicilela okuse Bhayibhileni: Kwanele xa ndinixelelayo apo [e] Bhaibhileni, emanityile kona: Ningoyiki! Ukuqwengwa zingonyama madoda nitengise nge "Lizwi" lik[a] Tixo: Ngokuba ku bhaliwe kwati[wa] u Tixo akanakuhlekw[a], ngokuba esa kuba ekuhlwayela umntu, kona okusaya kukuv[u]na: *Galati* 6: 7 Ningoyiki ke xa ningabafundi abanyuliweyo: Kuba umalusi olungileyo ubomi bak[e] uyabubeka pantsi, ngenx[a] yazo izimv[u]: Tyila! u *Yohane* 10: 11.

Ishumi Elinambini nje toro, elinokuhlutisa u Tixo, nabantu bonke nge[z]i zonka—Utando, uvuyo, uxolo, ukuzeka kade umsindo, ububele, ukulunga, intembeko, ukutobeka, nokuzoyisa: Yiva ke! Lik[a]nye ke ngoko "Ilizwi" alitshoyo, u Krestu ukuti, usenokuwa guqula namatye abe zizonka: Qiqa! Izonka zokuhlutisa u Yise x[a] tina befundisi be Zwi L[a]ke singenakumhlutisa: Yiva ke! Likonana? Ishumi Elinambini? Nawupina ke, nokuba ngubanina, oxwiliweyo, ngu Moya ka Tixo, ungu "Mfundi" ngomteto we Bhaibhile: Nokuba ushumayela pina—nokuba kupandle nokuba kuse Caweni, Emlanjeni nase Zintabeni, Em[a]tyolweni, nase zintlanjeni, kulungile! Iremente yake umntu usenako ukuyimisa kulo mimango: Ukuba uqutywa ngu Moya ka Tixo

you one of the twelve? Are you? And you? We are lucky indeed if that's so.
But if the sound of the trumpet cannot be heard, who will prepare us to fight?
Think about it! And let him that has ears to hear, hear. These are your words,
Chizama, cow with an antelope's wisdom.

Jehovah, replenish our days on earth,
as you did in the time of our fathers,
Beater of Sandile's drum,
Langalibalele's black cow.

You came for love of your people,   5
washed in water and the word of might,
a king of peace who carried peace,
bringing bliss to the hard of heart.

Reed that was crushed on the cross
for Adam's sins and his family's,   10
show us the way to knowledge on earth
through your bones that rest in death.

Through your death our foes were humbled
and the guards of our land encouraged.
The word shaped you, and fingers shaped us.   15
Rule through your word; intercede with your finger.

       Peace! Awu!!

Yacombuluka Inamba Ebisoloke Ifukamele Ukunduluka. (Abefundisi)

ngenyani, ukuba makenjenjalo: Kuba u Tixo uko kuzo zonke indawo—pezu kwa Mazulu nangapantsi kwamazulu—nakwindzondzobila zamanzi nawo Lwanndle olugqumayo uhleli kona: Nga[k]o oko nawupina oxwilwe ngo Moya ka Tixo wa ngu "Mfundi" usenako nokuziqashela eyake indlu [a]shumayele kona, njengokuba wenjenj[a]lo Umpostile u Paulus. *Izenzo* 28: 30-31. Yiva ke! Ungomnye na ke wena wabalishumi Elinambini? Wena ke? Nawe ke? Sinetamsanqa elikulu ke ukuba kunjalo. Kodwa ke xeshikweni ixilongo liyenza intlokoma engavekiyo—ngubanina oya kuzilungiselela ukulw[a]? Q[i]qa! Nalowo ke onendlebe zokuva m[a]keve! Watsho! Cizama nkomo enobugqi benyamakazi!

Hlaziya Yehova "Imihla" yetu
Njengokwamandulo ko bawo betu
Wena Mbeti we ngqongqo ka Sandile
Mazi Emnyama ka Langalibalele.

Weza ngokutanda Elako Ibandla 5
Utshizwe ngamanzi nelizwi la "Mandla"
Nkosi ke yo xolo washiya "uxolo"
Ukuze nengqola izuze uyolo.

Ngcongolo Etyunyuzwe lu "Betelo"
Lwezono ku Adam neyake Inzalo 10
Ngalo matambo alala "Ekufeni"
Fundisa ngawo "ulwazi" Emhlabeni.

Ngokufa kwako nentshaba zikahlelwe
Bakalipe naba "Lindi" betu Sizwe
Udalwe nge Lizwi, sidalwe ngeminwe 15
Laula ke, Ngelizwi, ulamle ngoko mnwe.

       Camagu! Awu!!

ngokuba seu kuba ekuhlwayela umntu
intembeko, ukutobeka, nokuzeyisa

Nontsizi urges passive endurance on her readers; they will triumph in the course of time.

96   Patience

Editor, thanks for the poets' column. We can't sit silent: the country's rotten. Compatriots, we heard of the patient endurance of Job; you read for yourselves about the last hours of the Lord. Blessed is the one who is tested but endures patiently with hope.

Who would know that greatness in you,
Maker of heaven and earth,
in you who made the stars and moon,
in you who made the sun and day?

Come, you crushed by the weight of sin.   5
So say the sands of Tugela's source.
You who've been hounded, ask: you'll receive.
Patiently wait for the living God.

David in troubled times
spilt water from a well,   10
a libation to Jehovah:
Africa, weep till you shake.

For a long time it's clear you were also poured out:
didn't Ntsikana tell you?
You were robbed of drinking and kingship: 15
Reds and Christians need passes to travel.

Today our voice is drowned in a whirlwind.
We're left in the dust by learning.
The old voice said, "You're dying, Africa."
The gainsayers countered: "How can she die?"   20

Now what can you say? "The country's at war.
Oppression's rampant. Africa's fallen."
Face the mountains. If you disagree with me,
bring me down from the mountain.

And so I'll recount some history for you   25
of the Israelite persecution,

96   Umonde!!

   Taru mhleli ngesituba sezi mbongi, asinakutula umhlaba ubolile: Mako wetu! Ukunyamezela kuka Job nikuvile, nesipelo se nkosi nazifundela: Unetamsanqa ke umntu okunyamezelayo ukulingwa enetemba.

Ngubani ofuna ukwaz' ubukulu
Bunawe nje Menzi womhlaba nezulu,
Bunawe owenz' inkwenkwezi nenyanga
Bunawe owenza imini ne langa.

Yizani bapulwa bunzima betyala,   5
Itsho intlabati Yondi no Tukela
Celani nopiwa ke batshutshiswayo
Nilinde ngo monde ku Tixo okoyo.

U Dafedi wati kwako nakala
Waka amanzi equla apalala,   10
Pambi ko Yehova ecamagushela
Nawe Afrika lila ungcangcazela

Utungiwe nawe kudala ubona
Akakuxelelanga na u Ntsikana
Wahlutwa nendywala ka ye nobukosi   15
Yaqaba, gqob'oka, bahamba ngepasi.

Namhla "Izwi" letu lisezaqwitini
Sishiywe lukanyo siselutulini
Latshwizwi kwanini Afrika uyafa.
Bapika bapiki besiti unga-fa.   20

Namhla nitinina ilizwe lifile
Nandzo nentshutshiso Afrika uwile
Bhekisa ubuso bako ezi ntabeni
Ondalayo ke unditul' entabeni.

Ndakuke kaloku ndinenzel' ibali   25
Lamhla nge ntshutshiso yama Sirayeli

hoping in that way to show you
that they got what they wanted with patient endurance.

Our only strength lies in patience,
you were washed in water and the word of might.   30
That way wonders are performed,
and the Israelites also wondered.

What has more power than patience?
It vanquished Mpande's armies,
defeated Pharoah and his chariots.   35
I've said it before, I won't say it again.

Wake, cascade of praise in Africa,
incite Tanganyika wastelands,
spread the news of the Templars,
call out lest we forget.   40

This hill we scale is steep,
ringed by lions and leopards.
Job didn't sleep the previous night.
You too, be patient; sink to your knees.

Lord, bless Africa.   45
From the start of time you fell to rise,
you created this earth on which we live,
parted its nations by sea.

        We're still patient!!

Umonde!!

Ndib' ukwenjenjalo ndibonisa nina
Ngoku nyamezela bada bafumana.

Umonde nje kupela unga "Mandla"
Utshizwe ngamanzi nelizwi la 'Mandla' 30
Kanti ke kunjalo kwenzek' izimanga
Nama Sirayeli nawo ati manga

Yintoni emandla anga ngawo 'Monde'
Woyis' imikosi kanye neyo Mpande
Woyisa u Faro nezake inqwelo 35
Andikupinda nditshilo nje nditshilo.

Vuka mpompoma yendumiso e Afrika
Uvuselele ntlango ze Tanganyika
Nisasaze ezo ndaba nge Tempile
Nenze isijwili ngazo nikumbule 40

Le nduli esiyinyukayo inzima
Ipahlwe zizingwe kwane zi ngonyama
No Job akalalanga pezolo
Nawe nyamezela guqa nangedolo.

Nkosi—Sikelela i Afrika, 45
Kwase mapakadeni wawa uvuka
Wadala wena lomhlaba esikuwo
Wahlula nge lwandle izizwe zikuwo.

       Sisanyamezele!!

Qualifying the message of the previous poem, Nontsizi urges her readers to be patient, but at the same time to resolve their differences and interpret the scriptures for themselves.

97   **Why was the bible created?**
Romans 15: 4

    For whatever was written in former days was written for our instruction, that by patience and by the encouragement of the scriptures we might have hope. Now listen! Didn't Ntsikana tell you to study the scriptures? And you left the whites to study them for you. I'm not mocking the white when I say that. But when it's written "Seek and ye shall find," it doesn't mean that someone else must do the finding for you. Listen then!

Oh the homestead standing alone
with easy access through its gates,
whose people once had plenty,
now a sign of oppression.

Halahoyi, Africans, something stinks   5
like the ground snake, fouling the air.
I don't tell the scriptures "Try writing again":
all other books bow before it.

Ethiopia should get involved,
find support in the Scriptures.   10
For a long time we've said so criss-crossing the land
in times of famine and times of war.

Go back to where you came from,
to Ntsikana's final words.
Aren't you afraid that you stripped the nation,   15
left it naked with only its hands for cover?

Africa, have you been trashed
like a plate of little worth?
Truly the word is departing from Africa:
I saw a baboon with dirty teeth.   20
Long ago the whites brought the word
but recent events confuse us:
over there it's with God, over here it flogs us.
I'm quite confused: I'd better scram.

97   Yayisenzelwa Ntonina i Bhaibhile?

Ama Roma 15: 4

  Ngokuba konke okube kubhaliwe pambili, beku bhalelwe okwetu ukufundiswa, ukuze siti ngawo umonde nolwonwabiso lwezi Bhalo sibe netemba. Yiva ke! Akazange ukuxelelena u Ntsikana ukuba uze uqwalasele i Bhaibhile? Wazuka wena wayiyeka, wayiqwalaselelwa ngabelungu; andigxeki mlungu ke ngakuba nditsho: kodwa ke xa kutiwa: "Funa wawuya kufumana," akutshiwo ke ukutiwa mawufunelwe ngomnye umntu: Yiva ke!

Hai ukuhlala wodwa umzi
Nokungenwa kwamasango alomzi
Obantu babenikwe intsikelelo
Namhla simanga ngumzi wembandezelo.

Halahoyi Afrika nalo ivumba   5
Linukisa okwenyoka yomhlaba
Anditini nge Bhaibhile tatusiba
Zonk' incwadi pambi kwayo ziyagoba.

I-Tiyopiya make ifakelele
Ifunde izibhalo isimelele   10
Kudala sisitsho sigqibe amazwe
Ngexesha lendlala nexesha lemfazwe.

Pindela kwasemva ap' uvela kona
Apo no Ntsikana wayolela kona
Akukoyikina ukuzek' ityala   15
Wayeka isizwe sambete izandla

Wapulwana Afrika nje ngesitya
Esinga nandziweyo sona isitya
Limnke ngenyani nelizwi e Afrika
Ndayibona imfene emazinyo amdaka.   20
Izwi nabelungu kade lafikayo
Sixakwe yonanto makube kuyiyo
Liko ngaku Tixo, kuti ligalele—
Ndixakiwe kanye nganindikwelele,

They danced with their faith in the scriptures: 25
"Discard your striped woollen blankets."
Today they're like our abandoned clay pits:
all nations gave way to their onslaught.

Let's remember the days of our fathers,
seal Tshiwo's deserted villages. 30
When you lived with Ngubengcuka
your mind was never black.

Ethiopia should get involved,
find support in the Scriptures.
As for me, I don't wish to mislead you 35
(In truth you said the Xhosa mislead).

This bible's a shade-screened leopard
in all the Creator's sorrows as well,
it helped Moses up the mountain,
dropped a grindstone and set him spinning. 40

Ethiopia should get involved,
find support in the Scriptures.
So wake up and talk the same language,
I don't preach a rebirth of cattle.

If only you people shared the news 45
of what you see of life in this land.
The Word created all these things,
when all is gone, the Word will remain.

        Hear then!!

Baduda benetemba lezi Bhalo 25
Lahlani pantsi eyenu imibhalo
Namhla kuti banje ngentaba zemb'ola
Balwa nezizwe zonke zibakwelela.

Make sikumbule "Imihla" yo bawo,
Siwabandeze lamanxiwa ka Tshiwo 30
Yayinge mnyama kade ingqondo yetu
Yakulo Ngubencuka kweza kowetu.

I Tiyopiya make ifakelele
funde izibhalo isimelele
Mna andifuni ukunikohlisa 35
Kanene ama Xosa niti ayakohlisa

Lento iyi Bhaibhile yingwe ye Tunzi
Nase zintsizini zonke zake u Menzi
Entabeni u Moses yamfunqula
Yatoba imbokotwe watsho wazula. 40

I-Tiyopiya make ifakelele
Ifunde izibhalo isimelele
Vukani ke nifakane imilomo
Andishumayeli luvuko lwankomo.

Xa ningabantu ngenivisan' indaba 45
Ezinibonisa ngobume bomhlaba
Zonke ezizinto zad[a]lwa ngelizwi
Zakupela zonke kusale ilizwi.

       Yiva ke!!

Extending the argument of the previous two poems, Nontsizi insists that Africans need to endure their situation with patience and to settle their differences, but not to despair: Africa will come back.

98   Will this Africa ever come back?

  Editor, thanks for the poets' column! We can't sip from shallow pools for fear of speaking out. Who in fact are the leaders of this Africa? Let them stoke the fires for there the sparks go swirling today. Compatriots, a great many among us have already lost hope that this Africa will ever come back. Because of the discrimination we practise, we vilify, deride, envy and curse each other; we love free-loading; we put the lid on bringing Africa home, and court high positions and famous names. And if we could we would even remove the kings who were established in their positions by God. I snarl at those who've already lost this hope. Because there isn't one of the very qualities I've listed that we're innocent of. In truth I've given up. I swear by Ndlambe—was his country ever in such a state? What nation is this whose milk lacks strength to reach the milksacks? But for all that let's not lose hope. Consult *Isaiah* 40: 27-31. Read it for yourself. The bibles are here.

Jehovah, replenish our days on earth,
as you did in the time of our fathers.
Did you forsake us forever,
Elephant grazing the plains of Canaan?

Jehovah, replenish our days on earth,   5
as you did in the time of our fathers,
Beater of Sandile's drum,
Langalibalele's black cow.

This land of Africa's ours,
but we sank in pools through our folly.   10
Africa stayed; she's nowhere else.
Use a grass skirt when you can't go out.

You see, my people, we're old,
truth threw us long ago,
as we idly bicker we're left in the dust   15
and Africa slips through our fingers forever.

When we offer advice knowing little
you say He'll descend knowing all.

98   Azi Le Afrika Iyakuze Ibuye na?

Taru Mhleli ngesituba sezi Mbongi! Asinakusela ezadungeni ngokoyika ukuteta: Ngobani kakade Inkokeli zale Afrika? Mazikwezele ke! Nandzo "Intlantsi" namhlanje ziq'uq'umba: Makowetu! B[a]ninzi kakulu pakati kwetu, esebede balahla itemba, lokuba le Afrika iyakuze ibuye: Ngenxa yocalulwano esinalo, sinyelisana, sigxekana, simonelana, situkana, nokutanda izisulu sigubungela iveyile yokubuyisa i Afrika, nokutanda amawonga, namagama odumo: Ngangokude, ukuba besinako, sisuse kanye Inkosi ezabekwa zona ngu Tixo ezihlalweni: Ndiyabavumela ke nam abesebe lahle elotemba: Kuba akukonto singeyiyo nesingenayo kwezi ndizibaluleyo: Ndoyisakele ngenene! Ndifung' u Ndlambe—kona eludidini wake wanje umzi? Sizwe sini sona esi silubisi lungasefikiyo nasezimvabeni: Kodwa ke lona "Itemba" masingalilahli: Tyila! *Yisaya* 40: 27-31. Uzifundele ngokwako, zikona i Bhaibhile:

Hlaziya Yehova "Imihla" yetu
Njengokwamandulo ko bawo betu
Ungaba usicekise mpela na
Ndlovu Edla ezindle zase Kanana.

Hlaziya Yehova "Imihla" yetu   5
Njengokwamandulo ko bawo betu
Wena Mbeti we Ngqongqo ka Sandile
Mazi Emnyama ka Langalibalele.

Lomhlaba i Afrika ngumhlaba wetu
Seyele kwisiziba ngobudenge betu   10
I Afrika ihleli ayiyanga ndawo
Binqa wena in'ca ngokuswel' inyawo.

Yabonani makowetu sibadala
Nenyaniso yasiposa kwakudala
Siyashiywa silibele kukugxeka   15
Imnke ke kupele yona i Afrika.

Siba nganityela kokwetu ukwazi
Niti wohla Ezulwini onolwazi

God offers no hope at all
that He'll ever, ever speak to you.   20

Will this Africa ever come back?
They say, "Jehovah, can you hear?"
Their country makes them froth at the mouth.
Ach, bo! they ground me fine as flour.

It will come back, I say, like it or not,   25
despite your screaming and kicking.
Isaiah says: "These are my words;
tell your people I'm the one talking."

Unity's our only strength,
it alone can nourish us.   30
And Jesus descended from heaven with love
to unify heaven and earth.

Where are the leaders of Africa?
Will Africa slip off before your eyes?
While your people die, strangers cart off your country.   35
Wake up! Death was put to sleep, you said!

Did you lose all hope in Africa?
Then you met Isaiah on the way home.
Without hope we're nothing,
our faith's worth nothing at all.   40

You see, my people, we're old,
truth threw us long ago;
my people, we need to be planted and watered
to bring forth the spirit of nationhood.

Peace, Africa, she-dove of Africa,   45
hyenas ravage your children;
I wish I had balm and ochre,
for our people's case looks lost.
            Think about it!

I confirm the truth, concealing nothing,   50
that's how truth serves as a shield.
I hope this Africa stands firm:
the heaviest burdens lighten in time.

            Peace! Awu!

Azi Le Afrika Iyakuze Ibuye na?

U Tixo ke akatembisi konke
Ukuza kuteta nawe konke konke.   20

Le Afrika iyakuze ibuye na
Bati wa Yehova kodwa uyevana
Baxap' amagwebu ngenxa yezwe labo
Arha bo ndacoleka ndangumgubo.

Iyakubuya noba akusatandi   25
Nditsho usilwa ubeta nangenqindi
Utsho u Yisaya ndim low' utetayo
Bikela mawenu uti ndim otshoyo.

Umanyano nje kupela lunga "Mandla"
Kuba lulo lodwa olunokusondla   30
No Yesu uhlile ngo "Tando" kwizulu
Kwamanyana Ngaye Umhlaba ne Zulu.

Zipina Inkokeli ze Afrika
Yemnka kwapelana niko, i Afrika
Baf' abantu benu lemnkizwe nezizwe   35
Makavukeke nobesiti kulelwe.

Walilahla na "Itemba" nge Afrika
Upambene ke no Yisaya egoduka
Ngapandle kokutemba asinto yanto
Na Kolo esinalo tu—nto yaluto.   40

Yabonani makowetu sibadala
Nenyaniso yasiposa kwakudala
Makowetu sisamelwe kukutyalwa
Ze kuvele ubuhlanga sakulinywa.

Taru! Afrika Hobekazi Afrika   45
Abantwana bako bayapela Zincuka
Ndinqatyelwe ngamafuta nembola
Lonakala ke elakowet' ityala
            Qiqa!

Ndingafihli noko ndimis' inyaniso   50
Ze kubeko nje u "Kaka" Lenyaniso
Ndiyatemba le Afrika iyakuma
Nezinto ziyadamba zike zanzima

          Camagu! Awu!!

Nontsizi urges action in the face of black distress, incites a search for a better dispensation.

99   "Agree!" "Agreed!!"
Joshua 24: 20

If you should forsake Jehovah and serve foreign gods, then he will turn and do you harm: Agreed! So come back this year, Greybeard of ours—you've attained your heart's desires. Please seek another ford to lead the nation across, because we don't want a ford that will shatter our wagons: heaven's pillars can tumble after blacks raise their voices in dance at the gates of Zion. You've said it, Chizama, cow with an antelope's wisdom.

Sing a song to God Almighty,
glorify and praise him highly,
sing, all you old and young,
sing a new song now.

This great king will be honoured,   5
while other gods are toppled.
May everyone invoke him widely,
this great Maker who made all.
        Agreed!

There Joshua's telling us   10
to spurn strange gods on pain of death.
We toyed with God while whites looked on:
today our country's affliction itself.
        Agreed!

Ah, the sorrow that siezes your land, Nontsizi,   15
all the things that bring us grief,
recalling our old Mgqwetho kin
wrapped in blankets of skin.
        Agreed!

Let yesterday's gods pass away: 20
their ways ripped out our hearts,
and so we don't know who we are
and our God has completely forsaken us.
        Agreed!

99 **Vumani! Siyavuma!!**
Yoshuwa 24: 20

Xa nite namshiya u Yehova: Nakonza otixo bolunye uhlanga, wojika anenzele okubi: Siyavuma! Buya ke nonyaka nje, wa Ngwevu yakuti—amabhongo entliziyo uwagqibile: Ngawufune elinye "Izibuko" lokuweza Isizwe: Kuba elapula inqwelo—asilifuni makwapuke kanye "Intsika" zezulu: Lide livakale Ilizwi Labantsundu lenze umngqungqo Esangweni e Zion; Watsho "Cizama" nkomo enobugqi benyamakazi:

Culani Ingoma ku Tixo Omkulu
Simnike uzuko Simbonge kakulu
Culani kwa nonke bakulu nabatsha
Culani kaloku "Iculo Entsha."

Le Nkosi Inkulu iyakudunyiswa 5
Ke zonk' izitixo ziyakub'ujiswa
Mabati abantu bamnqule kwa bonke
Lomdali umkulu udal' into zonke.
       Siyavuma!

Nanko u Yoshua esixelela 10
Masiyeke izitixo sotshalala
Sadlala ngo Tixo wetu kube lungu
Namhla izwe letu yinqu yeshologu.
       Siyavuma!

Hai usizi kwizwe lenu Nontsizi 15
Ezinto wena zisibanga intsizi
Zisikumbuza Imihla yemigqweto
Eyayambatwa ngo bawo o Mgqweto.
       Vumani!

Mazibhange izitixo zezolo 20
Imikwa yazo isikupa umxelo
Ngenxa yazo asizazi nenqu zetu
No Tixo wetu wasishiya mutu
       Siyavuma!

Today a host of blacks
have drawn apart from their customs:
they drove them from their homes
in the heat of the summer sun.
        Agreed!

You see, my people, we're old,
truth threw us long ago;
my people, we need to be planted and watered
to bring forth the spirit of nationhood.
        Agreed!

Agree, herders of Sandile's cattle,
Mshweshwe's and Langalibalele's,
mimosas that twisted in falling.
That rising sun made me think of Shaka.

Mercy, Africa, strife-torn land!
There's little indeed we can take for the truth.
Nitpicking poets, I say,
ignore the grain that pecks the chicken.

All of you know what's going on:
you're patently ringed by lies.
Seek the truth from those above,
who died both here and in the water.

You're the Great God of heaven,
surpassing the white man's cannon.
You're you, the fortress of truth,
you're our defence, shield of truth.

Bring to mind the days of our fathers:
they used grass skirts when they couldn't go out,
but you herded them like David
on the mountain slopes of Gilead.

We shunned our customs, accusing Africa,
and turned into long-tailed birds.
Agree then! Indeed, we agree
with you who scolds the thundering skies.

        Agree!!

Namhlanje nobuninzi baba Ntsundu
Behlukana namasiko Abantsundu
B[a]galel' emzini atshona awabo
Mhla kwakushushu "Ilanga lehlobo."
    Siyavuma!

Yabonani makowetu sibadala
Nenyaniso yasiposa kwakudala
Makowetu sis[a]melwe kukutyalwa
Ze kuvele ubuhlanga sakulinywa.
    Siyavuma!

Vumani! Belusi benkomo zo Sandile
Nezo Mshweshwe no Langalibalele
Minga ete ukuwa yabhukuqeka
Lapum' Ilanga landicingis' u Tshaka.

Taru Afrika zwe lombango-mbuso
Zincinane nendaba eziyinyaniso
Xa ndilapo Imbongi ke zinocuku
Kunokuyeka, ukozo lungadl' inkuku.

Nani niyayazi into ekuyiyo
Nabo nobuxoki enibubonayo
Ngani vumise ke nasezazulwini
Zabafe apa, nabafel' emanzini.

Ulo Tixo mkulu ngose Zulwini
Odlula omb'ayimb'ayi basesi lungwini
Unguwena wena Nqaba ye Nyaniso
Sakupetela Ngawe "K'ak'a le Nyaniso.

Senze sikumbule nemihla yo bawo
Beb'inqa nenc'a ngokuswela inyawo
Kodwa Ubanyusa njengo Davedi
Ematambekeni ase Giliyadi.

Salahla masiko sagweb' i Afrika
Saba nemisila saba njenga ntaka
Vumani ke ngenyani Siyavuma
Kuwe Mngxolisi we Zulu lididuma.

    Vumani!!

15 *kwize*

White settlers released many forces destructive to blacks.

100   Did we invite this nation of theirs?
Did we invite their mighty money?

    Listen, these are the words of the prophet Ntsikana. They were written down for our instruction. Ntsikana was asking God if we invited this nation of people from overseas to come here to Africa. And if we invited this mighty money of theirs. I Nontsizi am going to interpret Ntsikana as I understand him. I don't know the interpretation of others. In very truth, this nation of theirs from overseas has completely killed Africa. In very truth, this money of theirs has bought the rights of our firstborn like a boiled mash of maize and lentils. It betrays the people of the nation of Africa, it buys the daughters of her nations, it even buys those who contrive the death of our nation. It is the fountain of everything foul. Ntsikana was appealing to God as someone speaking through the spirit. Peace! Listen again! God was testing us through the whites, because for ages past he is the hunting party hunting souls. He does this to find out what hope resides in any one person. Furthermore, it is by God's design that every single nation in Africa should be here, because for ages past he forms one flock from diverse sheep, wanting all these flocks to bend to his truth. So God's truth is present in Africa alone. That is what has formed one flock of all these nations here, for Jesus himself was placed beyond Herod's power when he was smuggled into Africa. So listen if you seek this truth.

Editor, thanks for the poets' column.
I'm still here, a young man and no poet.
I just like to be on top, Editor.
Oi! Clubs are at hand but I fight with lightning.

This nation rests on the law of the bible,   5
traitors must forfeit their lives.
Turncoats wound it, rip out its lifeblood:
our power wanes, and we're ripe for invasion.

Did we invite this nation of theirs?
Did we invite their mighty money?   10
When we entered the white man's cities
we drank the brews of foreign gods.

Did we invite this nation of theirs?
Maker, Ntsikana didn't ask you

100 Lomzi Wakona na Sawubizana?
Le Mali Inkulu na Sayibizana?

Pulapula! Lomazwi ngawo Mprofeti u Ntsikana, aye bhalelwe okwetu ukufundiswa: U Ntsikana waye buza ku Tixo ukuba lomzi wezizizwe zapesheya ezilapa e Afrika, sawubizana? N[a]le mali yabo inkulu na sayibizana? Mna ke Nontsizi, ndiza kumvumisela u Ntsikana kokwam ukwazi, andazi ke kokwabanye; nenenene! Lomzi wako na Pesheya uyibulele i Afrika wayigqiba. Nenenene le mali yabo ibuteng[e]le ubuzibulo betu, njenge nkobe zelentile; ingcatsha nabantu bezwe i Afrika, itenga nentombi zezwe layo, itenga nababulalisi besizwe sakowetu; ingumtombo kanye wako konke ukungcola. Nantso ke into eyayibuzwa ngu Ntsikana ku Tixo; nje ngomntu owayeteta no Tixo ngo moya. Camagu! Pulapula kwakona! U Tixo wayesilingile ngabelungu, kuba kakade ngu "Longqina Izingel' Imipefumlo." Ngokwenjenjalo ke efuna ukuqonda elona "Temba" ayame ng[a]lo umntu, ngapaya koko u Tixo wenze ngabom ukuba zonke ezizizwe zalapa e Afrika zibe lapa; kuba kakade ungumdibanisi wemihlambi eyalanayo ayifunela ke ukuba yonke lomihlambi igobele pantsi kweyake inyaniso.—Inyaniso ke ka Tixo ise Afrika kupela apo ikona yiyo ke le idibanisele kona zonke ezizizwe, kuba no Yesu wati ukuze asinde ku Herode wabalekiselwa e Afrika: Yiva ke! Ufune ke lo nyaniso:—

Taru Mhleli ngesituba sezi Mbongi
Ndiko noko ndisahleli andi mbongi
Ndi[t]and' ukuhlala nje pezulu Mhleli
Oyi! Ndilwa ngombane induku zihleli.

Lento Isisizwe ngomteto we Bhaibhile   5
Abangcatshi baso mabhubhe bapele
Bagqiba Isizwe bakupa ub[u]zwe
Bupel' ubukosi singenwe zizizwe.

Lomzi wakona na sawubizana
Lemali inkulu na sayibizana   10
Naku site sakungena emlungwini
Sasela nendywala zotixo basemzini.

Lomzi wakona na sawubizana
Menzi akubuzwanga ngu Ntsikana

about the hundreds of thousands killed in Africa:
we appeal to you for them.

Did we invite this nation of theirs?
What must we make of these marriages?
Wed and split in a day: where's this from?
Didn't Ntsikana tell you?

Did we invite their mighty money?
Go back to where you came from.
Don't bargain with the truth:
this cash led us astray.

Did we invite this nation of theirs?
We shunned our home for a flash in the pan.
The shades depart no longer knowing us
and we sink in a stream of despair.

Maqoma said so, and they called him mad
for spurning the madness of surrender.
Ntsikana said, "You're dying, Africa."
The gainsayers countered: "How can she die?"

Now what can you say? The country's at war.
Oppression's rampant. Africa's fallen.
Turn your face to the mountains
and prophesy from them. You too, boy.

David in troubled times
spilt water from a well,
and did so time and again.
Sluggard, what do you say about time?

Where are the leaders of Africa?
We've quit in despair in Ngqikaland.
Are you bound in shackles, Africa?
What do passers-by say?

Did we invite their mighty money?
Did we invite this nation of theirs?
Those who came by ship shouldn't fool themselves:
the Prince of Heaven's wide awake.

Lomzi Wakona na Sawubizana? Le Mali Inkulu na Sayibizana?

Namawakawak' abulewe Afrika
Siwabiza kuwe lomawakawaka.

Lomzi wakona na sawubizana
Lemitshato yona iyeyamanina
Imanywa, iqaulwa kwakumlambopina
Akakuxelelanga na u Ntsikana?

Lemali inkulu na sayibizana
Pindela kwase mva ap' uvela kona
Ungacengi konke ngenxa yenyaniso
Kuba leye mali yeza nenkohliso.

Lomzi wakona na sawubizana
Salahl' umzi wetu ngomz' upoyiyana
Yemnka neminyanya yati ayisazi
Santywila kunjalo ku "Mfula Wosizi."

Watsho no Maqoma kwatiw' uyageza
Kub' engazingeni into zobugeza
Watsho no Ntsikana Afrika uyafa
Bapika bapiki besiti ungafa.

Namhla nitinina Ilizwe lifile
Nandzo nentshutshiso Afrika uwile
Bhekisa ubuso bako Ezintabeni
Uprofetele kuzo nawe kwedini.

U Dafedi wati kwakonakala
Waka amanzi equla apalala
Waza wenje njalo amaxa ngamaxa
Wena unyabile nje utini ngelixa?

Zipina Inkokeli ze Afrika
Sancama namhla tina mzi ka Ngqika
Wakonxwana Afrika ngamakamandela
Batini bona abad[l]ula ngendlela.

Le mali inkulu na sayibizana
Lomzi wakona na sawubizana
Angakohliseki noze nge Nqanawe
Kaloku [l]ihleli Elezulu i Tshawe.

They danced with their faith in the scriptures:
"Discard your striped woollen blankets." 50
Today they're like our abandoned clay pits:
all nations gave way to their onslaught.

Ethiopia should get invovled,
find support in the Scriptures.
So wake up and talk the same language, 55
I don't preach a rebirth of cattle.

   Hear then!!

Baduda benetemba lezi Bhalo
Lahlani pantsi eyenu imibhalo 50
Namhla kuti banje ngentaba zembola
Balwa nezizwe zonke zibakwelela.

Ke Itiyopiya make ifakelele
Ifuna Inyaniso isimelele
Vukani ke nifakane imilomo 55
Andis[h]umayeli luvuko lwankomo.

      Yivake!!

Nontsizi criticises church ministers for avoiding their responsibilities to their distressed people.

101   Watchmen, respond: you're summoned!!

    Editor, thanks for the poets' column. We can't sit silent, the country's rotten. Ministers, God desires us to know the truth, to know it through you. Buy the truth, then, and don't sell it. Are there any watchmen among you who can show us the truth as Noah did, so that we are not destroyed? Or like Jonah who was dispatched to Nineveh; or like John the Baptist, who said "I am the voice of one crying in the wilderness"? Do we have preachers like that? There are murderers in your country, Minister. Do you ever go to the forest to convert them? There's frightening drunkenness. Do you ever go to the canteens and bars to rouse the people there with Jehovah's word? Or perhaps you're afraid of being beaten up? Jesus himself visited those places; he didn't select only the homes of those who went to church. The world would never have been set right if this was what Jesus preached. Things have gone wrong in Africa now because of what we who know the scriptures preach.

    Minister, do you pray for the sick? Perhaps you select only those you know and the rest are nothing to you? Do you ever ask us about our parents, where they are and how things are with them there? Do you ever ask us about these marriages, in which you join us in the morning and by sunset we've separated and disappeared? Where do you sever us, Minister? How, with this knot that says what God has joined together, let no man put asunder? Peace!!

Let's give thanks to the battle hero:
he vanquished and humbled his enemies,
crushed death and the ancient serpent
to wipe us clean of sin.

We read of him in the great book today   5
as the saviour heading for heaven.
He called to those who took to the hills
to tell them the tale of these sources of mercy.

Let the learned of Africa rise
(Jehovah opens his arms to them)   10
and bear the report today
recalling their flocks arrayed in rank.

101   Sabelani Niyabizwa Balindi

Taru mhleli ngesituba sezi mbongi, asinakutula umhlaba ubolile. Befundisi! u Tixo uyatanda ukuba masiyazi inyaniso, siyaziswe nini. Yitengeni ke inyaniso ningayitengisi. Bakonana ke pakati kwetu abalindi, abanoku sazisa inyaniso njengo Nowa, ukuba zesinga tshabalali? Nabanje ngo Jona, owaye tunyelwe e Ninive; nabanje ngo Johane Umpehleleli. Owati ndili Lizwi lalowo udandulukayo entlango. Sinabona ke tina abo bashumayeli banjalo? Nandzo izigebenga ezweni lako mfundisi, uyayana ematyolweni, ukuya kuziguqula? Nabo ubunxila oboyikekayo, uyayana kwezo zindlu ze mbara ukuya kuvuselela ngelizwi lo Yehova? Mhlaumbi woyika ukubetwa sinina? U Yesu yena wayehamba kwezo ndawo, engakete zindlu zabantu abahamba ecaweni kupela. Laye ilizwe lalinge nakuze lilunge nakanye ukuba ezo yayizimfundiso zika Yesu. Konakele ke nangoku e Afrika ngenxa yemfundiso zetu bazi bezi Bhalo.

    Uyabatandazelana bona abagulayo mfundisi, mhlaumbi uketa obaziyo kupela, abanye akunanto nabo. Uyasibuzana kona ngabazali betu, ukuba bapina nokuba bayintonina apo bakona? Uyasibuzana kona ngale mitshato nisitshatisa yona, ekuseni, liti litshona sibe sesahlukene? Udlula pina wena mfundisi? Nanjanina? Kweli qina liti abo bamanyiweyo ngu Tixo, ze banga hlulwa mntu;—Camagu!!

Make sibulele kwiroti lokulwa
Loyisa intshaba zonke ke zapulwa
Latyumza ukufa nenyoka endala
Ukuze sisinde kwawetu amatyala

Namhlanje simlesesha Emqulwini   5
Njengo Msindisi esinga ezulwini
Wababiza nabayame nge ntaba
Ze abenzele ibali lezo nceba

Abafundi e Afrika mabavuke
U Yehova ubamema ngako konke   10
Banyuse ingxelo namhla bakumbule
Ezigusha zabo zite r'er'elele.

David in troubled times
spilt water from a well,
a libation to Jehovah: 15
Africa, weep till you shake.

David in troubled times
spilt water from a well,
and did so time and again.
Sluggard, what do you say about time? You're summoned! 20

Wake, cascade of praise in Africa,
incite Tanganyika wastelands,
spread the news of the Templars,
call out lest we forget. Respond!!

U Davedi wati kwakonakala
Waka amanzi equla apalala
Pambi ko Yehova ecamagushela 15
Nawe ke Afrika lila ungcangcazela.

U Davedi wati kwakonakala
Waka amanzi equla apalala
Waza wenjenjalo amaxa ngamaxa
Wena unyabile nje, utini ngelixa? Uyabizwa! 20

Vuka mpopoma yendumiso e Afrika
Uvuselele' Ntlango ze Tanganyika
Nisasaze ezo ndaba nge Tempile
Nenze isijwili ngazo nikumbule, sabela!!

Nontsizi's final Christmas poem.

102   Roar, oceans! Frolic, continents!! (Xmas)

Halahoyi! Africans something stinks
like the ground snake, fouling the air.
Mercy! It's the words of poets.
I'm here, still alive and no poet.

I came when they said I'd come,   5
I'll roar returning to where I began,
babes at the breast even swear by me,
kings prance and stamp in the yards.

Sing a song to God Almighty,
glorify and praise him highly,   10
sing, all you old and young,
sing a new song now.

Come all of you, come today!
This child here opens his arms to all.
Come as well, you aimless tramps,   15
come let the child here care for you.

Swell your hymns of praise,
thud your sounding drums,
see him through the eyes of faith
and sink in awe to your knees.   20

There he is crushed on the cross
for Adam's sins and his family's,
this son of God who has appeared
and cleansed us through his humanity.

He came for love of his people,   25
washed in water and the word of might,
a king of peace who carried peace,
bringing bliss to the hard of heart.

Hosanna to the son of David
on the mountain slopes of Gilead.   30

102   Gqumani Zilwandle! Gcobani Mihlaba! (Xmas)

Halahoyi! ma-Afrika nalo ivumba
Linukisa okwenyoka yomhlaba
Taruni! ngamabala ezi mbongi
Ndiko noko ndisahleli andimbongi.

Ndinguyawavela bati wavela   5
Oza kuzongoma ebuyelela
Into efungwa nango sebeleni
Zigqushe nenkosi zidlobe nkundleni.

Culani! Ingoma ku Tixo Omkulu
Simnike uzuko simbonge kakulu   10
Culani! kwa nonke bakulu nabatsha
Culani—kaloku Iculo Elitsha.

Yizani ke namhla yizani kwa nonke
Lomntwana okoyo umema kwa sonke
Yizani kwa nani badungudeleyo   15
Yizani! nibukwe ngu Mntana okoyo.

Nike nicule nengoma yokuncoma
Zihlokome nentambula ziduduma
Nize nimbone ngamehlo nange nkolo
Nimangaliswe niguqe nangedolo.   20

Nanko—Ezokutyunyuzwa lu "Betelo"
Lwezono ku Adam neyake "Inzalo"
Lonyana ka Tixo oselefikile
Ngobake ubuntu usisindisile.

Weza ngokutanda Elake "Ibandla"   25
Etshizwe ngamanzi ne Lizwi la "Mandla"
Lenkosi yo Xolo yazisa uxolo
Ukuze ne ngqola upiwe u yolo.

Hosanna! Kuye Unyana ka Dafedi
Ematambekeni ase Giliyadi   30

Through his coming our foes were humbled
and the youth of our nation emboldened.

This child arrived with wonders,
he brought salvation and we all wondered.
There was nothing slack in his preaching style: 35
robbers took to their heels.

He came and startled the world
and shattered all the earth's pillars.
Mercy, Elephant browsing homewards,
who fell at Golgotha in lingering pain. 40

This child arrived with Mary:
in the far Kalahari I heard of them,
I called to those who took to the hills
to tell them the tale of these sources of mercy.

Hosanna to the son of David 45
on the mountain slopes of Gilead.
You Jews with hairy ears, rebound
to that mighty log in Judea's Bethlehem.

The lid was placed on your pot, black home,
that day your country rumbled and trembled. 50
Hosanna to him, heaven-mellowed.
Roar, angels with feathers of gold.

When he comes he will seem to be bearing a roof
but his load is merely his multitudes.
Roar, oceans! Frolic, continents! 55
We poets are wont to raise dust.

Hosanna to the son of David
on the mountain slopes of Gilead.
He'll even care for those who resist.
Oh, Bird that crosses the milkers' path. 60

When he comes he will seem to be bearing a roof
but his load is merely his multitudes,
our sins as well as our chronic complaints.
Wake up! Death was put to sleep, you said!

Who would know that greatness in you, 65
Maker of heaven and earth,

Gqumani Zilwandle! Gcobani Mihlaba! (Xmas)

Ngokuza Kwake nentshaba zikahlelwe
Ukalipe nomlisela wetu Sizwe.

Wafika lo Mntwana kuko izimanga
Weza ngosindiso ngoko sati manga
Akalushumayela wa cambalala 35
Zabeta nezihange zesabalala.

Wafika kwa ngoko umhlaba wo tuka
Nentsika zelizwe kwa zonke zapuka
Camagu! Ndlovu Edla Igoduka
Eyawa e Golgota Indzondzoteka. 40

Lomntana ufike kwakunye no Mari
Ndibave mna kwintlango ze Kalahari
Ebabiza—nabayame ngentaba
Ze abenzele ibali lezi "Nceba."

Hosanna! Kuye Unyana ka Dafedi 45
Ematambekeni ase Giliyadi
Lukunikazi e Betlehem Judeya
Jubani ma Juda andlebe zinoboya.

Wagutyungelwa! nawe ndlu Emnyama
Izwe lomini logquma zi nyikima 50
Hosanna! kuye owatshazwa li Zulu
Gqumani! Ngilose Ntsiba zi Lubhelu.

Uzakuvela ange utwel' upahla
Kanti yimikosi nanto iza impahla
Gqumani zilwandle! Gcobani mihlaba 55
Tina zi M'bongi siqele ukugquba.

Hosanna! Kuye Unyana ka Dafedi,
Ematambekeni ase Giliyadi
Uso kubavelela naba kwalayo
Awu! Ntaka epambana nabasengayo. 60

Uzakuvela ange utwel' upahla
Kanti yimikosi nantso iza impahla
Etwele nezono nobetu bulwelwe
Makavuke ke, nobesiti kulelwe.

Ngubani ofuna ukwaz' ubukulu 65
Bunawe nje Menzi womhlaba nezulu;

in you who made the stars and moon,
in you who made the sun and day?

There is love deserving of praise,
there's a deed deserving of honour.
Let this comfort those above,
who died both here and in the water.

Hosanna to the son of David
on the mountain slopes of Gilead,
the hunting party hunting souls
saying: "Back to ancient ways."

The shooting star informed us:
spurn strange gods on pain of death.
The trumpet sounded, calling us.
There, Africa's petticoat's dropped,

which was the blanket swathing us:
"You Great Blanket swathing us."
It seemed a small thing, yet we're drowning;
we say we'll climb out and regroup. Think about it!

Who would know that greatness in you,
Maker of heaven and earth?
When we offer advice knowing little
they say he'll descend knowing all.

God offers no hope at all
that he'll ever, ever speak to you.
He'll be heard through earthly mouths:
we poets are wont to raise dust.

Hosanna to the son of David
on the mountain slopes of Gilead.
In the forest he slew a lion,
dealt with the preying wolf.

Roar, oceans! Frolic, continents!
We poets are wont to raise dust.
The judge is come to shape reform,
to judge the nations by his truth.

        Hosanna!

Gqumani Zilwandle! Gcobani Mihlaba! (Xmas)

Bunawe owenzi nkwenkwezi nenyanga
Bunawe owenz' imini ne langa.

Nantso ke "Intando" yeyoku dunyiswa
Naso ke ne "Senzo" sesoku zukiswa   70
Makuvokoteke! nasezi nzulwini
Zabafe apa, nabafele manzini.

Hosanna! Kuye Unyana ka Dafedi
Ematambekeni ase Giliyadi
Ulongqina izingel' imipefumlo   75
Esiti emva kumasiko andulo:

Yabinza ne nkwenkwezi "Isixelela"
Zesiyeke izitixo sotshabalala
Lateta ne "Xilongo" lisibizile—
Nanko "Umb'inqo" we Afrika uwile.   80

Owawuyi ngubo esiyambata tina
Ulo ngub' inkulu esiyambata tina
Kwanga kuncinane kanti siyatshona
Siti siyapuma sisinge kwakona, Qiqa!

Ngubani ofuna ukwaz' ubukulu   85
Bunawe nje Menzi womhlaba ne Zulu,
Siba ngabatyela kokwetu ukwazi
Bati wohla e Zulwini onolwazi.

U Tixo akatembisi konke
'Kuza kuteta nawe konke konke   90
Woviwa ngemilomo yomhlaba
Tina zi M'bongi siqele ukugquba

Hosanna! Kuye Unyana ka Dafedi,
Ematambekeni ase Giliyadi
Way' bulala ne ngonyama ehlatini   95
Way' dlavula ne nc'uka yase mzini.

Gqumani zilwandle! Gcobani mihlaba
Tina zi M'bongi siqele ukugquba
Uyeza! Lomgwebi ngolwak' ulungiso
Kugweba "Intlanga" nge Yak' inyaniso.   100

    Hosanna!!

And her final New Year poem.

103   **On the plains they're stealing our cattle!**
             Open and let me in!! (1928-1929)

Editor, thanks for the poets' column,
I'm here, still alive and no poet,
I just like to be on top, Editor:
clubs are at hand but I fight with lightning.

The year has passed, it's barely gone, 5
fireworks marked its passage,
raised voices welcomed the new,
coming in its fashion.

Now the old year's ended
we thank you, Well of maternal love, 10
for holding us all in times of peril
throughout the year,

in the world's hardships,
the people's want,
calamities that disrupt 15
our worship of God.

The year has passed bearing news
of nothing but persecution,
of everyone's behaviour:
all has been recorded. 20

On the plains they're stealing our cattle! Open and let me in!!
I'll sneak to my hole like a swallow
and all the sins of the old year
will be forgotten.

This year says, "These are my words; 25
tell your people I'm the one talking.
Now I'll restrain all teachings
leading you astray."

103   **Zemk'Inkomo Zetafa—**
                     Vula Nd[i]ngene! (1928-1929)

Taru mhleli ngesituba sezimbongi
Ndiko noko ndisahleli andimbongi
Nditand'ukuhlala nje pezulu mhleli
Ndilwa ke ngombane induku zihleli.

Wadlula umnyaka sewusishiyile   5
Nango namabala ati sewumkile
Nendanduluko zokubuka omtsha
Oza ngentwentsha

Umnyaka omdala ngoku uyapela
Nzulu zo "Bubele" kuwe sibulela   10
Ezingozini osigcine sonke
Umnyaka wonke.

Ezobunzima obusemhlabeni
Imbandezelo ezisebantwini
Imfitimfiti ezipazamisa   15
Nokudumisa.

Wadlula umnyaka wemka unendaba
Ezentshutshiso zona zodwa indaba
Zabantu bonke kanye neze mikwa
Ziyo kubikwa.   20

Zemk' Inkomo zetafa! vula ndingene
Ndotwetwa ukuhamba nje nge nkonjane
Alibaleke onke namatyala
Onyak 'omadala.

Utsho ke lo "nyaka" ndim low'utetayo   25
Bikela mawenu uti ndim otshoyo
Ndotintela ngoku yonke nemfundiso
Eyinkohliso

Lord of all creatures, we implore you today,
we Africans look up to you, 30
please don't take our land from us
because of our wrongs.

In our distress and hunger,
in affliction, dressed in thongs,
in animosity and blood feuding, 35
arrive with a vision.

On the plains they're stealing our cattle,
which bear news of persecution.
To the judge's eyes upon us
how will it appear? 40

Will all these years pass by?
Will you mark time through this year too?
Even this burden you bear
is in the nature of things.

Come back this year, Greybeard of ours, 45
to turn all griefs away from us.
Look past the present, watch for the future
in the coming year.

        Peace!!

Mnininto zonke namhla siyacela
Tina ma Afrika kuwe sikangela 30
Ungawutati kwa nomhlaba wetu
Ngokona kwetu.

Kwintshabalalo nokuswel'ukutya
Kwimbandezelo sibinqa imitya
Kwimpatwano kubi nezibulalano 35
Fika ngo mbono.

Zemk'inkomo zetafa! zemka nendaba
Ezentshuthito zona zodwa indaba
Kumehlo mgwebi ekangele tina
Koba njanina. 40

Yakudlulana yonke leminyaka
Woma ndaweninye nakuwo lo nyaka
Ke nobubunzima wena obutwele
Bukufanale.

Buya nonyaka nje wa ngwevu yakuti 45
Ukuze zinqandwe zonk'intsizi kuti
D[l]ula kokukoyo! linda oku[za]yo
    Kofikileyo.

    Camagu!!

38 *Ezenshuthiso*

NOTES

Each note commences with the Xhosa title, followed by the date and page reference; all the items appeared in the multilingual newspaper *Umteteli wa Bantu*, published weekly by the Chamber of Mines in Johannesburg from 1920 to 1956. The title of the first two poems is the name of the poet. The first poem is headed *Imbongi u Chizama*, the Chizama poet, or Chizama the poet, Chizama being a clan name. Since the royal bard, *imbongi*, is always a male, readers would be free to assume the author of this poem was male. In the title of the second poem, *Imbongikazi Nontsizi u Chizama*, the word for a poet is given a feminine ending and her Xhosa name, Nontsizi, is added to her clan name, Chizama. The heading of the third poem is *Yimbongikazi Nontsizi u Chizama*, which announces simply that it is written by the woman poet Nontsizi of the Chizama clan: a title has been supplied by the editor and placed in square brackets. The fourth poem has *Imbongikazi* in its title, *Imbongikazi No "Abantu-Batho"*, The woman poet and *Abantu-Batho*. The fifth poem in the sequence is the first to be headed by a proper title, with the author identified above the title simply as *Yimbongikazi*, by the woman poet. The sixth poem is ascribed to *U Chizama E Crown Mines*, Chizama of Crown Mines. The seventh and eighth poems give the author as *Imbongikazi yakwa "Chizama"*, the woman poet of the Chizama clan. Thereafter the byline is *Yimbongikazi Nontsizi Mgqwetto*, by the woman poet Nontsizi Mgqwetho.

1   ***Imbongi u Chizama.*** 23 October 1920, page 8

3   Hoho, the forest facing the plain of Amalinde, was the site of the internecine battle between the forces of Ndlambe and his nephew Ngqika in 1818 (see Peires 1981: 61-63 or, more fully, Mostert 460-67; for a more personal impression, see Wauchope 27-30).

4   *Taru*, translated here and elsewhere as "Mercy!" (whether singular or plural), is an expression of supplication, meaning variously "Have mercy," "Excuse me," "Be quiet." Kropf notes that originally the diviner said "*Taruni!*" (the plural form of *Taru*) on entering the hut of a sick person, "thus addressing the spirits of the ancestors and imploring them to be propitious, to have mercy on the sick person and withdraw their evil influence from them" (405).

6   *Hom! Zajika!* might be commands a driver shouts to a team of oxen, meaning "Whoa! Turn them round!" *Hom* is the sound of a bell tolling, summoning people or demanding attention: see the note to 24: 9. In the text that follows, all interjections like *hom*, meaningless in themselves though bearing a connotation from their usual contexts (like the English *Oh!* or *Hey!*), will be left largely untranslated: they must gather their connotations from the contexts in which they appear in the translation.

12-14   An extract from the praises (*izibongo*) of Ngqika's son Sandile (1820-78), who was killed in the last frontier war, the War of Ngcayechibi (1878-79): see Rubusana (1911: 247) for the poem.

22-23   Traditionally, the court poet (*imbongi*), an office reserved for males, had the licence to criticise public figures with impunity: on the *imbongi*, see Mafeje, and Opland (1983 and 1998).

25-26   Nontsizi is writing from Crown Mines to the southwest of Johannesburg. The implication of these two lines is that rural traditions and morality alter in the city: there is crime and licentiousness, and women can act as poets.

40-55   Mgqwetho refers to Charlotte Maxeke, a pioneer civil rights activist, founder of

	the Women's League of the South African Native National Congress, who earned a science degree from Wilberforce University in Ohio in 1905. In 1913 Maxeke joined demonstrations protesting proposals to extend the pass system to women in the Orange Free State; in 1920 she supported the establishment of a national trade union movement. Line 40 depicts her dressed in academic robes: Maxeke's education, Nontsizi says, intimidated the Governor-General, Lord Buxton, in her appeal against the pass laws, as a result of which prisoners were released (line 42). On Maxeke see Walker (36-40) and Campbell (ch 8, esp 282-94).
50-52	She won the Moffat Commission (1918) over to her social vision for blacks.
56	Families and social groups swear by the distinctive name of a family member, an ancestor or a king, the gravest of oaths: *Ledi* would be a relative of Mgqwetho or, more likely, swearing by "Lady" signifies Mgqwetho's feminist convictions. In the 1920s, the King William's Town-based newspaper *Imvo zabantsundu* carried a regular column under the heading "Umhlathi wamaLedi," the ladies' column.
57-58	In these two lines, Mgqwetho interrupts her list of incitements to address herself: her people are watching her in the role she has assumed for herself as watchdog of the nation. Such switches of point of view are a feature of orally performed praise poetry (*izibongo*) in Xhosa.
67	Here Mgqwetho returns to Rev. Marshall Maxeke, who met his wife Charlotte while earning degrees in Classics, Mathematics and Theology in the United States, before returning to South Africa as a missionary for the African Methodist Episcopal Church. Mgqwetho addresses this poem to him and refers to him in subsequent poems. The editorship of *Umteteli* was initially offered to Solomon Tshekiso Plaatje, but he refused, though his name still appeared as editor on the first few issues of the newspaper (see Willan 251-53).
68-69	This criticism of the quality of food on the mines serves notice that, although *Umteteli* was published by the Chamber of Mines, Nontsizi will assert for herself the right of any traditional *imbongi* to speak her mind openly in the interests of her people, criticising rulers (or her publishers) as she sees fit.
71	"This lot," *lempi*, is the South African Native National Congress, critics of Maxeke and *Umteteli wa Bantu*, who would prefer not to have *Umteteli* in competition with its own newspaper, *Abantu-Batho*.
74	The image of the ford, a passage to a brighter and more independent life, recurs in Mgqwetho's early poetry in *Umteteli*.
77	*Nkosi sikelel' iAfrika*, God bless Africa, composed by Enoch Sontonga, with the words of the first stanza by Sontonga and the following seven stanzas by S.E.K. Mqhayi, was first sung on 8 January 1912 at a national conference convened by Pixley Seme, which saw the foundation of the South African Native National Congress. The hymn was officially adopted as the anthem of Congress in 1925, at the suggestion of T.D. Mweli Skota, then Secretary-General. The full text was published in *Imvo zabantsundu* on 21 July 1925 as "Umhobe kaNtu," and was subsequently included under the same title in Mqhayi's collection of poetry *Imihobe nemibongo* (1927: 30-32).
2	**Imbongikazi Nontsizi u Chizama.** 13 November 1920, page 7
14	Phalo (c1715-1775), Xhosa king, son of Tshiwo and father of Gcaleka and Rharhabe. Xhosa territory is often referred to idiomatically as the land of Phalo, *umhlaba kaPhalo*.

28	*Camagu!* translated "Peace!" here and elsewhere. Although Kropf notes that "In common language *camagu!* is the same as *taru!*" and gives as one of its uses the appeal to the ancestors on entering a sick person's hut (see note to 1: 4), he also glosses *camagu* as an appeal to a displeased chief for conciliation, and an attempt to calm down a frenzied diviner (55).
48	Ngxokozelo may be the name of Maxeke's father's favourite ox (*inkabi yesihombo*) or of the favourite ox of the royal court Maxeke's people served; members of the household or the royal subjects could be referred to by this name.
78	Maxeke's split, *Uqekeko luka Maxeke*: it appears that Maxeke was criticised for assuming the editorship of *Umteteli* and thereby fostering black factions: see also poems 3 and 4.
89-90	There is something of value in whatever she says, however slight, a popular praise used by Mgqwetho of herself and of Marshall Maxeke: see poems 5 and 11.
112-13	Chiefs are ritual figures: in their well-being resides the well-being of the people. If the ancestors bless the chief, the people will be blessed.

3   *[Uqekeko lwe Congress].* 27 November 1920, page 6

2	The South African Native National Congress was established at a meeting in Bloemfontein in January 1912, with John Dube of Natal as its first President. In 1923 its name was changed to the African National Congress.
17-20	In this stanza Nontsizi addresses *Abantu-Batho*, the Congress newspaper, which drew attention to injustice before she arrived in Johannesburg and began to contribute to *Umteteli wa Bantu*. There is no need, she argues, to criticise *Umteteli* and Maxeke.
22	Samuel Mapoch Makgatho of Johannesburg succeeded John Dube as President of Congress in June 1917.
43	The Bantu Union was established in Queenstown in February 1919, with Meshach Pelem as President.
89	P.E. is Port Elizabeth, in the eastern Cape.
107-9	Isaiah 44: 22: I have swept away your transgressions like a cloud, and your sins like mist. The Revised Standard Version of the Bible is quoted throughout these notes.

4   *Imbongikazi No "Abantu-Batho."* 18 December 1920, page 6

6	Levi Thomas Mvabaza, a Transvaal leader of Congress and editor of *Abantu-Batho*, was a member of the delegation to Britain in 1919. In the discussion about a flag at the annual conference of Congress in Johannesburg at Easter in 1925, Mvabaza's suggestion for the colours ("black for the African people, green for the land, with gold for the riches underground": Benson 56) was unanimously adopted.
39-40	See 3: 7-8.
52	*elapepa*, that newspaper, is *Umteteli wa Bantu*.
80	If the Xhosa transliteration *Beyele* in *Yimpi ka Beyele* is to be read as Bailey, this probably refers to the South African mining magnate and politician Abe Bailey.

5   *Iziko le Nyembezi. (Ngompoposho ka Mr. Twebu.)* 15 January 1921, page 7

18	Rev. Walter Benson Rubusana (1858-1936), one of the Vice-Presidents elected

at the inauguration of Congress in 1912, was the first and only African to serve on the Cape Provincial Council, elected as the representative of Thembuland in 1910. He earned an honorary doctorate from McKinley University for his *History of South Africa from the native standpoint*, and edited an unsurpassed and pioneering collection of poetry and lore, *Zemk'inkomo, magwalandini* (1906, second edition 1911), paying for its publication in England.

38   *Nehemiah* 8: 1: And all the people gathered as one man into the square before the Water Gate.

43   1 *Samuel* 7: 3: If you are returning to the Lord with all your heart, then put away the foreign gods and the Ashtaroth from among you, and direct your heart to the Lord, and serve him only.

54-55   Warriors would return from the battlefield to have their wounds tended at the great place, the residence of the chief. They live apart from their chiefs now, and their employers do not minister to their needs.

66-67   *Indlebe zetu / Zingemki nezikova*, literally, owls are not carrying off our ears. A penalty for walking about in the dark was having an owl peck off the ears: Thwebu's words should be heard clearly, Mgqwetho says.

73   The diviner says *Vumani!* "Agree!" inviting his or her clients to signify agreement or disagreement with a statement by clapping with varying degrees of conviction and responding *Siyavuma!* "We agree". Mgqwetho calls in successive stanzas on men, women and chiefs to assent to her characterisation of the troubled times (here, and in lines 81 and 107). Nontsizi uses these divination commands frequently, as in poems 64, 68 and 94.

103-4   Whatever he says is worth listening to: see the note to 2: 89-90.

122   Ntsikana son of Gaba (d. May 1821) is revered as a prophet of Christianity among the Xhosa: see Hodgson (1980), and Holt 105-27. He was for many years the focus of annual Ntsikana Day celebrations held throughout the country (see poem 66). Nontsizi makes liberal use of Ntsikana's words and prophecies, notably in poem 100. Early sources on the life of Ntsikana are collected in Bokwe.

126-28   Mgqwetho refers deprecatingly to herself here as an antelope rubbing off dead skin against a tree.

6   **Imbongi ye Zibuko.** 13 August 1921, page 6
The prosody of this poem is suspect, affording little confidence in the line divisions, but it is set out as a poem, and that form is maintained in the translation.

The personal references in the fourth stanza are obscure.

7   **Umpanga ka Mama.** 2 December 1922, page 6

18-19   Hackney is a district in the Queenstown area, largely settled by Mfengu. *Mhamha*, with aspirated vowels, mimics the Mfengu pronunciation of *Mama*, "mother."

37   "Lord, now lettest thou thy servant depart in peace, according to thy word" (*Luke* 2: 29), the prayer spoken by the devout Simeon on seeing the child Jesus in the temple before his death.

88   These two clans were united in the marriage of Mgqwetho's mother, a Cwerha, to her father, a Chizama. Mgqwetho herself takes her father's clan.

8	***Ingxoxo yo Mginwa ku Magqoboka!*** 24 November 1923, page 4

The title refers to a discussion (*ingxoxo*) between a group of converts to Christianity (*amagqobhoka*) and someone who retains traditional religious beliefs (*umginwa*), but the poem is a monologue; perhaps Mgqwetho is alluding to W.W. Gqoba's two serial poems, *Ingxoxo enkulu ngemfundo*, "The great debate about education," and *Ingxoxo enkulu yomGinwa nomKristu*, "The great debate between Red and Christian," originally published in *Isigidimi sama Xosa* in 1885 and 1887-88 respectively and reprinted in Rubusana's anthology *Zemk'inkomo magwalandini*; on these two pioneering poems, see Jordan 64-67 and Opland 2003: 18-23.

The Xhosa term *umGinwa*, "Anything resisting a good intention; a cow refusing to be milked; fig., a raw uncivilized person," was, like Kropf's definition, culturally biased. So too, though from the opposite perspective, was *amagqobhoka*, the other term Mgqwetho uses in her title, apparently applied by traditionalists to Christians for "bursting out" of a container that has holes pricked in it. Those who held to precolonial religious beliefs were often marked by the red blankets they wore, distinctive cloaks dyed in ochre spurned by Christian converts as "heathen" garb (see lines 17 and 26). *Amaqaba*, those who continued to smear with red ochre, and *amakholwa*, those who were fulfilled by conversion to Christianity, are binary oppositions in missionary minds: see Dubb (1966) and Pauw (1975). Traditionalists are referred to here and throughout as "Reds".

16   Since oaths are taken in the names of relatives (see note to 1: 53), Mgqwetho establishes that, in swearing by Nontsizi, her red-blanketed speaker is not Mgqwetho herself but someone close to her.

28   Callinicos (1985: 46) refers to liquor as a "form of control" on the mines; on urban brewing, see Callinicos (1987), 206-9.

9	***Unyikimo Lomhlaba-E-Rautini.*** 1 December 1923, page 10
40	A reference to the gold mines on which Johannesburg was built.

10	***Maibuye! I Afrika! Awu!*** 8 December 1923, page 4
5	Cape Town stands in Table Bay, Port Elizabeth in Algoa Bay.
26	On Ntsikana, revered as a Xhosa prophet, see the note to 5: 122. Here he warns against the white man's money and involvement in the white economy. The lightning-bird is a fearsome and dangerous creature of popular imagination.

11	***Yacombuluka! Inamba u 1923 ebisoloko ifukamele ukunduluka.*** 29 December 1923, page 5

The title describes a female python waiting for some time to give birth before moving on. I am indebted to Peter Mtuze for clarifying this. In this case, after a year, 1923 gives birth to the new year and moves off.

38   An idiomatic admonition meaning "Preserve your heritage" ("There go your cattle," "Someone is rustling your cattle," and thus "Look after what is precious"), used by W.B. Rubusana as the title of his unsurpassed anthology of Xhosa lore, *Zemk'inkomo magwalandini!* (1906).

12	***Ufikile! Udubulesendlwini bac'ol'i nto emnyango! Kuse beyifanisa*** (New Year). 5 January 1924, page 5

	Notes
	The title applies to the new year the same praise that Mgqwetho has applied to both Maxeke and herself: here the implication is that whatever the new year brings, it will be something significant.
15	The opening line of the well-known praises of the Mfengu leader Veldtman Bikitsha: see Rubusana 332.
31	The image depicts the tall, straight ironwood tree with branches so high up that no one can reach them with an axe to cut them down: this and the following line say "Maintain your resistance."
50	*Itanga* is "A place to which weak cattle are sent away for better pasturage" (Kropf).
63	A baboon is a typical familiar of witches.
72	Another well-known praise, found, for example, in the *izibongo* of the Gcaleka king Hintsa (Rubusana 231).
77	Mgqwetho assigns to herself through this praise name—or associates have assigned to her—the qualities of the ocean-going liner that struck a rock off the French coast and went down in June 1896.
79	In the absence of an unambiguous English word for a single head of cattle to translate the gender-neutral Xhosa noun *inkomo* (Kunene resurrects the archaic "bovine" for the Sotho equivalent), I am using "beast" in the third usage recorded by the *Oxford English Dictionary*, from the thirteenth century onwards, referring to "a domesticated animal owned and used by man, as part of his farm 'stock' or cattle; at first including sheep, goats, etc., but gradually more or less restricted to the bovine kind."

13   ***Pulapulani! Makowetu.*** 12 January 1924, page 5

9	Here (as elsewhere) Mgqwetho's verbal dexterity is evident as she juxtaposes her name and the verb *ukugqwetha*, to turn something upside down, to twist or pervert it, which, tellingly, yields the term for an attorney. Phalo is an ancestor of the Xhosa chiefs; the land of Phalo is Xhosa territory, and by extension the whole country.
42-44	Mgqwetho refers to the sophisticated urban women who, in violation of tradition, take lovers and remain unmarried; here she urges these women to return to traditional custom, represented by the skirt smeared with ochre, as distinct from the bodices of white women's fashion. Dressed traditionally, she says, their ancestors will recognise them and arrange marriages for them.
48	*Namhla sizizigudu kwa namabungela*: the image is of "A cow which allows herself to be milked without being first sucked by her calf, or one which has lost her calf and yet allows herself to be milked" living with "One who does not reside at the chief's village" (the definitions are Kropf's).
50	A racy, urban tone is achieved in this poem by the incorporation of a number of English and Afrikaans words. In this line the Afrikaans *niks*, "nothing," appears; in line 64 the English *not* is used; and the Afrikaans term of disregard, *ag*, figures in lines 38 and 68.
58	Apparently, she is a newcomer to Johannesburg, where people are accordingly unfamiliar with her lineage.
64	That is, for producing poetry on a national scale (the preserve of the male *imbongi*, though both men and women produce domestic poetry about clans and acquaintances) you were beaten by men armed with knobbed sticks.

	Faction fights between males armed with two knobkieries take place on the plains. Sandile the son of Ngqika died in the last frontier conflict, the war of Ngcayechibi, in 1879.
67	Mgqwetho employs the same image in reference to the effect of her poetry as she does in reference to the effect of her mother's prayers: see 7: 45-46.
70	Mgqwetho is sufficiently important for the court messenger to be dispatched with news of her death.
87	The Drum of the Cross, iNgqongqo yomNqamlezo, as is clear from poem 24, is Jesus. Kropf defines ingqongqo as "A dried bullock-skin used as a drum by the women to accompany dancing; a tall strong person, a giant; a person in authority, with power to command." It is tempting to translate iNgqongqo as "Lord" here, expounding the metaphor of the authoritative drumbeat, suggesting that Jesus wills his crucifixion, that he is in command of the cross, but that would remove Nontsizi's Africanisation and feminisation of Jesus. Ingqongqo bears its literal meaning of "drum" when Jehovah is referred to as the beater of Sandile's drum, Mbeti wengqongqo kaSandile, the rhythm of Sandile's reign, in poems 76, 80, 95 and 98, so I have left the slightly obscure metaphor here. Jesus is the throbbing drumbeat on the cross laid down by women for all to dance to.

14   ***Abaprofeti benyaniso-nabobuxoki.*** 19 January 1924, page 6

5-8	*Revelations* 16: 13: And I saw, issuing from the mouth of the dragon and from the mouth of the beast and from the mouth of the false prophet, three foul spirits like frogs.
9-12	*Deuteronomy* 18: 20, 22: But the prophet who presumes to speak a word in my name which I have not commanded him to speak, or who speaks in the name of other gods, that same prophet shall die. . . . When a prophet speaks in the name of the Lord, if the word does not come to pass or come true, that is a word which the Lord has not spoken; the prophet has spoken it presumptuously, you need not be afraid of him.
42	Matiwane led the Ngwane, disrupted by the Zulu king Shaka, into Thembu and Gcaleka territory, where they suffered defeat at the Battle of Mbolompo in 1828: see the incomparable Zulu narrative by Msebenzi.
75	*Pas op*, Afrikaans for "Watch out!"
77	Vaaibom's flamingo is one of Nontsizi's praises: see 13: 29.

15   ***Zatsha! Inkomo Nomazakuzaku!*** 26 January 1924, page 12

The title is a joyful exclamation uttered by the groom's party when the man who has negotiated the marriage (*unomazakuzaku*) leads the bridal cattle away from the homestead on the wedding day: "The cattle are burning, Matchmaker!" In other words, we are losing the cattle, but we will soon gain a bride: hence, something good is coming our way.

13	*sekuyindaba yakwantombi*, literally, it's news from your daughter's place, i.e. something you don't like talking about (since all mothers view their daughters' marriages as unhappy).
14	*utshay' elupondweni*, literally, raps the ox on the horn, i.e. the government quickly stifles discussion of the land issue.
35-36	*Isisila senkuku mhla liq'witayo / Kulapo woze usibone ngamehlo*, a proverbial expression, "the tail of a hen is seen on the day when it blows, i.e. a secret is discovered when there is hot discussion" (Kropf).

48	Under government policy you'll end up homeless.
52	Mdizeni, in the Middledrift area, is Zibi's home.
62	Kropf defines the first verb in this line, *ukukafula*, as: "To render warriors invulnerable (and thieves undetectable) by making them pass through the smoke of certain herbs and sprinkling them with the gall of certain animals given as offerings to the doctor."
75	"Agree with me!": the diviner's call to his clients (see the note to 5: 73).

16 ***Induli ka Xakeka! — Enyukwa ngu Ntu!!*** 2 February 1924, page 11
The title refers to the hill encountered by Christian, the allegorical protagonist of John Bunyan's *The pilgim's progress*, in the seventh chapter of Tiyo Soga's Xhosa translation, published in 1867 as *Uhambo lomhambi*. See Hofmeyr chapter 5, and page 134, for comments on this poem.

17 ***Umanyano! Basebenzi Abantsundu!!*** 16 February 1924, page 11

11	Casting a spear creates an opportunity to advance.
33-36	On his appointment to the faculty of the South African Native College in 1916, Jabavu, the son of John Tengo Jabavu and the first South African black to earn a British degree, became known as "Professor"; he was appointed Professor in 1942. The mark of distinction in line 35 is his B.A. degree.
54	The same root is used for the verb here (*ngokuvalelwa*) as for the noun in line 10 (*Umvalo*): the barriers are discriminatory laws.
57	*Igqira lendlela nguqongqotwane*, "the diviner of the road is a toktokkie," a popular folksong. The toktokkie, a black beetle, rolls its eggs in a ball of dung; a diviner puts medicinal herbs in dung to make a compress to lay on a patient whose ailment he or she is treating. The similarity makes the toktokkie a diviner of the road. Rubusana is, like the diviner, a doctor.

18 ***Umpanga! ka Rev B.S. Mazwi.*** 23 February 1924, page 25

36	Kieries are knobbed sticks used as weapons in sport, hunting and war.

19 ***Vumisani! kwi Nyange Lemihla!!*** 1 March 1924, page 10

17	*Ax'entsa intlombe*, they dance the *intlombe*, a traditional dance for marriageable but as yet unmarried young men and women, a particular target of missionaries for its perceived licentiousness.

20 ***Ingwe Idla Ngamabala!!*** 8 March 1924, page 6

12	Nontsizi uses the Afrikaans word *bont*, "coloured," contemptuously.
19	*Amasi*, fermented milk, is a domestic delicacy.

21 ***I Afrika ihleli Ayiyangandawo!!*** 15 March 1924, page 10

23-24	Traditional beer had a low alcohol content, but in the townships beer "became a stronger and stronger brew," according to Luli Callinicos. Stronger liquor was prepared more quickly and was safer from police raids. "By the 1930s, brewers were making *skomfana* or *skokiaan*, which had a higher alcohol content, and was made from a basic recipe of sugar, yeast and warm water. Other strong brews were *isiqataviku* ('kill-me-quick'), *babaton*, and *chechisa* ('hurry-up'), or *isishimeyane*, made from sugar-cane, yeast, cooked potatoes and brandy" (Callinicos 1987: 206).

22	***Ikona na Intaba Oyaziyo? Kwezi Zimiyo Eyaka Yafuduka?*** 22 March 1924, page 10	
1	The mountain is Africa, which is as unlikely to have moved off as a mountain. Hence, there is no need for the appeal *Mayibuye iAfrika*, "Come back, Africa," may Africa return: Africa has never left (and the people should know it: lines 3-4). The struggle must first be engaged within the black community and within each black person.	
8	See the note to 12: 31.	
10	Another of many images depicting urban blacks as sophisticates who have turned their backs on traditional customs (like smearing the skin cosmetically with red ochre) and who yet privately hanker after them or practise them: see 19: 17-21, for example.	
14	Mthikrakra, who lived in the first half of the nineteenth century, was the Thembu king, the son of Ngubengcuka.	
15	On *intlombe*, see the note to 19: 17.	
26-28	Cf 16: 65-68.	
36-38	In *Exodus* 5, the Israelites are commanded to gather their own straw to make bricks, whereas previously straw had been supplied to them, and they are beaten at the end of the day when they fail to make the same quantity of bricks as they did previously.	

23 ***Isimbonono Saba Zali!!*** 29 March 1924, page 10

24	***Zipina Inkokeli Ezinje ngo Daniel?*** 5 April 1924, page 10	
11	The people reject their black heritage and adopt white ways.	
14	The Xhosa image refers to a domestic mat (*uk'uko*, for sitting or sleeping on), here rolled out to make a guest welcome.	

25	***Ifikile! Ingqongqo Yomnqamlezo!! (Good Friday)*** 19 April 1924, page 10 Drum of the Cross: see the note to 18: 72.	
9	*Hom!* is used as a refrain in Ntsikana's Bell, a hymn that summoned the Xhosa prophet's congregation to worship, and also in his Round Hymn. It may be the onomatopoeic sound of a tolling bell.	
31	*Pasop*, Afrikaans for Watch out!	

26	***Sicope Emasebeni Emiti Njengentaka!!*** 31 May 1924, page 10	
15-16	The tone is bitterly ironic: blacks are forced from their homes in pursuance of a policy that differentiates between black and white culture. Hence line 18: blacks are dispossessed because of their customary beliefs.	
21	Shadrack Zibi offered land for sale to Africans at Rustenburg, where his royal seat, Khayakhulu, was located: see poem 15.	
26	*Amasi* is soured milk, a particular delicacy of the home.	
39	In divination, the ancestors communicate with the living.	

27	***Iziko Lenyembezi!!*** 7 June 1924, page 5	
9	The European colonists are orphans because they came to the black man's country with nothing (but they succeeded in winning control of it).	
12	*izwi lake lisezaqwitini*, literally, his word is in the whirlwinds, which brings it back around to us: his prophecies are fulfilled.	

21	The Mpondo reside in the far east of Xhosa-speaking territory, so this indicates the total triumph of evil.
29	During the disastrous slaughter of cattle in obedience to the prophecy of Nongqawuse in 1856-7, the dying cattle bellowed, and all Xhosa wealth was lost. See the note to 30: 49-52.
37	This is a typical, self-deprecatory line in the manner of traditional poetry, not to be taken seriously, but it is of more than passing interest here because, in referring to herself dismissively in this way, Mgqwetho leaves us to infer that she is not young and that she is unmarried, confirming the suggestion in 13: 36-38. See 13: 45.
45	See the note to 21: 23-24.

28 *Sahluke Pina Tina ku Kayin?* 14 June 1924, page 11

4	Cain was condemned to be "a fugitive and a wanderer on the earth" for murdering Abel (*Genesis* 4: 12).
16	Cf. 10: 53-56. Line 16 mimics Indian shopkeepers addressing black customers.
22	*Amadlagusha*, the sheepeaters, is one of many Xhosa derogatory terms for whites.
24	The light of white civilisation, the education of line 19.
25	*wena kaNtu*, you (singular) of Ntu, a follower of the eponymous ancestor of *abaNtu*, African people.

29 *Izibuko!!* 21 June 1924, page 4

12	If this is not an actual prison recollection (it is phrased in the first person, *Ndiyamzonda ondivimb' itolofiya*, I hate a person who is stingy with his prickly pear), it could be a line from the younger Rhalushe's personal praise poem or from the praise poem of his clan. The prickly pear, a cactus fruit, is a favoured delicacy.
44	The disselboom is the central wagon shaft to which the oxen are yoked.
49-53	In 1856 Nongqawuse's millenarian prophecies initiated a disastrous slaughter of cattle (see the note to 27: 29); the dead may well arise, according to Xhosa belief, Nontsizi says, but once you kill off your cattle you starve. The dire concluding stanza portends black self-destruction, presumably if a ford is not found quickly.

30 *Ukutula! Ikwakukuvuma!!* 28 June 1924, page 6

2-4	In an opening that becomes formulaic, Mgqwetho here refers to herself as inexperienced, with no pretensions as a poet (line 2), committed to the service of others (line 3: she carries the milk-pail to dignitaries, who wear ivory rings on their arms); yet she uses the thunder of words as weapons. The passage may be indebted to the opening of a poem entitled "Umanyano" (Unity) by Tulwana (Rubusana, 471-4), which starts by thanking the editor for the poets' column (*Taru Mhleli ngesit'uba, / Sezi mbongi zamawetu*) and goes on to assert that he is not a poet but a young man whose words should nonetheless be heard (*Andimbongi ndingumfana / K'odwa 'mazwi makagqalwe*).

31 *Umanyano! Nomfela ndawonye!!* 6 July 1924, page 5

The title links the names of two movements, the women's prayer union, *manyano*, and participants in a protest against white economic exploitation in the rural

	Herschel district (see Beinart), *amafelandawonye* (literally, those who die in the same place). *Manyano* literally means unity, and this permits a play on words: when Nontsizi says you're nothing without the *manyano* union, she is at the same time saying you're nothing without unity, the theme of her poem.
1	The women's prayer union, *manyano*, was especially concerned with the loss of sexual control over young girls in the cities, a recurrent concern in Mgqwetho's poetry. According to Gaitskell, "the *manyano* . . . should be seen in part as the attempt by African women converts to internalise new domestic norms or perhaps lament the difficulty of doing so under the destructive influence of South Africa's industrial revolution. The demands of both God and gold removed key supports from the married woman, while pressing her to accept new responsibilities" (1997: 338).
8	The Tugela river flows through KwaZulu-Natal well to the northeast of Xhosa-speaking territory.
20	Here Nontsizi speaks in a masculine voice.
32	The evil snakes are *amachanti*. According to Pahl (719), *ichanti* "is a mythical being in the form of a snake which lives among the river people. . . . Its normal form is that of a snake with many bright colours constantly undergoing kaleidoscopic change. . . . *Ichanti* has large, round, bulging eyes that can hypnotize. A person who suddenly comes into view of, and glimpses or is seen by this creature becomes mentally disturbed and develops a serious physical illness or affection, eg paralysis or epileptic fits."
40	Blankets are traditionally worn as garments in rural areas.

32	***Kuguzulwa Okumkani! Kumiswe Okumkani!! (General Smuts-General Hertzog).*** 12 July 1924, page 5
2	A line from the *izibongo* of Hintsa (d. 1835) son of Khawuta, king of the Gcaleka people: see Rubusana 231.
3-4	A couplet that occurs in the *izibongo* of Kreli son of Hintsa: see Rubusana 231; on the event that gave rise to this praise, see Peires (1989: 82-83). This praise and the preceding praise from Hintsa's *izibongo* connote power.
5-8	Daniel, given the interpretation of Nebuchadnezzar's dream in a vision, praises God, who "removes kings and sets up kings" (*Daniel*, 2: 21); this is the import of the king's dream, and in the course of these five chapters Nebuchadnezzar is succeeded by his son Belshazzar the Chaldean, who is in turn succeeded by Darius the Mede.
12	Darius praises Daniel's God, who "works signs and wonders" (*Daniel* 6: 27).
30	Ntsikana warned against innovations the whites would introduce.
49-52	In 1856-7 many blacks gave credence to Nongqawuse, who claimed to have heard from a pool the ancestors instructing the Xhosa to kill their cattle, destroy their grain and prepare for the resurrection of their ancestors and the defeat of the whites. The prophecy failed, with disastrous consequences: see Peires 1989. Many blacks believe whites duped Nongqawuse. A change in government brings nothing new for blacks: whites are still plotting the downfall of blacks as they were through Nongqawuse.

33	***Isizwe! Esingavaniyo! Nesingavelaniyo! Siyadwatywa Zezinye!!*** 19 July 1924, page 10

2-3	Ngubengcuka of the Thembu and Hintsa of the Gcaleka were early nineteenth-century kings, but the reference is not specific.
13	An appeal to the women of a rural protest movement: cf 29: 38. The next three lines return to address Africa, as in the first and third stanzas.
17-18	*Nkomo ezidla emideni ngo C'uku / Ziza kuti gqi enkundleni ngo Mona.* Here Nontsizi addresses black people in South Africa: such shifts in point of view (addressing as she does Africa, members of the Felandawonye movement and her readers) are characteristic of orally performed praise poetry. Blacks were confined to minimal land under the 1913 Land Act. Literally, these lines read "Cattle who graze in borderlands to create provocation, they appear in court as a result of jealousy": blacks are located in the thin strips of land between white farms so that when they stray whites may bring suit against them. The policy, in this image, is designed by whites, who covet black land, specifically to harass blacks who transgress its unworkable provisions.
47	See the note to 11: 31.

34 ***Utywala Sisiqu Sempundulu!*** 26 July 1924, page 10

Pahl (720) notes that "Some Xhosas believed that when lightning struck it was caused by *impundulu* [the lightning-bird] setting its own fat on fire, others believed it was caused by its discharging a stream of faeces, and others again by its rushing through the air to deposit an egg in the ground. . . . Informants are agreed that this bird has red shanks. Some say that its feathers are black, others that it is a white bird with red wings. When it flaps these red wings it causes thunder." Perhaps more relevant to an understanding of the suggestive qualities of Nontsizi's poetry is the belief that latterly all women own an *impundulu*, used "for antisocial purposes. Traditionally, when a man suffers from a chest complaint such as tuberculosis, the diviner declares that he is being killed by his wife's *impundulu* or by that of another woman."

6	The *mbulu* is an inimical creature of folktale and popular belief. According to Kropf, it is "an imaginary animal that has the power of assuming human shape, but is continually hampered by its tail which it persistently endeavours to hide. It is an arch-deceiver."
15-16	Perhaps "Drive out a scoffer, and strife will go out, and quarreling and abuse will cease," *Proverbs* 22: 10.
28	Whites enjoy the blacks' land without working for it.
38	Redjackets, *o Royibatyi* (Afrikaans "Rooi baadjie"), are female members of the Methodist Church, who wear red blouses.

35 ***Siyayibinza!--I Afrika!!*** 2 August 1924, page 8

This is the first poem in the sequence to adopt rhyme and syllabic metre (though the previous poem was moving towards regular form). To mark the transition to a more regimented style in the sequence, the translation of this poem suggests the original's fairly consistent 12-syllable lines, but not the translations of subsequent poems.

36 ***Imimiselo ye Zizwe! Iwugqwetile Lomhlaba ka Palo!*** 9 August 1924, page 10

This item is set out in the original as prose, interspersed with colons, semicolons and capital letters, suggesting linguistic markers. That punctuation has been ignored in the translation, and the item has been set in prose, largely because of the absence of rhyme, which is a feature of Nontsizi's contributions after 2 August 1924. Despite the formulaic opening sentence, the colons might indicate pauses in a text marked up for oral delivery as a sermon. It certainly includes a number of formulas recurrent in Nontsizi's poetry. If it is intended as a prose contribution, it was at least heightened, poetic prose.

Leviticus 18: 1-5: And the Lord said to Moses, "Say to the people of Israel, I am the LORD your God. You shall not do as they do in the land of Egypt, where you dwelt, and you shall not do as they do in the land of Canaan, to which I am bringing you. You shall not walk in their statutes. You shall do my ordinances and keep my statutes and walk in them. I am the LORD your God. You shall therefore keep my statutes and my ordinances, by doing which a man shall live: I am the LORD."

37   ***Izililo! ZeAfrika!!*** 16 August 1924, page 9

The title is biographically suggestive. *Izililo*, wailings, becomes a significant word in Nontsizi's poetry, and may indicate her affiliation with the American Board Mission women's group in Johannesburg. "The Congregational ABM," according to Gaitskell (1997: 257), "was centred among the Zulu in Natal, where, in 1912, after African men at a church gathering accused their wives of laxly supervising their young people's courtship practices, a women's revivalist prayer movement called *Isililo* ('wailing') sprang up, with women repenting of their shortcomings in childrearing and enlisting other mothers to take responsibility for their children's moral training."

5   *Lux'akax'iwe upondo lwe Afrika*, literally, the horn of Africa has been tested, the horns of cattle being their prized feature.

9-12   There is a progression of intimacy here, from domestic utensils, through the pot used for mixing herbal remedies to the gourds and the trowel used to bury the umbilical cord and placenta. The latter are kept safe and used only during delivery; only the mother and the midwife may touch the trowel. The umbilical cord and placenta are buried inside the home; the male heads of household are buried in the cattle kraal or just below it. These practices make a desolate home—and the policy of forced removals—even more tragic: when people are forced to abandon their home, they are forced to abandon the very lifeblood of their family.

38   ***Emva! Kumasiko Andulo!!*** 30 August 1924, page 10

1-4   This stanza is built on two puns: *usizi*, sorrow, is mentioned in the same line as *Nontsizi*, "Mother of Sorrows"; the name of Nontsizi's fathers, *o Mgqwet'o*, is preceded by reference to *imigqwet'o*, "skin robes," the traditional attire forsaken in favour of European dress.

6   In sacred sacrifice, *idini*, in the cattle kraal, a hand is inserted through an incision made in an ox's chest to rupture its aorta: the phrase, *ukukupa umx'elo*, used here, refers to this action.

16   The kindling to start a fire is Africa, whose inspiration blacks are reluctant to draw on in protest.

39	***Abafazi! Bomtandazo!! Pulapula!!!*** 6 September 1924, page 6
	Xa Ityelinzima li Gatyeni, When a rock is heavy, shove it aside: The rock that is a stumbling block to progress up the hill Difficulty, the hard road blacks must climb (see poem 16), is Tyelinzima Gatyeni himself and the opposition his attitude represents to social cohesion. This is suggested by Mgqwetho's punning on both his first and last names: Tyelinzima means a heavy rock, and the verb she uses for "shove it aside" is the imperative *gatyeni*, spelt with a capital letter.
40	***Saxulutywa!—Ngamatye Omsebenzi!!*** 13 September 1924, page 5
20	They want the benefits without effort: cf 32: 34.
41	***Mene! Mene! Tekele! Ufarsin!!*** U-Daniel 5, 25. 20 September 1924, page 6
	God has made a complete accounting: Daniel addresses King Belshazzar: "This is the interpretation of the matter: MENE, God has numbered the days of your kingdom and brought it to an end; TEKEL, you have been weighed in the balances and found wanting; PERES, your kingdom is divided and given to the Medes and Persians" (*Daniel* 5: 26-28).
	We drank wine and praised foreign gods: "They drank wine, and praised the gods of gold and silver, bronze, iron, wood, and stone" (*Daniel* 5: 4).
	We exalted ourselves above God: ". . . but you [Belshazzar] have lifted up yourself against the Lord of heaven; and the vessels of his house have been brought in before you, and you and your lords, your wives, and your concubines have drunk wine from them; and you have praised the gods of silver and gold, of bronze, iron, wood, and stone, which do not see or hear or know, but the God in whose hand is your breath, and whose are all your ways, you have not honoured" (*Daniel* 5: 23).
42	***"Masizake"!! Yin' nale!!!*** 27 September 1924, page 11
13-14	Because of the impoverishment of the people, the nation is troubled (line 11), and this will cause poets, who pick arguments over every insignificant issue and overlook the wondrous occurrences, to speak out. Typically, Nontsizi deploys litotes in speaking deprecatingly of poets.
36	Spans of oxen.
43	***"Ub'inqo"! We-Afrika!!*** 4 October 1924, page 11
	Africa's petticoat: Kropf defines *umbinqo* as "Any thing (garment) bound round the hips, except a girdle; a petticoat."
26	The following line, *Ungumenzi wemfama Uzenza ngabom*, which qualifies this *Mhlekazi*, Dear Sir, refers in Ntsikana's Hymn to Jesus: this suggests that Mgqwetho intends her ancient greybearded sage of Africa, to whom she often appeals, to be identified with Christ.
27	The first of many succeeding lines from Ntsikana's revered hymn (lines 29, 31, 33, 36, 37, 41, 43, 45, 47, 49 and 50). Ntsikana coined many of the praises of God that Mgqwetho applies to the present situation of blacks, at times criticising God (as in 27-28 and 29-30, for example) with the licence the *imbongi* enjoys to criticise his chief.
28	Godfrey Callaway, who spent twelve years (1882-94) at St Cuthbert's among the Mpondomise, writes "There is a legend current amongst certain tribes that the

black man was first created, but that the Creator was not satisfied with His work. He reserved the best things for the white man yet to be created, and to the black man He gave only cattle, and assegais, and mealies, and Kafir corn" (4).

44   ***Umfula! Wosizi.!!*** 11 October 1924, page 9
4   Behold, you are beautiful, my love,
    behold, you are beautiful!
    Your eyes are doves
       behind your veil.
    Your hair is like a flock of goats,
       moving down the slopes of Gilead. (*Song of Solomon* 4: 1)

45   ***Ziyazaliseka—Ngoku! Izihlabo ko Ntsundu!! Pulapula!!!*** 18 October 1924, page 6
Isaiah 19: 2, 4, 8-10, 15-16, 20:
And I will stir up Egyptians against Egyptians,
    and they will fight, every man against his brother,
    and every man against his neighbour,
    city against city, kingdom against kingdom . . .
and I will give over the Egyptians into the hand of a hard master;
and a fierce king will rule over them, says the Lord, the L<small>ORD</small> of hosts . . .
The fishermen will mourn and lament,
    all who cast hook in the Nile;
and they will languish
    who spread nets on the water.
The workers in combed flax will be in despair,
    and the weavers of white cotton.
Those who are the pillars of the land will be crushed
    and all who work for hire will be grieved. . . .
And there will be nothing for Egypt
    which head or tail, palm branch or reed, may do.
In that day the Egyptians will be like women, and tremble with fear before the hand which the L<small>ORD</small> of hosts shakes over them. . . .
It will be a sign and a witness to the L<small>ORD</small> of hosts in the land of Egypt; when they cry to the L<small>ORD</small> because of oppressors he will send them a saviour, and will defend and deliver them.
The same comments about form and layout noted for item 36 apply to this item too.
Tickies are small threepenny coins.

46   ***Ingonyama! Yobumnyama Isagquma!!*** 25 October 1924, page 6
9-11   We relaxed before the struggle was over, and fell victim to our white adversaries who turned the tables on us.
33   Your complaints leave us indifferent, since misery is your lot.

47   ***Amaqaba! Pulapula.*** 1 November 1924, page 6
13-14   "Ngqika was probably born in 1779. . . . When he died fifty years later, the Xhosa had lost much of their best territory, and were defeated and divided

as never before. Xhosaland lay helpless before the tide of European settlers, European trade, European religion and European liquor. Ngqika bears a heavy responsibility for this transformation, and his name and deeds are a source of some embarrassment to his descendants and their subjects" (Peires 1979: 15). The first permanent mission stations among the Xhosa were established by his leave in Ngqika's territory.

48	***Singu-Ndabamlonyeni!*** 8 November 1924, page 11
2	On Rubusana see the note to 5: 18; on Jabavu see the note to 17: 33-36.
19	The reference is to *Bhakubha*, an ideal, far-off land.
30	*Ncincilili* is the most common formulaic closure used by the Xhosa *imbongi* at the end of a poetic performance.
36	*ntsimbi yomxaka*, armbands of iron: the word for "armband" here is *umxaka*, an ivory armband worn as a mark of distinction by Xhosa celebrities, but the shackles the whites brought were made of iron, investing the wearer with the very opposite of the dignity accorded to the wearer of an ivory armband, *inxiba-mxaka*.
41-42	Those who danced were the naïve early converts, who were told to adopt European dress.

49	***Lunguza! Ku-ya-sa:- U Amosi 3: 7, 8.*** 15 November 1924, page 10
	Amos 3: 7-8: "Surely the Lord God does nothing, without revealing his secret to his servants the prophets. The lion has roared; who will not fear? The Lord God has spoken; who can but prophesy?"
3	Lands of the Sotho and Hlubi, *Ezakwa Mshweshwe no Langalibalele*: Mshweshwe was the warrior king of the Sotho who fought Boer and British and died in 1870; Langalibalele led his Hlubi in rebellion in 1873 and died in 1889.
8	The baboon carrying a sack would be a typical witch's familiar.
16	Ethiopia became identified in the aspirations of many nineteenth-century African Americans and South African blacks with Africa in general. A number of African Independent Churches that broke away from the mainstream churches in the last decades of the century used Ethiopia in their names, and the movement as a whole came to be known as Ethiopianism, and the churches as Ethiopian. The first secession among the Xhosa-speaking peoples was led by Nehemiah Tile, who left the Methodist Church to form the Thembu National Church in 1884; Pambani Jeremiah Mzimba formed the African Presbyterian Church in 1898 and in 1900 James Dwane formed the Order of Ethiopia within the Anglican Church. At the national level, Mangena Mokone broke from the Methodist Church in Pretoria in 1892 to form the Ethiopian Church, *Ibandla laseTiyopiya*, "which eventually provided the broader movement with its name" (Pretorius and Jafta 214).

50	***Sesanina? Esisimb'onono?*** 22 November 1924, page 10
47	The chameleon is a creature of ill omen, generally loathed because, according to popular belief, its slow pace is responsible for the introduction of death to humanity. The Creator dispatched the chameleon to humans to announce their immortality but changed his mind and sent the lizard to announce mortality. The swift lizard overtook the chameleon and so humans are fated to die.

51	***Lityumtyum! E-Afrika!! Pulapula!!!*** *U Yesaya 59: 1-15.* 29 November 1924, page 5
5-8	See the note to 35: 1-4.
52	***Inyikima e Rautini! Gqala esase Sodom!!*** 6 December 1924, page 9
53	***Wabutwana—Afrika? Njengezitungu—Zesanda?*** 13 December 1924, page 6
54	***Yintsomi yo Nomeva!!*** 13 December 1924, page 6

The tale of the wasps: perhaps Aesop's "The wasps and the Partridges, overcome with thirst, came to a Farmer and besought him to give them some water to drink. They promised amply to repay him the favor which they asked. The Partridges declared that they would dig around his vines and make them produce finer grapes. The Wasps said that they would keep guard and drive off thieves with their stings. But the Farmer interrupted them, saying: 'I have already two oxen, who, without making any promises, do all these things. It is surely better for me to give the water to them than to you.'"

In 1919 a South African Native National Congress delegation under Sol Plaatje set sail for England; R.V. Selope Thema was a member (see Willan 228-32). Later, writing in Tswana, he referred to the departure of some of the members of this delegation and the pass protests led by Charlotte Maxeke that took place at the same time, the subject of this recollection by Nontsizi:

On the same day that the delegates I have already mentioned boarded a ship in Cape Town to go to England, a riot broke out here in Johannesburg. Africans threw their passes away. They were led by D.S. Letanka, C.S. Mabaso, H. Bud Mbelle, J.W. Dunjwa, K.K. Pilane, J.D. Ngojo, J.S. Nthongoa, R.M. Tladi, Z.P. Ramailane and T.W. Thibedi. Other men served as their assistants. This riot was not caused by men only. African women were also in it in full force. They were present at the magistrate's court when the police charged on the Africans outside. They were there when gun shots were heard on the outskirts of Vrededorp. They were there when people were shot dead at the Maimai compound. These women were led by their president Mrs C.M. Maxeke and her assistants, Mrs Daisy Nojekwa, Mrs M. Bhola, Miss Nontsizi Mgqwetho, Miss Mary Mgqwetho, Mrs H. Malela, Mrs R.M. Tladi and others (Selope Thema 1949; see further Bonner 300-1).

I am indebted to Ntongela Masilela for locating this reference, and to Masilela and Abner Nyamende for securing the translations of the original Tswana on which the above version draws.

Tinpot: *uNongqayi,* slang for a policeman. Kropf (278) defines the term as "lit. clay pot. A Frontier Policeman, who wore a leathern helmet resembling a clay pot."

six years and two months: The precision of the period suggests Nontsizi might have kept clippings of her contributions. Since her first contribution to *Umteteli* was on 23 October 1920, she must earlier on have published her writing elsewhere.

Apollyon: In *The pilgrim's progress* Christian fights Apollyon, "a foul fiend," in the Valley of Humiliation.

Notes

55   ***Ukuba Umntu! Akakwazi!! Ukuyongamela Eyake-Indlu!!! Angatinina Ukupata Isizwe Sika Tixo?*** *Eyokuqala ka Timoti* 3: 5. 20 December 1924, page 9
1 *Timothy* 3: 5: For if a man does not know how to manage his own household, how can he care for God's church?

7-8   1 *Timothy* 3 commences with the words: "The saying is sure."

19-20   Nontsizi criticises the self-satisfaction of educated blacks, who consider themselves superior.

37   *Pas op*: Afrikaans for Beware! Watch out!

56   ***Hosanna!! Melkizedek!!! (Xmas).*** 27 December 1924, page 9
Melchizedek was the King of Salem and High Priest, who welcomed and blessed Abraham on his return from rescuing Lot (*Genesis* 14: 18-20).

57   ***Zemk' Inkomo Zetafa! Zeza Nenkungu!! (1924)—(1925).*** 3 January 1925, page 4

58   ***Yaqengqelekana Iminyaka Umi Ndaweninye?*** 10 January 1925, page 10

2   *amatwala-ndwe*: warriors wearing the distinctive Xhosa headdress, "adorned with the black wing-feathers of the blue crane, in recognition of distinguished bravery" (Kropf)

9-10   Maqoma (1798-1873), eldest son of Ngqika, was respected for his armed resistance to whites in a succession of frontier wars. He was imprisoned on Robben Island from 1857 to 1869, he was returned there in 1871, and there he died two years later. The couplet, often repeated in Nontsizi's subsequent poetry, is based on the oral tradition that just before the War of Mlanjeni (1850-53) Maqoma taunted the wavering Sandile with cowardice in the face of escalating tension on the frontier, saying "In the last war it was said Maqoma was mad, but in this war it shall be seen that Maqoma is not mad" (Brownlee 169-70). Maqoma took no part in the War of the Axe (1846-7) and, "being mad or feigning madness," was moved for his safety from Fort Beaufort to Port Elizabeth (Brownlee 296).

20   Life in *eMbo*, the place of origin in the north east, was considered bountiful.

28   The glittering attractions of the white man's world: Nontsizi appeals to her readers to return (*khawubuye*) to African ways.

38   Ntsikana cautioned against the coin the white man would introduce, *iqosha elingenamnxuma*, the button without holes.

59   ***Watsha Umzi! Lupawu Luka Kayini!! (Passport).*** 17 January 1925, page 8
"And the Lord put a mark on Cain, lest any who came upon him should kill him" (*Genesis* 4: 15), thereby ensuring that Cain would serve his full term as "a fugitive and a wanderer." The pass condemns its bearers to homelessness.

49   Charlotte Maxeke is appealed to as a leader of women. For many years she served as President of the ANC Women's League, which she founded.

60   ***Ubusuku—Bunzulu! Ekuzeni—Kokusa!!—*** 31 January 1925, page 6

17-20   This stanza might refer to a weakness in the pass system: women leaving their lovers in the early hours of the morning can still escape detection by police checking passes. This provides evidence in Nontsizi's argument that, although things are dark, there are chinks of light.

61	***Wazinyatela na? Intombi Zezwe Lako Zibe Ngamakoboka?*** U *Nehemiah* 5: 5. 31 January 1925, page 8
	Nehemiah 5: 5: . . . Now our flesh is as the flesh of our brethren, our children are as their children; yet we are forcing our sons and our daughters to be slaves, and some of our daughters have already been enslaved . . .
22	Bunyan, *The pilgrim's progress*, chapter 6: "Then I saw in my dream, that when they were got out of the wilderness, they presently saw a town before them, and the name of that town is Vanity; and at the town there is a fair kept, called Vanity Fair: it is kept all the year long. It beareth the name of Vanity Fair because the town where it is kept is lighter than vanity; and, also because all that is there sold, or that cometh thither, is vanity." Nontsizi uses Soga's translation of Vanity Fair, *Umsito wakwaLambatayo*, a festival at Destitute's place: *Ngati sikumsito wakwa Lambatayo.*
27	The God of the whites helped to tie the Xhosa down with the taint of red clay they used as cosmetic, a practice missionaries were at pains to wean converts from. Rubbed on skins or blankets, it lent them a red or ochre colour, so that the *amaqaba*, those who smeared red clay on their bodies or clothes, Reds, became quite distinct in belief and behaviour (and social status, in missionary eyes) from *amakholwa*, Christian believers.
28	Kropf defines the verb *ukugxabelela* as "To throw a dirty thing between clean things; to try to unite heterogeneous things; to interfere with and spoil other people's work." In this context, the image suggests "Don't go where you're not wanted," don't follow the way of the God of the whites.
62	***Lipina Iqula Lamanzi e Afrika?*** 7 February 1925, page 8
10	The Tugela River is in KwaZulu-Natal, Wukuwa is a tributary of the Swart Kei near Kamastone: so, right across Xhosa-speaking teritory.
14	A baboon with dirty teeth is a strange sight, since it is so successful a scavanger.
63	***Tabata! Naso Isitshixo!! Esikinxe Izwe Lako!!!*** I *Duteronomi* 30:1-14. 14 February 1925, page 7
	Deuteronomy 30: 1-14 promises that if you turn to God, God will destroy your enemies and restore your rights.
64	***Vumani! Siyavuma!!*** *U-Yoshuwa* 24: 20. 21 February 1925, page 8
	In the course of a consultation, the diviner makes a series of statements, and invites the client each time to agree with him or her, saying *Vumani*, "Agree with me!" The clients always agree, saying *Siyavuma*, "We agree!" but with conviction if the diviner's statement is accurate, softly if the diviner is off target (see note to 5: 73).
	Joshua 24: 20: If you forsake the Lord and serve foreign gods, then he will turn and do you harm, and consume you, after having done you good.
65	***Zapela Inkomo! Luqaulo Lwemitshato!!*** 28 February 1925, page 6
	When a couple marry, cattle from the bridegroom's domestic herd are joined to the cattle of the bride's family, in a custom known as *ukulobola*.
	Hili is a vagrant, an aimless wanderer.
	niks: Afrikaans for nothing (see note to 13: 50).

Romans 7: 2: Thus a married woman is bound by law to her husband as long as he lives; but if her husband dies she is discharged from the law concerning the husband.

66 ***Mazibhange! Izikumbuzo Ezingenalo u Manyano.*** 7 March 1925, page 8
Considerable tension existed among the Xhosa-speaking people of the eastern Cape between the Xhosa and Thembu on the one hand, and the Mfengu on the other. The Mfengu had originally settled in Gcaleka territory as refugees from the Zulu king Shaka, and were taken under missionary and government protection. They began to meet annually in 1907 to renew their oaths of loyalty to the Queen and the government, and to accept education; during the nineteenth-century frontier wars, they tended to side with the government forces against the Xhosa. The Xhosa community despised them as turncoats, and for their assimilationist policies which led to preferment. The Xhosa themselves began to meet annually in 1909 in honour of Ntsikana, who became the focus of nationalist resistance to assimilation. It is these annual commemorations, encouraging the historical divisions within the community, that Nontsizi attacks in her poem.

Isaiah 19: 18: In that day there will be five cities in the land of Egypt which speak the language of Canaan and swear allegiance to the Lord of hosts.

20 Kropf defines the verb *ukuquleselana* as "To show each other the buttocks," a derivative of *ukuqulusa*, "To bend the head to the ground and turn the buttocks instead of the face to, pretending by this position not to see or look at."

29 *Manyano* is written with a capital letter, suggesting that the women's prayer union is refered to; it is clear from the first line of the following stanza that the literal meaning of "unity" is also implied.

34 *Ifela ndaweninye* refers to a member of the women's protest movement in rural Herschel: see the opening note to poem 29.

67 ***Wapulwana Afrika Njengesitya Esingananziweyo?*** 14 March 1925, page 6
51 Manana is unknown, though the line is clearly dismissive. It is possible that Manana is the Xhosa name for D.F. Malan, editor of the Afrikaans newspaper *Die Burger*, and later Prime Minister.

68 ***Siyavuma!!*** 21 March 1925, page 6
This paragraph is printed on the same page as the following poem, but separate from it: it has its own heading, and is signed "Nontsizi," whereas the poem carries the usual byline, "Yimbongikazi Nontsizi Mgqwetto" (by the woman poet Nontsizi Mgqwetho). Although the poem has its own prose preamble, this isolated paragraph clearly addresses the poem's topic.

69 ***Ngubani Oti Ukuvumisa Akufuneki?*** 21 March 1925, page 6
The Xhosa word for divination is *ukuvumisa*, to consult a diviner (known as *igqirha*, a word subsequently applied to European doctors).

The situation in 1 *Samuel* 28: 8-20 is described in the poem's preamble. In disguise, Saul consults a woman diviner, who conjures up the dead Samuel, who in turn prophesies a Philistine victory.

70 ***Tsheca-Lomgibe!!*** 28 March 1925, page 6

	40	The Lovedale Institution, just outside Alice in the Eastern Cape, established in 1841, became the premier institution of black secondary education for students from South Africa and beyond.
71		***Ukuxoka! Pulapula!!*** 4 April 1925, page 6
		In the singular, the liar is identified in the translation with masculine pronouns, though feminine forms could equally well have been chosen.
72		***Nantso-Igushakazi! Pantsi Kwabaguguli!! (Good Friday).*** 11 April 1925, page 6
	4	wipe us clean: the verb used is *ukusinda*, defined by Kropf as follows: "To smear the floor by hand with cow-dung... This is the native mode of cleaning the hut-floor. A woman, kneeling on the floor, stretches out her hands to reach the mass of dung sprinkled with water, and, in smearing, brings it continually nearer to her."
	42	The verb here, *hlongoza*, is a Zulu word unknown in Xhosa; according to Doke and Vilakazi (334), it can mean "argue unnecessarily, be obstinate," "cloud over, threaten with rain," as well as "dress in wedding finery." I have chosen the latter, though the next line then reads a little awkwardly, urging hearts and manners in particular to be "dressed": I assume the two lines suggest a new birth of body and soul, a marriage to Jesus, the Elephant of line 40, who shouldered the cross.
73		***Qengqa!-Elolitye!! (Easter).*** 18 April 1925, page 5
	11	The Independent Order of True Templars, a temperance movement formed by missionaries for people of colour in South Africa, rapidly grew in popularity.
	38	The Kalahari is a desert, part of the vast sand basin that runs north of the Orange River to Angola, westwards to Namibia and eastwards to Zimbabwe.
	46	The Slanderer is the devil: Kropf defines *umtyholi* as "A false accuser; one who wilfully accuses another for the purpose of injuring him; a slanderer; the devil."
74		***Tixo Wam! Tixo Wam! Undishiyelanina?*** 25 April 1925, page 6
	20	On Dr Rubusana see the note to 5: 18.
75		***Hambani! Niyekuzenza Abafundi Zonke Intlanga!!*** Mateyu 28: 19-20. 2 May 1925, page 8
		Matthew 28:19-20: Go ye therefore, and teach all nations, baptizing them in the name of the Father, and of the Son, and of the Holy Ghost: Teaching them to observe all things whatsoever I have commanded you: and, lo, I am with you always, even unto the end of the world. Amen.
	16	The Xhosa word for cannon here is *umbayimbayi*, a formation Kropf attributes to "the current story that a native, on asking the name of this strange thing, was informed 'You will see by-and-bye'."
	42	Wailings: see the headnote to poem 37.
76		***Siyakuzizekela Ninina Uzuko?*** 9 May 1925, page 6
	15	*ingqongqo* is "A dried bullock-skin used as a drum by the women to accompany dancing" (Kropf); taken with the metaphor of Jehovah as a black (i.e. beautiful) cow in the same stanza, it is clear that Nontsizi attributes feminine qualities to God.

Notes

77 *Hosanna! Cibi Elino Mnqwazi Ngapezulu!! (Xmas.)* 26 December 1925, page 11
The title is literally "Hosanna, Pond with an *umnqwazi* on its head." An *umnqwazi*, according to Kropf, is "A covering for the head of women, being a high cap made of skin trimmed with beads." It is noteworthy that Nontsizi envisions Jesus ("Hosanna to the one with an *umnqwazi* on its head," line 31) wearing a woman's headdress.

78 *Zemk' Inkomo Zetafa!! 1925.* 16 January 1926, page 10

79 *Yaqengqelekana Yonke Iminyaka Umi ndaweninye? (1926.)* 16 January 1926, page 11

80 *Ilizwe-Liyakutungwa-Njengengubo!! Pulapula!! Akakuxelelangana u Ntsikana?* 23 January 1926, page 8

81 *Umanyano! Mihlamb' Eyalanayo!!* 30 January 1926, page 6

82 *Nalo Igazi! Lidyob' Umzimba Wake!! (Good Friday.)* 10 April 1926, page 8

83 *Vuyani! Uxolile u Tixo Wezulu! (Easter.)* 10 April 1926, page 11

84 *Umona! Pulapula!!* 17 April 1926, page 6

85 *Simi pina?* 24 April 1926, page 9
47   The Bay is Algoa Bay, Port Elizabeth.

86 *Isizwe Esingena Tixo Siyatshabalala.* Amaculo Xc 1-3 1 May 1926, page 9
Psalms 90: 1-3: Lord, thou hast been our dwelling place in all generations. Before the mountains were brought forth, or ever thou hadst formed the earth and the world, from everlasting to everlasting thou art God. Thou turnest man back to the dust, and sayest, "Turn back, O children of men!"

87 *U-Yehova Uyasivana?* Izililo 3: 44-46. 15 May 1926, page 6
Lamentations 3: 44-46: Thou hast wrapped thyself with a cloud so that no prayer can pass through. Thou hast made us offscouring and refuse among the peoples. All our enemies rail against us.

88 *Namhla Izwi Lake Lise Zaqwitini!! (Usuku loku Nyukela.)* 22 May 1926, page 6
over the court: Kropf defines *inkundla* as "The clean well-trodden place before a cattle fold, where councillors gather to judge; hence used for High Court."

89 *Isimbonono se Afrika!! Azi Ndingabhala Ngalupina Usiba?* 29 May 1926, page 5

90 *Utando!!* 1 Ama Korinte 18: 1-2. 29 May 1926, page 8

91 ***Umanyano Nomfela Ndawonye!*** 6 June 1926, page 6
In the prose preamble, Nontsizi introduces the names of the two women's movements mentioned in the title, the *amafelandawonye*, "Those who die side by side," and the Prayer Unions, *Manyano*, "Unity": see further the notes to poem 29.

36 My preaching is not false, as Nongqawuse's was: see the note to 29: 49-53.

92 ***Yeyapina Lemfundiso?*** *Mateyu* 28: 19-20 19 June 1926, page 10
Matthew 28: 19-20, the last two verses of the gospel: Go therefore and make disciples of all nations, baptizing them in the name of the Father and of the Son and of the Holy Spirit, teaching them to observe all I have commanded you; and lo, I am with you always, to the close of the age.
we just can't see the way to heaven: Nontsizi uses the Afrikaans term *mos* (*Asiyakuyibona ke* mos *nendlela esinga ezulwini*) derisively in dismissing the notion of a heaven governed by Afrikaner law.

93 ***Siyayikumbula Njena Indlala?*** *Genesise* 41: 1-57. 26 June 1926, page 6
Genesis 41: 1-57 narrates Joseph's accurate interpretation that Pharaoh's dream predicted a seven-year famine in Egypt.

94 ***Uvelwano! Pulapula!!*** 1 *Johane* 3: 16-17 3 July 1926, page 6
John 3: 16-17: For God so loved the world that he gave his only Son, that whoever believes in him should not perish but have eternal life. For God sent the Son into the world, not to condemn the world, but that the world might be saved through him.

95 ***Yacombuluka Inamba Ebisoloke Ifukamele Ukunduluka. (Abefundisi).*** 10 July 1926, pages 6 and 10
For an explanation of the title, see the note to poem 10. The implication here is that the long-established method of preaching the gospel by ordained ministers must yield to a new style practised by lay people.

just twelve: Nontsizi uses the Afrikaans word *tog*, signifying it is not a great thing: *Ishumi elinambininje* toro.

Mark 13: 34: It is like a man going on a journey, when he leaves home and puts his servants in charge, each with his work, and commands the doorkeeper to be on the watch.

Matthew 25: 14-15: For it will be as when a man going on a journey called his servants and entrusted to them his property; to one he gave five talents, to another two, to another one, to each according to his ability. Then he went away.

Galatians 6: 7: Do not be deceived; God is not mocked, for whatever a man sows, that he will also reap.

John 10: 11: I am the good shepherd. The good shepherd lays down his life for the sheep.

Acts 28: 30-31, the concluding verses: And he lived there two whole years at his own expense, and welcomed all who came to him, preaching the kingdom of God and teaching about the Lord Jesus Christ quite openly and unhindered.

cow with an antelope's wisdom, *nkomo enobugqi benyamakazi*: the word *inkomo*, singular, of neutral gender, "a head of cattle," is here translated "cow" in

	reference to Nontsizi herself; *inyamakazi* is any large edible wild animal such as an antelope, though the suffix *–kazi* also serves to denote feminine gender.
96	***Umonde!!*** 24 July 1926, page 4
6	The Tugela is one of three rivers that seep out of the ground at Mont-Aux-Sources in the Drakensberg. Why the sands at the source should be saying the previous line is not exactly clear, but the Hlubi clan praises use the name Ndi (as here) for the Drakensberg, so the whole line is presumably connected with people or areas to the far northeast of Xhosa territory, that eMbo that is the place of origin of the Mfengu, of whom the Hlubi are one group.
34	Mpande, like his brothers Shaka and Dingana, was a son of the Zulu chief Senzangakhona. Dingana murdered Shaka in 1828, and was in turn defeated in battle by Mpande, who succeeded him as the Zulu king in 1840 and died in 1872.
97	***Yayisenzelwa Ntonina i Bhaibhile?*** *Ama Roma* 15: 4. 7 August 1926, page 4. *Romans* 15: 4: The text is cited in the first sentence of the prose prologue.
98	***Azi Le Afrika Iyakuze Ibuye na?*** 14 August 1926, page 9. *Isaiah* 40: 27-31: Why do you say, O Jacob, and speak, O Israel, "My way is hid from the Lord, and my right is disregarded by my God"? Have you not known? Have you not heard? The Lord is the everlasting God, the Creator of the ends of the earth. He does not faint or grow weary, his understanding is unsearchable. He gives power to the faint, and to him who has no might he increases strength. Even youths shall faint and be weary, and young men shall fall exhausted; but they who wait for the Lord shall renew their strength, they shall mount up with wings like eagles, they shall run and not be weary, they shall walk and not faint.
99	***Vumani! Siyavuma!!*** *Yoshuwa* 24: 20. 21 August 1926, page 11. *Joshua* 24: 20: If you forsake the Lord and serve foreign gods, then he will turn and do you harm, and consume you, after having done you good.
100	***Lomzi Wakona na Sawubizana? Le Mali Inkulu na Sayibizana?*** 28 August 1926, page 9 for our instruction: Nontsizi equates the words of Ntsikana to those of the bible: cf *Romans* 15: 4 cited in poem 97.
101	***Sabelani Niyabizwa Balindi*** 4 September 1926, page 9. murderers: *isigebenga* is defined by Kropf as "A murderer, who according to Kafir superstition lives in the forest, has a distorted face and boar tusks, and who kills people with a hatchet."
102	***Gqumani Zilwandle! Gcobani Mihlaba! (Xmas)*** 22 December 1928, page 9.
103	***Zemk'Inkomo Zetafa—Vula Ndingene! (1928) (1929)*** 5 January 1929, page 7.

BIBLIOGRAPHY

William Beinart, "Amafelandawonye (the die-hards): popular protest and women's movements in Herschel district in the 1920s," in *Hidden struggles in rural South Africa: politics and popular movements in the Transkei and Eastern Cape 1890-1930* William Beinart and Colin Bundy (eds) (Johannesburg: Ravan 1987), 222-69

Mary Benson, *The African patriots: the story of the African National Congress of South Africa* (New York: Encyclopaedia Britannica Press 1964)

John Knox Bokwe, *Ntsikana: the story of an African convert with an appendix "Ibali lika Ntsikana"* in the *Native language* 2nd edition (Lovedale: Lovedale Press 1914)

Philip Bonner, "The Transvaal Native Congress 1917-1920: the radicalisation of the black petty bourgeoisie on the Rand," in *Industrialisation and social change in South Africa: African class formation, culture, and consciousness, 1870-1930* Shula Marks and Richard Rathbone (eds) (Harlow: Longman 1982), 270-313

Duncan Brown, "My pen is the tongue of a skilful poet: African-Christian identity and the poetry of Nontsizi Mgqwetho," *English in Africa* 31 (2004), 23-58

Charles Brownlee, *Reminiscences of Kafir life and history*, 2nd edition (Lovedale: Lovedale Mission Press 1916)

Godfrey Callaway, *Sketches of Kafir life* (1905; New York: Negro Universities Press 1969)

Luli Callinicos, *Gold and workers 1886-1924* A people's history of South Africa 1 (Johannesburg: Ravan 1985)

---- *Working life 1886-1940: factories, townships, and popular culture on the Rand* A people's history of South Africa 2 (Johannesburg: Ravan 1987)

James T. Campbell, *Songs of Zion: the African Methodist Episcopal Church in the United States and South Africa* (Chapel Hill: University of North Carolina Press 1998)

C.M. Doke and B.W. Vilakazi, *Zulu-English dictionary* (Johannesburg: Witwatersrand University Press 1972)

A.A. Dubb, "Red and school: a quantitative approach," *Africa* 36 (1966), 292-302

Richard Elphick and Rodney Davenport (eds), *Christianity in South Africa: a political, social and cultural history* (Oxford: James Currey 1997)

Deborah Gaitskell, "'Praying and preaching': the distinctive spirituality of African women's church organizations," in *Missions and Christianity in South African history* Henry Bredekamp and Robert Ross (eds) (Johannesburg: Witwatersrand University Press 1995), 211-32

---- "Power in prayer and service: women's Christian organizations" in Elphick and Davenport, 253-67

Janet Hodgson, *Ntsikana's 'Great Hymn': a Xhosa expression of Christianity in the early 19th century Eastern Cape* Communications 4 (Cape Town: Centre for African Studies, University of Cape Town 1980)

---- *Princess Emma* (Johannesburg: Donker 1987)

Isabel Hofmeyr, *The portable Bunyan: a transnational history of The Pilgrim's Progress* (Johannesburg: Wits University Press 2004)

Bibliography

Basil Holt, *Joseph Williams and the pioneer mission to the south-eastern Bantu* (Lovedale: Lovedale Press 1954)

A.C. Jordan, *Towards an African literature: the emergence of literary form in Xhosa* (Berkeley: University of California Press 1973)

Albert Kropf, *A Kafir-English dictionary* 2nd edition Robert Godfrey (ed) (Lovedale: Lovedale Mission Press 1915)

D.P. Kunene, *Heroic poetry of the Basotho* (Oxford: Clarendon Press 1971)

Archie Mafeje, "The role of the bard in a contemporary African community" *Journal of African Languages* 6 (1967), 193-223

Ntongela Masilela, *New African Movement*, www.pitzer.edu/new_african_movement/index.asp

John Milton, *The edges of war: a history of frontier wars (1702-1878)* (Cape Town: Juta 1983)

Noël Mostert, *Frontiers: the epic of South Africa's creation and the tragedy of the Xhosa people* (London: Cape 1992)

S.E.K. Mqhayi, *Imihobe nemibongo yokufundwa ezikolweni* (London: Sheldon Press 1927)

Msebenzi, *History of Matiwane and the amaNgwane tribe* NJ van Warmelo (ed), Ethnological Publications 7 (Pretoria: Department of Native Affairs 1938)

André Odendaal, *Vukani bantu! The beginnings of black protest politics in South Africa to 1912* (Cape Town: David Philip 1984)

Jeff Opland, *Xhosa oral poetry: aspects of a black South African tradition* (Cambridge: Cambridge University Press 1983)

---- *Words that circle words: a choice of South African oral poetry* (Johannesburg: Donker 1992)

---- "Nontsizi Mgqwetho: stranger in town," in *Power, marginality and African oral literature*, Graham Furniss and Liz Gunner (eds) (Cambridge: Cambridge University Press 1995), 162-84

---- *Xhosa poets and poetry* (Cape Town: David Philip 1998)

---- "Nontsizi Mgqwetho," in *The new dictionary of South African biography*, Nelly E Sonderling (ed) (Pretoria: Vista University Press 1999), 108-109

---- "Fighting with the pen: the appropriation of the press by early Xhosa writers," in *Orality, literacy, and colonialism in southern Africa* Jonathan A. Draper (ed) (Atlanta: Society of Biblical Literature and Pietermaritzburg: Cluster Publications 2003), 9-40

---- "The newspaper as empowering medium of Xhosa literature: the case of Nontsizi Mgqwetho," in *Creative writing in African languages: production, mediation, reception* Anja Oed and Uta Reuster Jahn (eds), Mainzer Beiträge zur Afrika-Forschung (Köln: Rüdiger Köppe Verlag forthcoming)

H.W. Pahl, *The greater dictionary of Xhosa volume 3: Q to Z* (Alice: University of Fort Hare 1989)

B.A. Pauw, *Christianity and Xhosa tradition: belief and ritual among Xhosa-speaking Christians* (Cape Town: Oxford University Press 1975)

J.B. Peires, "Ngqika c.1779-1829," in *Black leaders in southern African history*, Christopher Saunders (ed) (London: Heinemann 1979), 15-30

----, *The house of Phalo: a history of the Xhosa people in the days of their independence* (Johannesburg: Ravan 1981)

----, *The dead will arise: Nongqawuse and the great Xhosa cattle-killing movement of 1856-7* (Johannesburg: Ravan 1989)

Hennie Pretorius and Lizo Jafta, "'A branch springs out': African Initiated Churches," in Elphick and Davenport, 211-26

W.B. Rubusana (ed), *Zemk'inkomo magwalandini* 2nd edition (1906; Frome & London: the author, 1911)

R. V. Selope Thema, "Konrese Ere Etseditseng?", *The Bantu World*, 22 October 1949

Cherryl Walker, *Women and resistance in South Africa*, 2nd edition (1982; Cape Town: David Philip 1991)

I.W. [Wauchope], *The natives and their missionaries* (Lovedale: Lovedale Mission Press 1908)

Brian Willan, *Sol Plaatje: a biography* (Johannesburg: Ravan 1984)